CARL HONORÉ
Faltenstolz

CARL HONORÉ

Falten-
stolz

Über die Schönheit und Kraft
des Älterwerdens

Aus dem Englischen
von Ursula Bischoff

Dieses Buch ist erhältlich als:
ISBN 978-3-407-86490-1 Print
ISBN 978-3-407-86491-8 E-Book (Epub)

1. Auflage 2020

© 2020 im Beltz Verlag
in der Verlagsgruppe Beltz • Weinheim Basel
Werderstraße 10, 69469 Weinheim
Alle deutschsprachigen Rechte vorbehalten

© 2018 Carl Honoré. Originally published in the United Kingdom
by Simon & Schuster UK Ltd, London, in 2018.
Titel der englischen Originalausgabe:
»Bolder. Making the Most of Our Longer Lives«

Lektorat: Ines Lauffer, Dorothea Bühler
Einbandgestaltung/Umschlaggestaltung: Vietmeier Design, München
Bildnachweis: Elefant: iStock.com/MattGrove,
Hintergrund: depositphotos/vectorguy

Herstellung: Sonja Frank
Satz: Publikations Atelier, Dreieich
Druck und Bindung: Beltz Grafische Betriebe, Bad Langensalza
Printed in Germany

Weitere Informationen zu unseren Autor_innen und Titeln
finden Sie unter: www.beltz.de

Alter ist reine Willenssache.
Wenn du nicht willst, ist es keine große Sache.

Mark Twain zugeschrieben

Für Maurice und Danielle

INHALT

EINFÜHRUNG
GEBURTSTAGSBLUES

Hope I die before I grow old.[1]

Pete Townshend, »My Generation«

Seit Jahrzehnten jage ich, mit einem Schläger ausgerüstet, einem kleinen Ball hinterher. Hockey ist nicht nur mein Lieblingssport, sondern verlangt darüber hinaus auch körperliche Höchstleistung bis zur Schmerzgrenze, bietet mir die Gelegenheit, Zeit mit Freunden zu verbringen, und verbindet mich mit meinen kanadischen Wurzeln. Solange ich Hockey spiele, kann ich meine Augen vor der Tatsache verschließen, dass ich nicht mehr der Jüngste bin. Solange ich Hockey spiele, kann ich aufhören, über mein Alter und die Auswirkungen nachzudenken. Wozu soll ich mir auch den Kopf zerbrechen, wenn ich mich immer noch wie ein junger Hüpfer fühle, sobald ich den Ball erwische?

Das hat alles bestens funktioniert, bis zu dem Tag des Hockeyturniers in Gateshead, einer Arbeiterstadt im Nordosten von England.

Gegen Ende des Viertelfinales stand es immer noch unentschieden, obwohl wir gegen einen Gegner angetreten waren, den wir im Vorjahr vernichtend geschlagen hatten. Die Uhr tickte unerbittlich. Ich spürte, wie groß die Anspannung und Frustration in unserer Mannschaft waren. Und dann, in der allerletzten Spielminute, als ein nervenzerfetzendes Penaltyschießen drohte – dabei haben fünf Spieler jeder Mannschaft jeweils acht Sekunden Zeit, um ein Tor zu erzielen, ähnlich wie beim Elfmeterschießen im Fußball –, lieferte ich eine absolute Glanznummer im Hockey ab.

Beim Anstoß wirft der Schiedsrichter den Puck auf den Bullypunkt, neben dem jeweils ein Stürmer der beiden Mannschaften Aufstellung genommen hat. Dieser Einwurf, Face-off oder Bully genannt, ist eine Nagelprobe, bei der Kraft, Gleichgewicht, Reflexe, Hand-Auge-Koordination und rasches Denken eine entscheidende Rolle spielen. Es gilt, mit dem Schläger den Puck für die eigene Mannschaft zu erobern. Dass jemand beim Einwurf mit einem Schlag den Puck erwischt und direkt ins Tor trifft, kommt äußerst selten vor. Doch in diesem Viertelfinale gelang mir genau das: Bevor sich jemand auch nur in Bewegung setzen konnte, landete der Puck aus fünf Meter Entfernung in der unteren Ecke des Netzes. Mein Bully-Rivale fluchte unterdrückt. Der ausmanövrierte Torwart drosch in ohnmächtiger Wut mit seinem Schläger auf den Boden ein. Mein Team hatte den Einzug ins Halbfinale geschafft – und ich schwebte auf Wolke sieben.

Nach dem Schlusspfiff, den üblichen Umarmungen und dem Abklatschen begab ich mich in die Umkleidekabine, während ich in Gedanken den rettenden Schuss noch einmal Revue passieren ließ. Einer der Veranstalter des Turniers saß mit seinem Laptop auf der anderen Seite eines Berges aus dampfender, übel riechender Hockeyausrüstung, warf einen Blick auf die Spielerprofile und verglich deren Alter. Der jüngste Spieler war sechzehn. Und der älteste? »Mann, das bist ja du!«, rief er, ein wenig zu belustigt für meinen Geschmack. »Du bist der älteste Spieler im ganzen Turnier!«

Ich war damals achtundvierzig, hatte die ersten grauen Haare und die entsprechenden Krähenfüße. Alles kein Problem. Aber diese Nachricht nahm mir den Wind aus den Segeln. Meine Glanznummer, das Tor, dem wir den Sieg unserer Mannschaft im Viertelfinale verdankten, wurde auf Anhieb von der vernichtenden, rein rechnerisch unanfechtbaren Tatsache in den Schatten gestellt, dass von den 240 Turnierteilnehmern unterm Strich alle jünger waren als ich. Im Handumdrehen war aus dem Torschützen ein Tattergreis geworden.

Als ich beim Verlassen der Umkleidekabine die anderen Spieler von Kopf bis Fuß zu mustern begann, drängten sich mir Fragen über Fragen auf: Bin ich hier fehl am Platz? Lachen die Leute über mich? Bin ich die Hockeyentsprechung zu einem fünfzigjährigen Trophäenjäger, der sich mit seiner zwanzigjährigen Freundin brüstet? Sollte ich mir besser eine weniger aufreibende Freizeitbeschäftigung suchen? Bingo vielleicht?

Am Ende des Tages droht er jedem von uns: dieser ernüchternde, niederschmetternde Augenblick, in dem man sich urplötzlich *alt* vorkommt. Das Geburtsdatum, früher lediglich eine Abfolge von Zahlen im Reisepass, verwandelt sich mit einem Mal in blanken Hohn, in ein *Memento mori*, einen stillschweigenden Beweis, dass man den eigenen Zenit überschritten hat und sich auf einer Einbahnstraße befindet, die zum elastischen Rock- oder Hosenbund und zum Schaukelstuhl führt. Das Leben, so wie wir es kennen und uns vorstellen, ist ein für alle Mal vorbei. Wir beginnen, darüber nachzugrübeln, was als altersgemäß gilt. Bin ich zu alt für dieses Outfit? Für diese Frisur, für diesen Job, für diesen Lebensabschnittspartner, für diese Band mit ihrer fetzigen Musik, für diese Sportart? Der Auslöser kann ein runder Geburtstag sein, eine Krankheit, eine Verletzung, eine schnöde Abfuhr bei einem Flirtversuch, die Tatsache, dass man bei der Beförderung übergangen wurde. Oder der Tod eines nahestehenden Menschen. Für mich war es die Erkenntnis, der älteste Spieler bei einem Hockeyturnier zu sein.

Bei genauerem Hinsehen entdeckt man jedoch den sprichwörtlichen Silberstreifen am Horizont: Viele von uns leben heute lange genug, um auch noch als »Methusalem« Tore zu schießen. Das haben wir dem sogenannten Altersboom zu verdanken, der im 20. Jahrhundert über uns hereinbrach. Die Verbesserung der Ernährung, Gesundheit, Technologie, der sanitären Verhältnisse und medizinischen Versorgung trug ebenso wie der Kampf gegen den Nikotinkonsum und die steigenden Einkommen dazu bei, die menschliche Lebenszeit zu verlängern. Die weltweite Lebenserwartung zum Zeitpunkt der Geburt hat sich laut WHO seit Ende des 19. Jahrhunderts verdoppelt, von einunddreißig Jahren auf aktuell zweiundsiebzig Jahre, wobei in den reichen Ländern heute ein durchschnittlicher Spitzenwert von achtzig Jahren erreicht wird. 1963 begann man in Japan, jedem Bürger zum hundertsten Geburtstag eine silberne Sake-Schale als Geschenk zu überreichen. Der Brauch wurde 2015 aus Kostengründen eingestellt, da die Zahl der Hundertjährigen in Japan inzwischen überhandgenommen hat.

Das heißt nicht, dass früher niemand alt wurde. Doch im Verlauf der Geschichte war die durchschnittliche Lebenserwartung größtenteils gering, vor allem aufgrund der hohen Kindersterblichkeitsrate. Wer es schaffte, in der Zeit vor der industriellen Revolution das Erwachsenenalter zu erreichen, konnte durchaus ein langes Leben vor sich haben. Aus Chroniken geht hervor, dass im Römischen Reich acht Prozent der Bewohner älter als sechzig waren, und im 17. und 18. Jahrhundert gehörten in England, Frankreich und Spanien mehr als zehn Prozent der Bevölkerung dieser Altersgruppe an. Isaac Newton, 1624 geboren, konnte auf das damals biblische Alter von vierundachtzig Jahren verweisen. Von Zeit zu Zeit sorgten diese statistischen Ausreißer sogar für Schlagzeilen. England geriet in den Bann eines Landarbeiters namens Thomas Parr, der angeblich 152 Jahre alt war, als er 1635 das Zeitliche segnete. Ungeachtet der Behauptung, er müsse sein Geburtsdatum mit dem seines Großvaters verwechselt haben, verschlang die Öffentlichkeit die Geschichten, die über ihn kursierten, über seine karge Kost (»Käse- und Milchprodukte, die ranzig wurden, grobes, hartes Brot, wenig trinken, im Allgemeinen Sauermolke in kleinen Schlucken«) und sein schillerndes Liebesleben, zu dem auch eine kirchlich auferlegte Buße wegen Ehebruchs und die Zeugung eines außerehelichen Kindes im Alter von hundert Jahren gehörten. Die Berühmtheit, die der alte Schwerenöter erlangte, nahm solche Ausmaße an, dass »der alte Parr« von Anthonis van Dyck und Peter Paul Rubens gemalt und in der Westminster Abbey beigesetzt wurde.

Obwohl bisher niemand so lange gelebt hat, wie Parr von sich behauptete, ist die Langlebigkeitsrevolution nach gleich welchem Maßstab ein gewaltiger Fortschritt, ein hoch aufragendes Monument, das dem menschlichen Einfallsreichtum huldigt und einen Grund zum Feiern darstellt – doch oft fühlt es sich nicht so an. Warum? Vor allem deshalb, weil unsere innere Einstellung zum Alterungsprozess nicht mit der demografischen Fülle Schritt gehalten hat, die sich vor uns ausbreitet. Statt die Champagnerkorken knallen zu lassen, um auf die zusätzlichen Lebensjahre anzustoßen, graut uns vor dem Gedanken an das Ungemach, das uns im Alter droht. Statt unsere Hockeyheldentaten zu genießen, geraten wir beim Blick auf den zurückweichenden Haaransatz in Panik.

Erschwerend kommt hinzu, dass der Altersboom im öffentlichen Diskurs meistens als Spaßbremse dargestellt wird, Seite an Seite mit dem Klimawandel und der ökonomischen Ungleichheit. Laut dem Weltwirtschaftsforum gibt es weltweit bereits 450 000 Hundertjährige, und die Zahl der über Fünfundsechzigjährigen ist inzwischen größer als die der Kinder unter fünf Jahren; die Berichte werden ausnahmslos mit plakativen Begriffen wie »Silber-Tsunami« und »tickende Zeitbombe« aufgepeppt. Die Weltuntergangspropheten warnen, dass der Altersboom eine wirtschaftliche Arterienverkalkung, Arbeitskräftemangel, eine fiskalische Kernschmelze, Aktienmärkte im Sturzflug, den Zusammenbruch der Sozialeinrichtungen, Krieg zwischen den Generationen und das Ende der Innovation nach sich ziehen könnte. Wenn wir die Gesetze zur Sterbehilfe nicht schleunigst lockern, geben sie zu bedenken, werden wir von einer Flut inkontinenter Grauköpfe überschwemmt, die nicht aufhören, von der guten alten Zeit zu schwärmen.

Unser eigener, persönlicher Alterungsprozess flößt uns ähnliche Befürchtungen ein. Wann sind Sie das letzte Mal einem Menschen begegnet, der sich darauf freute, vierzig oder fünfzig zu werden, geschweige denn sechzig oder siebzig? Es stimmt schon, dass es zu gegebener Zeit erfreulich sein kann, älter als achtzig oder neunzig zu werden, doch erst mal ruft der Gedanke ans Alter Sorge, Angst, Ablehnung, ja sogar Widerwillen hervor. Wir verharren in der Vorstellung, dass Altern ein Fluch ist, dass wir ab einem bestimmten Zeitpunkt mit jedem Geburtstag unattraktiver, unproduktiver und unglücklicher werden – kurzum, weniger wir selbst sind.

Die Botschaft ist überall die gleiche: Jünger ist besser. Auf

Verkehrszeichen sind bisweilen Senioren abgebildet, tief über ihren Gehstock gebeugt, und die Kosmetikindustrie vermarktet ihre »Anti-Aging-Produkte«, als wäre Altwerden eine Krankheit, die es zu bekämpfen gilt. Ab dreißig findet man kaum noch Geburtstagskarten, bei denen die guten Wünsche nicht mit mitleidigen oder spöttischen Sprüchen gepaart sind. Auf einer sogenannten Glückwunschkarte ist eine Frau zu sehen, die sich wie in einem zweitklassigen Horrorfilm mit weit aufgerissenen Augen unter einem Spruchband zusammenkauert, auf dem geschrieben steht: »Oh Gott, du wirst schon dreißig!«

Die Vorstellung, dass Älterwerden nervt, zeigt sich in vielen Redewendungen des Alltags. Etwas zu vergessen wird mit einem »altersbedingten Nachlassen der Gedächtnisleistung« in Verbindung gebracht und »sich so alt zu fühlen, wie man ist« bedeutet, sich verletzlich, schwach und minderwertig vorzukommen. Wir untergraben Komplimente, die wir machen, indem wir die Einschränkung »für dein Alter« anhängen, und bezeichnen Sechzigjährige als die neuen Vierzigjährigen und Fünfzigjährige als die neuen Dreißigjährigen, als wäre der fünfzigste oder sechzigste Geburtstag eine Sache, die man tunlichst vermeiden statt anstreben sollte. Auffallend ist auch, wie häufig wir in das »Noch-Syndrom« verfallen, wenn wir von älteren Menschen reden: Wir sagen, er arbeitet *noch*, die beiden haben *noch* Sex, sie ist immer *noch* blitzgescheit – als käme es einem kleinen Wunder gleich, wenn sich jemand ab einem bestimmten Alter noch mit der Welt auseinandersetzt. Das Wort »alt« ist so toxisch, dass die berühmte britische Schauspielerin Judi Dench dessen Gebrauch in ihren vier Wänden untersagt hat.[2] Auf ihrer Verbotsliste stehen außerdem Begriffe wie »Nostalgie« und »Ruhestand«. »Die haben in meinem Umfeld nichts zu suchen«, erklärte sie kurz nach ihrem achtzigsten Geburtstag.

Selbst Pro-Aging-Initiativen fällt es schwer, die richtigen Formulierungen für ihr Anliegen zu finden. Jonathan Collie, Mitbegründer der Age-of-No-Retirement-Bewegung mit Sitz in London, steht jedes Mal vor derselben Hürde, wenn er an einer Pressemitteilung bastelt oder ein Interview gibt. »Das Problem ist, dass die beiden Begriffe ›Alter‹ und ›alt‹ unvermeidlich sind, aber sobald man sie benutzt, hören alle weg«, erklärt er. Laura Carstensen, Gründungsdirektorin des Stanford Center on Longevity, sieht sich in den USA mit dem gleichen Problem konfrontiert. »Im Verlauf der letzten vierzig Jahre habe ich die Leute zu überzeugen versucht, das Wort ›alt‹ mit Stolz zu benutzen, aber bisher ist mir das bei niemandem gelungen«, gesteht sie. »Fakt ist, dass ich es inzwischen sogar vermeide, aus Angst, jemand könnte es als Beleidigung auffassen.«

Die Angst vor dem Älterwerden ist keineswegs neu. Schon in der Antike verspotteten die griechischen und römischen Dichter ihre älteren Zeitgenossen gnadenlos. Aristophanes stellte sie als schwächliche, armselige und von peinlichen erotischen Bedürfnissen geplagte Lustgreise dar, und Plautus prägte das Sprachbild des »geilen alten Bocks«. Gehörnte Ehemänner älteren Semesters bevölkern zuhauf die Werke mittelalterlicher Autoren von Boccaccio bis Chaucer. Vor mehr als zwei Jahrhunderten spürte der englische Gelehrte Samuel Johnson, der das erste bedeutende Lexikon der englischen Sprache schuf, ein allzu vertrautes Vorurteil gegen den Alterungsprozess des Gehirns auf.[3] »Bei den meisten Menschen macht sich die niederträchtige Neigung bemerkbar, davon auszugehen, dass der Verstand eines alten Mannes dem Verfall preisgegeben ist«, schrieb er 1783. »Wenn sich ein Mann in jungen oder mittleren Jahren beim Verlassen einer Gesellschaft nicht mehr zu erinnern vermag, wo er seinen Hut abgelegt hat, ist das kaum der Rede wert; entdeckt man die gleiche Unaufmerksamkeit jedoch bei einem alten Mann, heißt es mit einem Achselzucken: ›Seine geistigen Kräfte lassen nach.‹«

Hat sich seither etwas geändert? Ja, aber nicht zum Besseren. Unsere Aversion gegen das Älterwerden – oder auch nur älter auszusehen – ist größer als jemals zuvor. Wir geben heute jedes Jahr Unsummen für Anti-Aging-Produkte und Anti-Aging-Maßnahmen aus.[4] Schon ab zwanzig greifen einige Bewerber vor einem Vorstellungsgespräch zu Botox und Haarimplantaten, und selbst Teenager befolgen bereits die Tipps der Kosmetikindustrie, um ihr äußeres Erscheinungsbild »aufzufrischen«.

Manchmal fühlt es sich so an, als wäre die Jagdsaison auf jeden eröffnet, der ein bestimmtes »Verfallsdatum« überschritten hat. Als Forscher der Yale School of Public Health auf Facebook nach Chaträumen Ausschau hielten, in denen über ältere Menschen diskutiert wurde, fanden sie vierundachtzig Gruppen mit insgesamt 25 489 Followern, die das Forum nutzten.[5] In allen Gruppen – mit nur einer einzigen Ausnahme – wurde mit altbekannten Stereotypen argumentiert. Auf den Startseiten mit Informationen über die Gruppe befürwortete ein Drittel, ältere Menschen vom Autofahren, Einkaufen und von anderen öffentlichen Aktivitäten auszuschließen. Ein Nutzer wartete sogar mit einer finalen Lösung für Senioren auf: »Jeder über neunundsechzig gehört unverzüglich vor ein Erschießungskommando.«

Auch wenn sich nur wenige so weit aus dem Fenster lehnen und Exekution oder Euthanasie unterstützen würden, ist das Seniorenbashing nun die letzte Form der Diskriminierung, die man kaum beim Namen zu nennen wagt. Nach dem Brexit-Referendum 2016, als die älteren Mitbürger mit überwältigender Mehrheit für den Austritt Großbritanniens aus der Europäischen Union stimmten, schlugen einige Kommentatoren vor, der Generation 65plus das Stimmrecht zu entziehen. Mit ähnlichem Tenor erklärte Mark Zuckerberg, der Gründer von Facebook, einmal im Rahmen eines Vortrags an der Stanford-Universität: »Junge Leute sind einfach scharfsinniger.« Und die US-amerikanische Sängerin Melissa Etheridge beklagte, dass sie nach ihrer Krebserkrankung zwar viel Beifall für ihren Mut erhalten hatte, sich bei den Grammy Awards auf dem roten Teppich mit kahlem Kopf zu präsentieren, doch im Anschluss sei der soziale Druck, die nachwachsenden Haare zu färben, groß gewesen: »Ich kann vor den Augen der Welt eine Glatze haben, aber keine grauen Haare.«

Selbst Wissenschaftler, die den Alterungsprozess erforschen, bekommen diesen Druck zu spüren. Ein Beispiel ist Debora Price, Professorin für Sozialgerontologie an der Universität Manchester. Bei unserem Treffen in einem Café am Ufer der Themse in London spricht sie ungehemmt und überzeugend über jeden Aspekt des Älterwerdens, bis ein Thema sie aus dem Konzept bringt: Haare. Price ist Anfang fünfzig und brünett – dank regelmäßiger Friseurbesuche. »Ich möchte mit Nachdruck darauf hinweisen, dass mich dieser Anti-Aging-Rummel nie interessiert hat, aber dennoch färbe ich inzwischen meine Haare, und das fraglos aus einem einzigen Grund, nämlich um jünger auszusehen«, gesteht sie ein wenig zögerlich. »Das ist Teil unserer Anti-Aging-Kultur, die allgegenwärtig ist – auch unter Gerontologen.«

Ich bin Teil derselben Kultur. Mit zwanzig pflegte ich jeden, der älter als fünfunddreißig war, mit einer Mischung aus Geringschätzung und Grauen zu betrachten. Ich erinnere mich an mein trockenes Lächeln, als der englische Schriftsteller Martin Amis in seinem Buch *London Fields* erklärte, dass die Zeit »seit Menschengedenken dafür sorgt, dass jeder irgendwann beschissen aussieht und sich auch so fühlt«. Ich verinnerlichte genussvoll und mit Schadenfreude die Beschreibung von John Updikes Romanfigur Rabbit, der in seiner Lebensmitte in den Sumpf der Verzweiflung gleitet mit seiner »ausladenden Leibesmitte, der vorsorglich gebückten Haltung ... Zeichen der Schwäche, einer Schwäche, die an Namenlosigkeit grenzt«. Ich stimmte in den Song *My Generation* der britischen Rockband The Who ein und empfand ein grausames Vergnügen, wenn ich die Zeile »Hope I die before I get old« schmetterte. Seit ich die Fünfzig überschritten habe, bin ich vollkommen aufs Leugnen gepolt und greife zu jedem Trick, um meinen eigenen Alterungsprozess vor aller Welt – und vor mir selber – zu verbergen. Geburtsjahr bei Facebook verbergen? Klar! Lieber mit einer verschwommenen Sicht leben als eine Brille tragen? Klar doch! Haare kurz tragen, um die grauen Strähnen zu kaschieren? Selbstverständlich! Wie lange wird es noch dauern, bis ich mir notgedrungen eingestehen muss: *Der Hals lügt nie*, wie Nora Ephron in ihrem gleichnamigen Buch darlegt? Manchmal nimmt meine Altersphobie absurde Züge an. Neulich war ich in einem Baumarkt und es gelang mir nicht, das Kleingedruckte auf der Glühbirnenverpackung zu entziffern. Nach etlichen Versuchen, mit zusammengekniffenen Augen doch noch etwas lesen zu können, wollte ich mir Hilfe holen. In meiner unmittelbaren Umgebung entdeckte ich mehrere Zwanzigjährige, die mir den Text im Bruchteil einer Sekunde vorgelesen hätten, aber ich konnte mich nicht überwinden, sie anzusprechen: Es war mir einfach zu peinlich. Stattdessen marschierte ich so lange im Laden herum, bis ich eine ältere Dame mit Brille auf der Nase erspähte.

Solche Ausweichmanöver wirken harmlos, wenngleich eine Spur mitleiderregend. Vielleicht kommen sie Ihnen bekannt vor?

Fakt ist jedoch, dass sie alles andere als harmlos sind. Scheinbar belanglose Entscheidungen wie jene im Baumarkt oder jene der Gerontologin Debora Price, bei jedem Friseurtermin die Haare färben zu lassen, summieren sich unter dem Strich zu einem großen Problem. Sie stellen einen unmerklichen Akt des Verrats und Nichtwahrhabenwollens dar, Mikroaggressionen, die nirgendwo verzeichnet sind, eine stillschweigende Kapitulation angesichts des kulturellen Diktats, dass Altern ein beschämendes Spiel ist, in dem es nur Verlust und Verfall gibt.

Natürlich hat das Älterwerden seine Schattenseiten. Zu spüren, wie die Zeit vergeht und sich der Tod in seinem geflügelten Streitwagen nähert, kann ein existenzieller Horrortrip erster Güte sein. Ungeachtet dessen, wie viel Grünkohl oder Superfood Sie essen oder wie regelmäßig Sie Ihre Pilates-Übungen machen, Sie können nicht verhindern, dass der Körper im Lauf der Jahre seine Sprungkraft verliert und das Gehirn seine Flexibilität einbüßt. Vermutlich wird es Ihnen auch nicht erspart bleiben, mitanzusehen, wie Menschen, die Ihnen nahestehen, krank werden und sterben. Doch der größte Nachteil ist möglicherweise unsere vergiftete Sichtweise auf den Alterungsprozess selbst. Diese Einstellung verdammt uns nicht nur dazu, über weite Strecken des Lebens mit unserem Alter zu hadern, sondern verengt auch den Horizont. Stellen Sie sich die zahlreichen Wege vor, die Sie nicht gegangen sind, das Potenzial, das Sie nicht ausgeschöpft haben, die vielen Leben, die Sie verpasst haben, und das alles wegen einer kleinmütigen Stimme in Ihrem Kopf, die Ihnen einflüstert: »Dafür bist du zu alt!« Der düstere Blick in die Zukunft kann sogar zu einer sich selbst erfüllenden Prophezeiung werden. Studien belegen, dass ältere Menschen, die mit negativen Vorstellungen vom Altern konfrontiert werden, bei Tests, in denen es um Gedächtnisleistung, Hörvermögen und Gleichgewichtssinn geht, schlechter abschneiden und darüber hinaus eine langsamere Gangart annehmen.[6]

Ich frage mich, ob es mir nach dem Hockeyturnier ähnlich erging. Nachdem mein Status als Methusalem der Mannschaft manifestiert war, ließen meine Leistungen nach. Fing ich plötzlich an, so verhalten auf dem Spielfeld zu agieren, wie ich es mir bei einem altgedienten Teammitglied vorstellte? Übernahm ich mich bei dem Versuch, mithalten zu wollen? Das werde ich wohl nie erfahren. Doch nach der Niederlage meines Teams im Halbfinale verließ ich das Turnier mit etwas Wertvollerem als einer Trophäe: Ich nahm einen guten Vorsatz mit, der zu einer Mission wurde: Ich wollte lernen, sowohl besser zu altern als auch eine bessere Einstellung zum Altern zu gewinnen.

Das ist kein Kampf gegen Windmühlen, auch wenn es so scheinen mag. Warum? Weil man bei einem Blick hinter die Fassade der Stereotype erkennt, dass der Weg nach dem dreißigsten Lebensjahr kein jammervoller Abstieg in die Hinfälligkeit ist. Ganz und gar nicht! Denken Sie einmal an Ihr eigenes soziales Umfeld. Gerät jeder, den Sie kennen, automatisch in ein finales Trudeln, wenn er sich nicht mehr für einen Abenteuerurlaub für Achtzehn- bis Fünfunddreißigjährige mit Contiki Tours qualifiziert? Mitnichten! Wenn es Ihnen so ergeht wie mir, kennen Sie jede Menge Leute, die auch mit vierzig, fünfzig, sechzig und darüber hinaus gut drauf sind. Meine Eltern, siebenundsiebzig und dreiundachtzig Jahre alt, genießen ihr Leben in vollen Zügen – sie reisen, kochen, treiben Sport, gehen aus, besuchen Kurse und arbeiten nur dann, wenn sie Lust dazu haben.

Der Gedanke, dass ältere Menschen eine Last sind und keinen Beitrag mehr zum Allgemeinwohl leisten können, ist eindeutig absurd. In der Geschichte wimmelt es von bekannten Persönlichkeiten, die erst spät im Leben zu Ruhm und Ehren gelangt sind.

Drei Jahrhunderte nachdem Michelangelo im Alter von vierundsiebzig Jahren die Arbeit an seinen Fresken in der Cappella Paolina im Vatikan beendet hatte, feierte der neunundsiebzigjährige Giuseppe Verdi die Premiere von Falstaff, seiner besten komischen Oper. Der Architekt Frank Lloyd Wright war bereits einundneunzig, als er den Entwurf vorlegte, nach dem das Guggenheim Museum in New York errichtet wurde. Die US-amerikanische Malerin Georgia O'Keefe lieferte noch mit neunzig bemerkenswerte Kunstwerke ab, und der Lyriker Stanley Kunitz wurde im Alter von fünfundneunzig Jahren in den USA als Poet Laureate ausgezeichnet. Philosophen wie Immanuel Kant, Gorgias und Cato erreichten die Höhe ihres Schaffens erst im Alter. Na, Herr Zuckerberg, wer ist da scharfsinniger?

Das öffentliche Leben wird heute von so vielen Menschen jenseits der fünfzig und ihren außergewöhnlichen Leistungen geprägt. Multitalent Clint Eastwood erhielt seinen ersten Oscar als Bester Regisseur mit zweiundsechzig und räumte den zweiten Regie-Oscar mit vierundsiebzig ab. Die irische Politikerin Mary Robinson kämpft mit siebzig für Klimagerechtigkeit. Jane Goodall bereist mit achtzig die ganze Welt, um in ausverkauften Hallen Vorträge über ihre Arbeit mit Schimpansen in Tansania zu halten. Warren Buffett, einer der erfolgreichsten Großinvestoren der Welt, marschiert stramm auf die neunzig zu. Und mit neunzig produziert der britische Tierfilmer und Naturforscher Sir David Attenborough preisgekrönte Naturdokumentationen, während Queen Elizabeth II., die auch nicht mehr die Jüngste ist, jedes Jahr an mehr als vierhundert offiziellen Veranstaltungen teilnimmt.

Die Grenzen dessen, was wir alle lange nach der ersten Blüte der Jugend erreichen können, verschieben sich. Heutzutage laufen Amateure der Altersgruppe vierzig bis neunundvierzig beim

London-Marathon mit und hängen ihre zwanzigjährigen Mitstreiter ab.[7] Nach einer Fruchtbarkeitsbehandlung brachte eine Inderin 2016 im Alter von zweiundsiebzig Jahren einen gesunden Knaben zur Welt. Ein Jahr später wurde ein Kriegsveteran, der die Landung in der Normandie miterlebt hatte, der älteste Fallschirmspringer, der aus einer Höhe von 15 000 Fuß (4 572 m) aus dem Flugzeug sprang – mit hundertundein Jahren. Gleichzeitig steigt der Intelligenzquotient in sämtlichen Altersgruppen, auch jener der über Neunzigjährigen. »Die gute Neuigkeit ist, dass es nie bessere Zeiten für ältere Menschen gab«, erklärt Esme Fuller-Thomson, Leiterin des Institute for Life Course and Aging an der Universität von Toronto. Auch die Entwicklung der Sprache spiegelt diese optimistische Stimmungslage wider. Im 14. Jahrhundert begann für Dante Alighieri das Greisenalter schon mit sechsundvierzig Jahren, dagegen schlug 2017 die Geriatrische und Gerontologische Gesellschaft in Japan vor, das Alter, ab dem die Bezeichnung »rojin« (alt) als angemessen gilt, von fünfundsechzig auf fünfundsiebzig Jahre heraufzusetzen.

Das Altern als Privileg zu begrüßen, statt als Strafe zu betrachten, nimmt mittlerweile die Ausmaße einer regelrechten sozialen Bewegung an. Überall finden sich Gleichgesinnte in Gruppen wie Age Demands Action zusammen, einer Initiative, die sechzig Länder umspannt und sich auf die Fahnen geschrieben hat, die Menschen zur bestmöglichen Nutzung ihrer längeren Lebenszeit anzuspornen. Auch Regierungen schließen sich dem Kampf gegen die Altersdiskriminierung an. Um die Barrieren und Vorurteile zwischen Jung und Alt zu überwinden, ermutigt das französische Bildungsministerium die Lehrer, während des Schuljahrs generationenübergreifende Projekte auf den Weg zu bringen. Um das lebenslange Lernen zu fördern, erhält jeder Einwohner über fünfundzwanzig von der Stadt Singapur einen Zuschuss für berufliche Weiterbildungsmaßnahmen oder den Besuch von Kursen an der Universität. Die Weltgesundheitsorganisation WHO hat sich verpflichtet, ihren Beitrag zu leisten, damit die Zeitspanne von 2020 bis 2030 zum ersten Jahrzehnt des Gesunden Alterns deklariert werden kann.

Auch einzelne Personen schließen sich dem Kreuzzug an. Die US-amerikanische Schauspielerin Jane Fonda, die das achtzigste Lebensjahr überschritten hat, setzt sich dafür ein, das Beste aus dem »dritten Akt« ihres Lebens zu machen. Seit Erscheinen ihres Buches *This Chair Rocks: A Manifesto Against Ageism* im Jahre 2016 hält auch die energiegeladene US-amerikanische Autorin und Aktivistin Ashton Applewhite überall flammende Reden gegen die Altersfeindlichkeit, gleich ob bei den innovativen TED-Konferenzen oder vor den Vereinten Nationen. Ich wurde auf sie aufmerksam, als ich an meiner Buchidee zu zweifeln begann: Ist ein Buch über den Alterungsprozess nicht trostlos, langweilig und vor allem unsexy? Wird es überhaupt genug Positives über das Älterwerden zu berichten geben? Ist der Kampf gegen den Jugendkult überhaupt der Mühe wert? Da ich dringend einen Motivationsschub benötigte, kontaktierte ich Applewhite und stattete ihr einen Besuch in ihrem Apartment im New Yorker Stadtteil Brooklyn ab.

An einem klirrend kalten Wintermorgen treffe ich sie im Freien auf der Straße, während sie gerade Fotos von Graffiti macht. Morgen steht bei ihr die Teilnahme an einem Protestmarsch für Frauenrechte auf dem Programm. Mit ihren kurz geschnittenen gelockten Haaren, ihrer Sprechweise im Maschinengewehrtempo und ihrem Humor, der »keine Gefangenen macht«, erinnert sie mich an meinen ersten Chef. Sie ist mir auf Anhieb sympathisch. In ihrer Wohnung, vollgestopft mit Büchern und Ordnern, nehmen wir mit grünen Smoothies (typisch für das hippe Brooklyn) am Küchentisch Platz. Sie nimmt meine Zweifel aufs Korn, räumt einen nach dem anderen aus. »Je mehr man über den Alterungsprozess nachdenkt, desto faszinierender wird er«, sagt sie. »Alt werden ist ähnlich wie sich verlieben oder Kinder zur Welt bringen: eine schwierige, vielschichtige und wunderbare Sache. Es geht um die Frage, wie wir unseren Weg durchs Leben gehen, wie wir mit der Gesellschaft und miteinander umgehen, und was könnte es Interessanteres geben?«

In Ordnung, das akzeptiere ich. Aber wie überwindet man die Aversion gegen den Alterungsprozess, die seit Urzeiten zu bestehen scheint? Wie würde es sich anfühlen, wenn es uns gelänge, und wäre das überhaupt möglich? Applewhite nickt. »Fakt ist, sobald man das beklemmende, kulturell verankerte Schreckensbild über Bord geworfen hat, das mit dem Alter verbunden ist, sieht das Älterwerden gleich viel besser aus. Leicht ist es trotzdem nicht.«

Nicht leicht ist nicht dasselbe wie unmöglich. Ein wichtiger Grund für eine optimistische Einstellung ist die Tatsache, dass weltweit immer mehr Menschen den »Altersknigge« mit Verachtung strafen, um ihren Lebensweg nach eigenem Gutdünken zu gestalten. Sie segeln mit vierzig rund um den Globus; kehren mit fünfzig auf die Schulbank zurück; gründen mit sechzig eine Firma oder Familie; nehmen mit siebzig an einem Marathon teil; lassen sich mit achtzig auf politische Kampagnen ein, oft als Initiatoren; verlieben sich mit neunzig; schaffen mit hundert echte Kunstwerke. Damit bauen sie positive Erwartungen auf, was wir mit unseren zusätzlichen Lebensjahren anfangen könnten, und bauen gleichzeitig die abgedroschenen Klischeevorstellungen ab, eine alternde Bevölkerung sei eine Last.

Sie sind außerdem ein lebender Beweis dafür, dass das Alter seine Macht, uns zu definieren und einzuengen, verliert. Heute fällt das Geburtsdatum viel weniger ins Gewicht als die individuelle Denk- und Sprechweise, das äußere Erscheinungsbild, unsere Freizeitaktivitäten, unser Kleidungsstil und unsere Reisen. Was uns in Zukunft definieren wird, weit mehr als das Alter, sind die Entscheidungen, die wir treffen: die Bücher, die wir lesen, die Fernsehsendungen, die wir anschauen, die Musik, die wir hören, die Nahrungsmittel, die wir zu uns nehmen, die Menschen, die wir lieben, die Politiker, die wir unterstützen, und die Arbeit, die wir verrichten. Diese Verlagerung stimmt mit dem breit gefächerten kulturellen Trend zu mehr Vielfalt und persönlicher Freiheit überein. Heute bringen wir sexuelle Orientierung und Geschlechtsidentität in einer Art und Weise zum Ausdruck, die vor nicht allzu langer Zeit noch undenkbar gewesen wäre. Das Alter kann das nächste Grenzgebiet sein, das es zu erobern gilt. Das Future of Humanity Institute, ein interdisziplinäres Forschungszentrum der Universität Oxford, bringt Vordenker aus den Bereichen Mathematik, Philosophie und Naturwissenschaften zum Austausch über die existenziellen Fragen zusammen, denen sich die Menschheit gegenübersieht. Nick Bostrom, Leiter des Zentrums, ist der Überzeugung, dass das Konzept des chronologischen Alters ausgedient hat: »Wichtig ist nicht, wie viele Jahre seit der Geburt vergangen sind, sondern wo man im Leben steht, wie man über sich selbst denkt und was man tun kann und möchte.«[8]

Einige Tage nach meinem Treffen mit Applewhite besuche ich die Cho Heng Rice Vermicelli Factory in Thailand. Dieses weitläufige, etwa zwölf Hektar große Werksgelände in einem Außenbezirk von Bangkok produziert jedes Jahr Reismehl und Nudeln im Wert von hundert Millionen US-Dollar. Was aber wirklich aufhorchen lässt, ist die Tatsache, dass die Belegschaftsmitglieder hier lebenslang oder bis zur Erwerbsunfähigkeit beschäftigt werden. Der älteste Mitarbeiter ist ein Manager, der für Wartung und Instandhaltung der Maschinen zuständig ist und mit einem wiegenden Gang wie John Wayne, verwegen gefärbten Haaren und dem neuesten iPhone-Modell am Gürtel seine Runden dreht. Er ist sechsundachtzig Jahre alt. Vom Gründer der Produktionsstätte vor annähernd einem Jahrhundert schriftlich festgelegt, hat sich die firmenpolitische Strategie, Mitarbeiter jenseits des Rentenalters zu behalten, als so erfolgreich erwiesen, dass Regierungsvertreter angesichts der rasch alternden thailändischen Bevölkerung Cho Heng als Vorbild für andere Unternehmen anführen. Am Ende meiner Besichtigungstour setze ich mich mit Darunee Kramwong zusammen, einer dreiundsiebzigjährigen Putzfrau, die seit vier Jahrzehnten in der Fabrik tätig ist. Sie sitzt auf der Kante eines Sofas im Konferenzraum, heiter und beflissen wie ein Schulmädchen, das zu einem Gespräch in das Büro des Rektors gebeten wurde. Mit ihren zarten Gesichtszügen und ihrem strahlenden Lächeln besitzt sie ein Charisma, das gestandene Fotografen des National Geographic in die Knie zwingen würde. Ihre Stimme, sanft, aber kraftvoll und mit einem Hauch Ironie angereichert, macht mich schwach.

Frau Kramwong, zu Beginn ihres Berufslebens am Fließband tätig und später der Mannschaft zugeteilt, die für die Reinigung der Hightechlaboratorien zuständig ist, arbeitet nach wie vor Acht-Stunden-Schichten an sechs Tagen die Woche. Ihre Kinder fänden es besser, wenn sie endlich in den wohlverdienten Ruhestand ginge, aber sie denkt nicht daran, weil ihr die Arbeit in der Cho-Heng-Fabrik Spaß macht. »Ich mache meine Arbeit gut, weil ich die Labore genau kenne und weiß, was gesäubert werden muss und was man nicht anrühren darf«, erklärt sie stolz und richtet sich kerzengerade auf. »Meine Familie möchte, dass ich zu Hause bleibe, aber ich möchte auch weiterhin arbeiten, weil ich dann jeden Tag eine Beschäftigung habe, aktiv bleibe, meine Freundinnen treffe, eigenes Geld verdiene und anderen helfen kann. Ich komme einfach gerne in die Fabrik.«

Auf meine Frage, ob ihr das Alter Probleme bereitet oder Einschränkungen auferlegt, blickt mich Frau Kramwong mit der gleichen Mischung aus Überraschung und Mitleid an, mit der sie vermutlich eine missratene Nudel auf dem Fließband in Augenschein nähme. Ganz im Gegenteil, erwidert die Dreiundsiebzigjährige, ihr Alter sei wie ein Ehrenabzeichen. Sie fühlt sich als Teil der »Cho-Heng-Familie« und ist stolz darauf, dass jüngere Kolleginnen ihren Rat suchen, sowohl in beruflicher Hinsicht als auch in Liebesangelegenheiten. »Sie sind wie Brüder und Schwestern für mich«, erklärt sie. »Manchmal ziehen sie mich auf und sagen ›Großmütterchen‹ zu mir, aber das stört mich nicht, schließlich bin ich ja alt genug, um ihre Großmutter zu sein!« Sie lacht, und ihr Lachen klingt so herzlich und unverfälscht, dass alle Anwesenden im Raum instinktiv einstimmen. Und ich ertappe mich bei dem Gedanken: »Wenn sich dreiundsiebzig so anfühlt, dann nur zu!«

Altern ist das Natürlichste der Welt: In zwölf Monaten wird jeder von uns ein Jahr älter sein. Sofern kein wissenschaftlicher Durchbruch gigantischen Ausmaßes stattfindet, wird sich daran nichts ändern. Was sich aber ändern kann, ist, *wie* wir altern und was wir dabei *empfinden*.

Ich habe mir mit diesem Buch das Ziel gesetzt, die Möglichkeiten aufzuzeigen, die der »Kramwong-Effekt« bietet: den Alterungsprozess zu verstehen und zu begrüßen. Ihnen vor Augen zu führen, dass der Altersboom keine Last sein muss, sondern ein Segen sein kann. Herauszuarbeiten, wie wir, ein jeder für sich und alle gemeinsam, dazu beitragen können, das Älterwerden in eine positive Erfahrung umzuwandeln.

Ich lade Sie auf eine spannende Reise rund um die Welt ein, auf der wir Menschen kennenlernen, die dem Jugendkult den gebührenden Platz zuweisen, indem sie jede Lebensphase nach ihren eigenen Lebensvorstellungen und Lebensumständen gestalten. Mit einer über achtzigjährigen DJane in Polen erobern wir die Tanzfläche, wir hängen mit Graffitikünstlerinnen mittleren Alters in Spanien ab und besuchen die erste Miss-Universe-Wahl für Seniorinnen in Las Vegas. Wir schauen einer achtzigjährigen Konsolenspielerin auf die Finger und trotzen an der Seite eines gereiften Busfahrers dem Verkehrschaos in Bangkok. Wir begegnen Studierenden, die in einem Altersheim in den Niederlanden wohnen, einer Siebzigjährigen, die jungen Fashionistas in New York Schneidertricks beibringt, und der achtzigjährigen Drahtzieherin hinter der Recycling-Revolution in Beirut. Und wir schlüpfen in einen »Alterssimulationsanzug«, um nachzuvollziehen, wie es sich anfühlt, den Alltag in einem alternden Körper zu bewältigen.

Dieses Buch ist darüber hinaus eine Selbstfindungsreise mit dem Ziel, mir nicht mehr ständig den Kopf über mein Alter zu zerbrechen. Ich möchte das Gefühl haben, dass alles gut ist, wenn ich in den Spiegel schaue, wenn ich um Hilfe bitte, weil ich das Kleingedruckte im Laden nicht lesen kann, oder wenn ich mich in einem Hockeyturnier mit Gegnern messe, die jung genug sind, um meine Kinder zu sein. Ich möchte mehr von dem, was Frau Kramwong auszeichnet.

Kurz und gut: Ich habe mir vorgenommen, der Angst vor dem Älterwerden ein Ende zu setzen und vielleicht sogar damit zu beginnen, mich darauf zu freuen. Ist das zu viel verlangt? Finden wir es gemeinsam heraus.

1. KAPITEL

WAS DAS ALTER ALT AUSSEHEN LÄSST

Ich werde alt ... ich werde alt ...
Hochgekrempelt trag ich meine Hosen bald.

T. S. Eliot, »J. Alfred Prufrocks Liebesgesang«

Mark Zuckerberg dachte vermutlich an das hippe Londoner
Viertel Shoreditch, als er das Loblied auf die Intelligenz jüngerer Menschen sang; hier hat man das Gefühl, dass jeder jenseits
der fünfunddreißig zum alten Eisen gehört. In den vergangenen
Jahren ist dieser Stadtteil im Nordosten Londons regelrecht auf-
geblüht, hat sich in einen Silicon-Valley-Abklatsch im Miniaturformat verwandelt. In den engen Straßen findet man dicht-
gedrängt Technologiefirmen und Start-ups neben dem üblichen
Tross, der den Feldzug begleitet, um für das leibliche Wohl der
Kämpfer zu sorgen: Cocktailbars, Sushi-Restaurants und Cafés,
die den neusten Sommertrend, den Cold-Brew-Kaffee, sprich
kalt aufgebrühten Kaffee, servieren. Junge Leute aus aller Welt
gleiten auf Tretrollern und minimalistischen Fixie-Fahrrädern
ohne Gangschaltung und Freilauf vorbei. Zwischen den Pro-
grammiermarathons und Betatests – die dem Feinschliff von
Softwareversionen vor der Markteinführung dienen – lassen sie
Dampf ab und sinnen bei glutenfreien Brezeln und Craft-Bier

von unabhängigen Brauereien über die Frage nach, wie man es schafft, die Welt zu beherrschen. Alle Augen sind auf dieselbe Trophäe im Wettbewerb gerichtet: das nächste Einhorn auf den Markt zu bringen oder sich zumindest Aktien daran zu sichern.

Ich bin heute Abend in Shoreditch, um mir ein Bild davon zu machen, wie die Energie der Jungunternehmer freigesetzt und auf die gerontologische Industrie losgelassen wird. Der Anlass ist eine Präsentation, die verspricht, »die Innovation zu beschleunigen und die Lebensqualität älterer Menschen weltweit zu verbessern.« Zehn Start-ups werden dem Publikum, bestehend aus Unternehmern, Investoren und breit aufgestellten Strategen, ihr Geschäftskonzept vorstellen. Die Jury wählt einen Sieger aus, der eine Runde vorrückt und am europäischen Finale teilnimmt. Zwei Fragen brennen bereits Löcher in mein Notebook: Was versteht ein Jungspund aus Shoreditch unter dem Begriff »ältere Menschen«? Und wie wollen sie deren Lebensqualität verbessern?

Veranstaltungsort ist der Sitz von Campus London, Googles Hotspot für Firmen mit Unternehmergeist und innovativen Geschäftsideen. Bei meiner Ankunft marschiert ein junger Mann in eng anliegender Weste wie ein nervöser Wachposten vor dem Eingang hin und her, bellt mit lauter Stimme etwas über eine Besprechung mit Risikokapitalgebern in sein Smartphone. »Die sind total begeistert von der Idee, irgendwas mit alten Leuten zu machen«, brüllt er. Shoreditch, wie es leibt und lebt.

Die Lobby ist mit technischem Schnickschnack aus meiner Jugend zugepflastert, der heute zu den Antiquitäten gehört – ein Original iMac, ein Transistorradio, ein Fernsehgerät mit Kathodenstrahlröhrenbildschirm, ein Super-8-Filmprojektor. An einer Wand prangt ein Werbeslogan, der aus einem Bühnenmanuskript für Start-ups zu stammen scheint: »Größer. Vielversprechender. Kühner. Mutiger.« Die Besucher haben sich bereits um einen runden Tisch versammelt, knabbern Nachos mit Burrata, der trendigen Variante des Mozzarella aus Apulien. Sie sind ausnahmslos jung. Ich frage einen bärtigen Zwanzigjährigen, was ihn motiviert hat, an einer Veranstaltung über das Altern teilzunehmen. »Ich bin Seriengründer und daher immer am nächsten Erfolg versprechenden Projekt interessiert«, erwidert er. »Und Altern ist derzeit ein brandheißes Thema.«

Seine Söldner-Einstellung lässt mich zusammenzucken, doch dann halte ich mir vor Augen, dass es sich um eine Präsentation handelt. Die gute Seite ist, dass es in diesem Raum clevere, selbstbewusste »Ich schaff das«-Typen zuhauf gibt, die angestrengt über den Alterungsprozess und die Möglichkeiten nachdenken, unsere diesbezüglichen Erfahrungen zu verbessern – ist doch prima, oder?

Ich nehme Platz, um mir die Präsentationen anzuhören. Als Erstes wird ein technisches Gerät vorgestellt, das imstande ist, das Risiko eines Sturzes und einer Hüftfraktur zu berechnen. Dann folgt eine App, die dazu beitragen soll, mit vereinfachten Textnachrichten- und Foto-Sharing-Diensten die Isolation älterer Menschen zu durchbrechen. Als Nächstes kommt ein Kandidat mit jugendlich frischem Aussehen an die Reihe, der in Windeseile erklärt, Probleme wie Misshandlung, Depressionen und Fehlernährung von älteren Menschen ließen sich am besten mit der Digitalisierung des Angebots häuslicher Pflegedienste lösen. Im Anschluss erfolgt die Vorführung eines »omnidirektionalen« Rollstuhls, der sämtliche Richtungen einschlagen kann – rauf, runter, vorwärts, rückwärts und seitwärts. Zum Sieger des Präsentationswettbewerbs wird ein Dienstleister gekürt, der digitale Medieninhalte sammelt und für eine Website aufbereitet, die dem Verkauf unterstützender Produkte für Demenzkranke gewidmet ist.

Jede dieser Ideen kann dazu beitragen, die Welt in einen besseren Ort zu verwandeln, und der Eifer der potenziellen Firmengründer wirkt ansteckend. Auch wenn sie den Blick auf die Gewinnchancen gerichtet haben, erwähnen die meisten, dass sie von der Notlage eines nahestehenden Menschen inspiriert wurden. Der Sieger pflegte seine demenzkranke Mutter über mehrere Jahre. Als Beifall aufbrandet, stelle ich fest, dass ich mich von der messianischen Woge mitreißen lasse.

Aber ich fühle mich gleichzeitig ernüchtert. Warum? Weil jedes Produkt, jede Präsentation und jedes Geschäftskonzept von der gleichen Voraussetzung ausgeht: »Älter« bedeutet, allein, schwach, vergesslich, starr, traurig oder verletzlich zu sein – oder alles zusammen. Was ist mit der wachsenden Anzahl zufriedener, gesunder älterer Menschen, die das Leben beim Schopf packen? Keine der sogenannten Neuerungen, die hier vorgestellt wurden, scheint für jemanden wie Darunee Kramwong von Belang zu sein. Oder für mich, nebenbei bemerkt. Im Dunstkreis der Jeunesse doreé von Shoreditch gehöre ich, dessen fünfzigster Geburtstag sich lautlos nähert, zweifellos in die Kategorie der »älteren Leute« – aber es könnten noch viele Jahre vergehen, bevor ich Verwendung für die Produkte und Dienstleistungen habe, die heute Abend enthüllt wurden. Warum hat niemand die Bühne mit einem Baukastensystem betreten, das jemandem wie mir helfen kann, eine eigene App zu erstellen? Oder jemandem wie Frau Kramwong zu zeigen, wie man in Shoreditch die Werbetrommel für ein Start-up rührt?

Als ich mich nach der Veranstaltung in die Schlange der Besucher einreihe, die auf einen Uber-Fahrdienst warten, fällt mir ein, dass die Verkaufspräsentation heute Abend gezeigt hat, wo unser Alterskonzept von der Realität abweicht. Auf die Frage, was »älter« sein bedeutet, greifen wir automatisch auf ein Katastrophenszenario zurück. Denken Sie mal nach: Welche Vorstellungen beschwört der Begriff »altern« bei Ihnen herauf? Wenn es Ihnen so ergeht wie mir oder den wohlmeinenden Innovatoren von Shoreditch, stellen sich auf Anhieb düstere Vorstellungen ein: Verfall, Gebrechlichkeit, digitale Inkompetenz, Demenz, Tod. Ein mitleiderregendes, unerfreuliches Bildnis à la Dorian Gray, das auf dem Dachboden landet. Die Bewohner eines Alten- und Pflegeheims, die den ganzen Tag Bingo spielen, um die Zeit totzuschlagen. Die arme Oma, die ihre Verwandten nicht mehr erkennt oder nicht mehr nach Hause zurückfindet. Der bedauernswerte Opa, der nicht mehr imstande ist, Treppen zu steigen oder sich die eigene Kehrseite abzuwischen.

Um das Potenzial unserer längeren Lebenszeit bestmöglich zu nutzen, gilt es, aus den Denkschemata auszubrechen, die auf solche Katastrophenszenarien ausgerichtet sind. Doch das gelingt nur, wenn wir verstehen, woher unsere Abneigung gegen das Altern stammt und wie sie sich so fest verankern konnte.

Fangen wir damit an, das Problem beim Namen zu nennen. 1969 prägte der US-amerikanische Gerontologe Robert N. Butler den Begriff »Ageism«, um die »systematische Stereotypisierung und Diskriminierung von Menschen aufgrund ihres Lebensalters« zu beschreiben. Später wurde die Definition erweitert und schloss die Abwertung des Alterungsprozesses an sich mit ein – im Klartext: Altersdiskriminierung oder Altersfeindlichkeit. Obwohl altersbezogene Stereotype normalerweise grausam sind (alte Menschen werden pauschal als vergesslich, depressiv, schwach etc. beschrieben), können sie auch positive Zuschreibungen haben (alte Menschen sind weise) oder sich auf junge Menschen beziehen (die Millenials sind in ihrem Denken und Handeln so unbeständig wie eine Schneeflocke). Doch das Ergebnis ist unterm Strich stets das gleiche: Alle Menschen mit demselben Geburtsjahr werden in dieselbe Schublade gesteckt, und genau diese schablonenhafte Zuordnung trübt unsere Einstellung zum Älterwerden.

Die Altersdiskriminierung weist ein Alleinstellungsmerkmal auf, das sie von anderen Formen der Diskriminierung wie Rassismus oder Sexismus unterscheidet: Sie ist mit einer beträchtlichen Portion Selbstverachtung verbunden. Ein Schwarzer wäre niemals Anhänger der White-Supremacy-Bewegung, die eine prinzipielle Überlegenheit der weißen Rasse predigt. Ein männlicher Chauvinist käme nie auf die Idee, eine Geschlechtsumwandlung auch nur in Betracht zu ziehen. Aber älter werden wir alle. Altersfeindliches Verhalten bedeutet daher, das zukünftige Selbst zu verunglimpfen und zu leugnen. Wie Bernardino von Siena, ein Franziskanermönch und Missionar, zu Beginn des 14. Jahrhunderts sagte: »Jeder möchte alt werden, aber niemand möchte alt sein.«

Wo liegen also die Wurzeln der Altersdiskriminierung? Ein offenkundiger Ausgangspunkt für die Suche ist das vielgeschmähte T-Wort. Benjamin Franklin sagte einmal, dass in dieser Welt nichts sicher ist außer dem Tod und den Steuern. Nicht einmal der geschickteste Berater könnte uns dabei helfen, beides zu umgehen. Jeden Tag müssen 150 000 Seelen unsere irdischen Gefilde verlassen. Doch genauso verbrieft wie der Tod ist unser Bedürfnis, ihm ein Schnippchen zu schlagen. Die Evolution hat uns mit einem Trumpf ausgestattet, dem Selbsterhaltungstrieb, der niemals aufgibt. Denken Sie an den Polarforscher Ernest Shackleton, dem es gelang, in einem Rettungsboot die sturmgepeitschten Gewässer der Antarktis mit ihrem gefährlichen Packeis zu durchqueren. Oder an die Überlebenden des Flugzeugabsturzes in den Anden, die gezwungen waren, sich vom Fleisch ihrer toten Schicksalsgenossen zu ernähren, um am Leben zu bleiben.

Selbst diejenigen, die an ein Leben nach dem Tod glauben, beeilen sich selten, es so schnell wie möglich zu beenden, weshalb sich die Sehnsucht nach Unsterblichkeit wohl auch wie ein roter Faden durch alle Zeitläufe und Kulturen zieht. Schon das Gilgamesch-Epos, eines der ältesten literarischen Werke, die uns erhalten geblieben sind, berichtet von einem sumerischen König, der nach Unsterblichkeit strebte. Im Mittelalter war fast jeder Alchemist in Europa an der fieberhaften Suche nach dem Stein der Weisen beteiligt, um das Geheimnis des ewigen Lebens zu entschlüsseln, und mehrere Herrscher der chinesischen Tang-Dynastie gingen elend zugrunde, nachdem sie sich ein mit Quecksilber oder Blei angereichertes Elixier einverleibt hatten, das ewige Jugend versprach.

Wenn überhaupt, dann hat die Lust, Gevatter Tod um seine Beute zu bringen, in der modernen Welt noch zugenommen. Unsterblichkeit der virtuellen Art gibt es bereits, seit Unternehmen wie Forever Identity und Eternime ihre Kunden in digitale Avatare und Hologramme verwandeln, die auch nach dem letzten menschlichen Atemzug weiterleben. In der Offline-Welt fließen derweil Milliarden in das Wettrennen um die Mittel und Möglichkeiten, den Alterungsprozess zum Stillstand zu bringen. Eine der vielen Theorien, die man derzeit genauer unter die Lupe nimmt, stützt sich auf die Annahme, dass die Übertragung von Blutplasma, das von gesunden jungen Spendern stammt, eine Revitalisierung bei den älteren Empfängern in Gang setzt. Die Initiative, uns vom Tod zu »heilen«, hat sogar ein eigenes Aushängeschild, einen biomedizinischen Gerontologen namens Aubrey de Grey, der mit einem alttestamentarischen Bart und einer Power-Point-Präsentation ausgerüstet die ganze Welt bereist, um uns davon in Kenntnis zu setzen, dass der erste Mensch, der tausend Jahre alt wird, bereits unter uns weilen könnte.

Dem Tod ein Ende zu setzen ist jedoch noch immer ein Unterfangen, das eher auf Fiktionen als auf Fakten beruht. Trotz aller lebensverlängernden Maßnahmen sind wir auf der Zellebene auch weiterhin darauf programmiert, zu sterben. Forscher der University of Arizona haben anhand von mathematischen Modellen nachgewiesen, dass ein vollständiges Aufhalten des Alterungsprozesses bei komplexen, vielzelligen Organismen wie den Menschen ein Wunschtraum ist und bleibt. »Altern ist mathematisch unvermeidlich – absolut unvermeidlich«, erklärt Joanna Masel, Professorin für Ökologie, Evolutionsbiologin und federführende Autorin der Studie. »Auf der logischen, theoretischen und mathematischen Ebene führt kein Weg daran vorbei.«

Die Tatsache, dass der Tod, der Weltenzerstörer, uns alle erwartet, verwandelt den Alterungsprozess in einen Feind. Wie könnte es auch anders sein? Jedes Jahr, jeder Monat, jede Woche, jeder Tag und jede Minute bringt uns dem Ende etwas näher. Selbst das kleinste Anzeichen – eine Falte, ein graues Haar, ein knirschendes Gelenk – erinnert uns einmal mehr daran, dass uns der grimmige Schnitter holen wird, dass uns die Zeit davonläuft, die uns bleibt, um alles zu tun, was wir uns eigentlich vorgenommen hatten.

Die Angst vor dem Tod ist heute vermutlich ausgeprägter als je zuvor. Die Säkularisierung hat uns nicht nur die tröstliche Aussicht auf ein Leben im Jenseits genommen, sondern uns auch bewogen, dem Sterbeprozess ins Handwerk zu pfuschen. In großen Teilen der Welt wurde der Tod medikalisiert und institutionalisiert. Wenn das Ende naht, sind die Weichen gestellt, die uns mit aller Macht am Leben erhalten – ungeachtet des Tributs, den wir im Hinblick auf die Kosten, den Schmerz, den Stress und den Verlust der Menschenwürde zahlen. Wir denken, dass wir imstande sind, mit dem Sterben zu warten, bis uns die Ärzte mitteilen, dass sie nichts mehr für uns tun können. Aber es kommt selten vor, dass die Ärzte nichts mehr tun können, schreibt der Chirurg Atul Gawande in seinem Buch *Sterblich sein*.[1] Er weist darauf hin, dass manche Ärzte Medikamente mit unbekannten Nebenwirkungen verordnen, operieren, in dem Versuch, einen Teil des Tumors zu entfernen, oder eine Magensonde legen, um den Patienten künstlich zu ernähren, wenn er keine Nahrung mehr zu sich nehmen kann. Mit solchen Interventionen verwandeln sich unsere letzten Tage, Wochen oder Monate in eine Hölle, die eines Hieronymus Bosch würdig gewesen wären und in der wir dazu verdammt sind, an Maschinen angeschlossen und umringt von Ärzten und Pflegepersonal zu sterben. Solche Szenarien kennen wir aus Fernsehdramen oder aus dem realen Leben – und jedes Mal läuft uns dabei ein eiskalter Schauer über den Rücken. Fazit: »Wenn der Alterungsprozess so endet, dann ohne mich!«

Auch ohne den Schatten des Todes sorgt der Alterungsprozess für negative Schlagzeilen, weil er unerwünschte Veränderungen mit sich bringt. Er beginnt schleichend, mit einem allmählichen Nachlassen der Ausdauer, Kraft und Libido, einer Schwächung des Seh- und Hörvermögens und kleinen Aussetzern im Kurzzeitgedächtnis. Im fortgeschrittenen Alter geht es dann richtig zur Sache. William Shakespeare hat es wieder einmal unvergleichlich formuliert. Im Monolog über die sieben Stationen im Leben eines Menschen aus dem Bühnenstück *Wie es euch gefällt* beschreibt er das letzte Kapitel vor dem Tod als »zweite Kindheit, gänzliches Vergessen, ohn Augen, ohne Zahn,

Geschmack und alles«. Kein Wunder, dass der Alterungsprozess aus jedem Paradies oder Utopia verbannt wurde, das Menschen jemals ersonnen haben.

Natürlich wartet nicht auf jeden von uns am Ende seines Lebens ein Leidensweg von Shakespeare'schem Ausmaß. Der Zahnersatz ist heute erheblich besser, und viele von uns sind ziemlich gut in Schuss bis zu dem Tag, an dem wir das Zeitliche segnen. Andere erleben nur eine kurze Periode »ohn alles«. Das Problem ist nur, dass niemand von uns mit Sicherheit sagen kann, wie der letzte Akt im Drehbuch des Lebens aussehen wird. Die Versuchung ist groß, sich das Schlimmste vorzustellen, vor allem, seit die moderne Medizin Millionen Möglichkeiten entdeckt hat, uns noch lange nach dem Zeitpunkt am Leben zu erhalten, an dem wir es möglicherweise vorziehen würden, unter der Erde zu liegen. »Die Angst vor dem Alter wächst, weil es relativ sicher ist, dass es uns bevorsteht: Man muss schon viel Pech haben, wenn man es nicht schafft, siebzig und älter zu werden«, sagt Pat Thane, Expertin für die Geschichte des Alterns am Kings College in London. »Dummerweise wissen wir nicht, in welchem Zustand wir uns befinden, wenn wir das Alter erreichen.«

Diese Ungewissheit wird zusätzlich durch das Widerstreben belastet, ernsthaft über unser künftiges Selbst nachzudenken. Ich kann mich noch ziemlich genau daran erinnern, wie ich mit vierzig, dreißig oder zwanzig war, und Erinnerungslücken lassen sich füllen, indem ich mir Videos und Fotografien anschaue, meine Aufzeichnungen aus der Zeit nachlese oder Menschen zurate ziehe, die mich damals kannten. Ich fühle mich meinem jüngeren Ich innig verbunden. Mein künftiges Selbst gleicht dagegen einer leeren schwarzen Tafel. Mein Leben könnte in Millionen verschiedenen Richtungen verlaufen, und wenn ich ein Bild von mir mit sechzig oder siebzig, ganz zu schweigen von achtzig oder neunzig zeichnen sollte, wäre das Bild auf der kognitiven Ebene ähnlich düster wie in dem dystopischen Roman von David Foster Wallace *Unendlicher Spaß*.

Zusätzlich wird die Aufgabe durch die menschliche Programmierung erschwert: Unsere Vorfahren, die Jäger und Sammler, hatten keinen Grund, die Zukunft auszuloten oder zu planen, weil sie vollauf damit beschäftigt waren, einen weiteren Tag zu überleben. »Aus der evolutionären Perspektive wurde unsere Aufmerksamkeit auf das Hier und Jetzt gerichtet, und deshalb stellt die Gegenwart noch heute eine gewaltige Anziehungskraft für uns dar«, erklärt Hal Hershfield, Psychologe an der Anderson School of Management der UCLA. »Wir sind einfach nicht dafür geschaffen, über die langfristige Zukunft nachzudenken, und dadurch entsteht eine grundlegende emotionale Abkoppelung von unserem älteren Selbst.«[2]

Diese Abkoppelung befeuert die Altersdiskriminierung in doppelter Hinsicht. Zum einen ermöglicht sie das kritiklose Gedeihen unserer schlimmsten Vorurteile hinsichtlich des Älterwerdens. Zum anderen erleichtert es der Gesellschaft, ältere Menschen pauschal in die Schublade mit der Aufschrift »Die Anderen« einzusortieren.

Doch wenn wir uns bemühen, uns unsere eigene Zukunft vorzustellen und in dieser Vision das Positive zu entdecken, besteht vielleicht doch noch Hoffnung, dass wir unser alterndes Selbst in der Vergangenheit finden.

Nach herkömmlicher Auffassung war die Vergangenheit das Goldene Zeitalter des Alterns: Älterwerden stellte für unsere Vorfahren keine unerträgliche Bürde dar, weil man das Alter zu ehren pflegte. War das so? Und wenn ja, was sagt das über die treibenden Kräfte hinter der heutigen Altersdiskriminierung aus?

Mit Sicherheit hatte das Älterwerden früher seine positiven Seiten. Ältere Menschen wurden in traditionellen Gesellschaften mit Lob und Anerkennung bedacht, wenn sie Schlüsselrollen einnahmen: Sie beschafften Nahrung, brachten den Jungen bei, wie man Waffen, Gerätschaften, Körbe und Kleidung herstellte, oder dienten der Gemeinschaft als politische und spirituelle Führer und Ratgeber. Ihre Kenntnisse der mündlich überlieferten Geschichte, der Gesänge und Heilverfahren eines Volkes machten sie zur Google-Suchmaschine des vorschriftlichen Zeitalters. Ein afrikanisches Sprichwort besagt: »Wenn ein alter Mann stirbt, geht eine Bibliothek in Flammen auf.«

Viele ruhmreiche Zivilisationen schrieben die Ehre, die dem Alter gebührt, in ihren Gesetzen fest. Die Alten bildeten die Spitze der konfuzianischen Hierarchie, und im antiken Griechenland mussten Kinder, die ihre betagten Eltern schlecht behandelten, mit Strafen rechnen. Sowohl im Reich der Maya als auch der Inka erwartete man von den Jungen absoluten Gehorsam gegenüber der älteren Generation. Genau wie die alten Männer in den öffentlichen Ratsversammlungen von Athen, Sparta und Rom stets als Erste das Wort ergriffen, waren die Ehrenplätze in den Versammlungshäusern der Puritaner während der Kolonialzeit in Nordamerika den ältesten Mitgliedern vorbehalten. Die Französische Revolution, die Traditionen verachtete, versuchte, den Respekt vor dem Alter zur patriotischen Pflicht zu machen. Sie riefen einen neuen Nationalfeiertag ins Leben, die Fête de la Vieillesse, an der die Städte ihre älteren Mitbürger ehrten, indem sie die Häuser schmückten, einen Festumzug mit ihnen veranstalteten und säkulare Loblieder auf ihre Tugenden sangen. In Toulouse waren 1797 folgende Verse in Umlauf:

Doch man bedenke, dass dieses ehrwürdige Alter
Der Weise nur durch Eintracht erreicht
Sie allein gewährt dauerhafte Gesundheit
Die Bösen werden niemals alt.

Einige betrachteten das Erreichen eines hohen Alters als Beweis dafür, dass jemand innerlich stark, diszipliniert und tugendhaft war. Die eigenen Lebensjahre nach oben zu korrigieren, wie der alte Parr, war daher keineswegs ungewöhnlich. 1647 prangerte Thomas Fuller, ein englischer Kleriker und Gelehrter, diese Schummelei an:»Viele betagte Männer ... stellen die Uhr ihres Alters zu schnell vor, wenn sie das siebzigste Lebensjahr überschritten haben, und da sie binnen zwölf Monaten um zehn Jahre altern, sind sie derzeit achtzig; nach einem Jahr oder zweien arbeiten sie sich bis hundert empor.«

Das Alter konnte früher nicht nur Ruhm und Ehre, sondern auch handfeste Macht mit sich bringen. Das Mindestalter, um im antiken Griechenland einen Sitz im Geschworenengericht einnehmen zu können, war fünfzig. Cicero schwärmte von der»krönenden Zierde des Alters ... mit seiner Macht, seinen Befugnissen und seinem Einflussreichtum«. In der Renaissance wurden die schlauesten Köpfe des männlichen Hochadels zum Dogen, dem Staatsoberhaupt der Republik Venedig, gewählt. In allen geschichtlichen Epochen und Kulturen übte der Vater Macht über seine Nachkommen aus, da er bis zu seinem Tod die alleinige Entscheidungsgewalt über den Landbesitz der Familie besaß. Im Europa des 17. und 18. Jahrhunderts versuchten junge Männer, sich ein Stück vom Kuchen der Macht und Ehre zu sichern, indem sie ihr äußeres Erscheinungsbild auf alt trimmten. Sie trugen weiß gepuderte Perücken und Kleider, die den Eindruck hervorrufen sollten, dass der Träger schmale vornüber geneigte Schultern, mehr Taillen- und Hüftumfang und eine leicht gekrümmte Wirbelsäule mit der Andeutung eines Buckels besaß.

Tatsächlich war früher auch die Wahrscheinlichkeit geringer, aufgrund des Lebensalters abgeschrieben zu werden. Die Aufzeichnungen waren lückenhaft und Rechenkenntnisse so selten, dass die meisten unserer Vorfahren nur eine ungefähre Vorstellung davon hatten, wie alt sie waren. Erst im Jahre 1900 fügte die US-amerikanische Regierung in ihren Volkszählungsformularen eine Rubrik für das Geburtsdatum ein. Beklemmende Anspielungen auf runde Geburtstage wie dreißig, vierzig oder fünfzig tauchen in historischen Berichten selten auf, weil die Zahlen selbst keine ureigene Bedeutung oder Macht besaßen. Die Vorstellung, in fortgeschrittenem Alter angesichts des nächsten Geburtstags in Depressionen zu verfallen, was heute unter dem Begriff »Geburtstagsblues« oder Katzenjammer zusammengefasst wird, wäre einem Bauern im Europa des Mittelalters oder einem kaiserlichen Beamten in der Qin-Dynastie lachhaft erschienen, weil ein gewisses Alter auf dem Papier keine Lawine von Vorurteilen ausgelöst hätte. Ganz im Gegenteil, es waren gerade diese Meilensteine des Lebens – Arbeit, Ehe, Nachwuchs, Tod, Erbe –, die den Menschen definierten und nicht an ein bestimmtes Alter gebunden waren.

Vergleichen wir diese Situation mit der heutigen Zeit, in der zum einen das Vergessen des eigenen Alters als erstes Anzeichen einer kognitiven Beeinträchtigung gilt, zum anderen das chronologische Alter großen Einfluss auf unser Leben hat, etwa auf die Anzeigen in unseren Social-Media-Accounts oder auf die Höhe der Versicherungsprämien. Es hat Einfluss darauf, ab wann wir Zigaretten und Alkohol kaufen, Sex haben, studieren, wählen, Militärdienst leisten, für einen Mindestlohn arbeiten, in den Ruhestand gehen, Rente beziehen und uns in ein Seniorenheim aufnehmen lassen können. Wenn sich heute jemand nach unserem Alter erkundigt, zucken die meisten von uns leicht zusammen, bevor sie antworten, weil sie rasch im Kopf überschlagen, von welchem Schätzwert der Fragesteller ausgehen könnte und welche Vorurteile möglicherweise zu Buche schlagen, sobald die Zahl laut ausgesprochen wird. Denkt er oder sie, ich sei zu jung oder zu alt? Dass es mir an Erfahrung oder Energie mangelt? Dass ich mich gut oder schlecht gehalten habe? Kein Wunder, dass Lügen bezüglich des Alters laut Google Search Platz eins belegen. Oder dass eine mobile Dating-App wie Tinder zusätzliche Gebühren verlangt, wenn das Alter ausgeblendet werden soll. Oder dass in Kalifornien Angehörige der Filmindustrie per Gesetz darauf bestehen können, dass in den Online-Filmdatenbanken das Geburtsdatum aus ihrem Profil gelöscht wird. »Ohne solche eindeutigen Altersbarrieren wurden die Leute früher wesentlich häufiger nach ihrem äußeren Erscheinungsbild, ihrem Auftreten und ihrem Verhalten beurteilt«, sagt Thane. »Wir sind altersbewusster geworden, und das macht das Altern vermutlich schwieriger.«

Dennoch verdrehen Historiker die Augen, wenn sie gefragt werden, ob es goldene Zeiten für das Altwerden gab. Die gab es nicht.[3] Zum einen waren Krankheit, Siechtum und Tod mangels moderner Medizin erheblich schwerer zu ertragen. Und zum anderen war das Alter nicht immer ein Garant für Ruhm und Ehre. Wenn die Alten zur Bürde wurden, entledigten sich traditionelle Gesellschaften ihrer manchmal mit unvorstellbarer Grausamkeit. Die Hopi-Indianer ließen sie in speziellen Hütten zurück, wo sie verhungerten, wenn der Stamm weiterzog; die Ureinwohner von Samoa und die Aché-Indianer in Paraguay begruben sie bei lebendigem Leib; das Volk der Baktrier in Zentralasien verfütterte sie an die Hunde, wenn sie nicht länger von Nutzen waren; die Turko-Mongolen zogen Erdrosseln vor; die alten Sarden stießen sie von den Klippen;[4] der Volksstamm der Ojibwa, am Winnipegsee in Kanada beheimatet, und die indigenen Massagetae- und Padaei-Völker in Asien entsorgten sie als rituelle Opfergaben. In Nordsibirien wurde erwartet, dass ein Mann seinem Leben selbst ein Ende setzte, indem er in die schneebedeckte Wildnis hinausging, wenn er für die Jagd zu alt war.

Dazu kommt, dass die Vorteile, die mit dem Alter einhergingen, ungleich verteilt waren, wobei die männlichen Angehörigen der Eliten eindeutig die größten Nutznießer waren. Für arme Frauen erwies sich das Alter selten als Segen. Hinter der Fassade der öffentlichen Respektsbezeugungen waren Geringschätzung und Ablehnung alter Menschen schon immer an der Tagesordnung. Maler, Bühnenautoren und Philosophen stellten sie oft als gebrechlich, wichtigtuerisch, hässlich, habgierig, kleingeistig, boshaft und unangemessen libidinös dar. Obwohl ihnen das beste Kirchengestühl vorbehalten war, wurden betagte Menschen während der Kolonialzeit in Amerika zur Zielscheibe altersbedingter Herabsetzung. Increase Mather, ein puritanischer Geistlicher, beklagte: »Der respektlose und verächtliche Sprachgebrauch im Umgang mit betagten Personen, allein ihres Alters wegen, ist aus der Sicht Gottes eine Schandtat, doch wie häufig wird der eine oder andere nur aufgrund seiner Lebensjahre in abwertender Weise als alt bezeichnet.« Die ersten Christen fürchteten offenbar, dass Gott höchstselbst altersfeindliche Anwandlungen hatte. Psalm 71 enthält die aufschlussreiche Bitte: »Verwirf mich nicht in meinem Alter, verlass mich nicht, wenn ich schwach werde.« Pat Thane greift die Übereinstimmung unter Historikern auf, wenn sie sagt: »Dass die Menschen früher wegen ihres Alters respektiert wurden, ist blanker Unsinn.«

Die moderne Welt macht das Altern noch unattraktiver. Vor Beginn des 16. Jahrhunderts glaubten die Menschen nicht an den Fortschritt.[5] In den meisten Kulturen war man davon überzeugt, dass die Welt stagnierte oder im Abstieg begriffen sei. Falls es überhaupt eine bessere Zukunft gab, der man mit Freuden entgegensehen konnte, war sie im Jenseits verortet. Doch dieses Bild änderte sich, als uns die wissenschaftliche Revolution die Macht verlieh, die Welt umzugestalten und die Fortschrittsidee in einen Glaubensartikel und kulturellen Leitstern zu verwandeln. Sobald sich die Überzeugung durchgesetzt hatte, dass sich die Lebenswirklichkeit des Menschen verbessern ließ, wurde das Altern – ganz zu schweigen vom Tod – als ultimative Spaßbremse betrachtet, denn es enthielt uns eine bessere Zukunft vor, die uns hier auf Erden verheißen wurde.

Der Schritt von der Agrar- zur Industriegesellschaft ließ ebenfalls den Glanz des Lebensabends verblassen. Die Väter verloren ihre Machtposition, als neue Arbeitsmöglichkeiten entstanden, die den Kindern erlaubten, eigene Wege zum Wohlstand zu gehen. Die sich ausbreitende Alphabetisierung machte das einst von den Älteren kuratierte Wissen jedermann zugänglich. Durch die rasante technologische Entwicklung wurden neue Kompetenzen begehrter als altüberlieferte Erfahrungen und Fähigkeiten. Auch die Sprache spiegelte den Kursverfall der Alters-Aktie wider. Viele Begriffe, mit denen die Altherrenriege früher auf neutrale oder schmeichelhafte Weise beschrieben wurde – von alter Knabe und Graubart bis hin zu alter Schwede oder alter Haudegen –, nahmen gegen Ende des 18. und zu Beginn des 19. Jahrhunderts eine abwertende Bedeutung an. Einst eine Ehrenbezeugung für Soldaten, die in Napoleons Heer dienten, ist die Bezeichnung »Alte Garde« mittlerweile auch gebräuchlich für alte Seilschaften und damit synonym zu reaktionär und korrupt.

Mit der durchschnittlichen Lebenserwartung stieg auch das Unbehagen angesichts einer alternden Bevölkerung. Um die zunehmende Anzahl derjenigen in den Griff zu bekommen, die nach Ansicht eines US-amerikanischen Gewerkschaftsführers »zu alt zum Arbeiten, zu jung zum Sterben« waren, begannen die modernen Staaten gegen Ende des 19. Jahrhunderts, landesweite Rentensysteme einzuführen, die sich als Segen und Fluch zugleich erwiesen. Der Vorteil war, dass Millionen von Menschen vor dem Abstieg in die Altersarmut gerettet wurden. Der Nachteil war, dass sie uns an einen Lebenszyklus mit drei Phasen – Ausbildung, bezahlte Arbeit, alimentierte Freizeit – und die darin enthaltene Annahme ketteten, dass wir uns irgendwann nach dem sechzigsten Lebensjahr von Gebenden in Nehmende verwandeln. In einer Kultur, die den persönlichen Wert eines Menschen an seinem Beitrag zum Bruttoinlandsprodukt misst, klang dieser finale Lebensabschnitt, auch wenn er unter dem neuen Markenzeichen »die goldenen Jahre« vermarktet wurde, schon sehr nach Schmarotzertum. 1967 stellten sich die Beatles in einem Song die bange Frage: »Will you still need me, will you still feed me, when I'm sixty-four?« – Wirst du mich noch brauchen, wirst du mich noch durchfüttern, wenn ich vierundsechzig bin?

Die Erschütterungen, die mit der Flower-Power-Bewegung der 1960-Jahre verbunden waren, höhlten den Reiz des Alterns weiter aus. Die Menschheit pflegte schon immer jugendliche Kraft, Fertilität und Schönheit zu bewundern – die griechisch-römische Mythologie zollte der Zeugungsfähigkeit des Körpers den höchsten Tribut –, doch jung zu sein war selten ein Ziel an sich. Das änderte sich, als die Jugendkultur auf der Welle des Babybooms nach dem Zweiten Weltkrieg mit ihrer Kleidung, Musik, Kunst, ihrem Jargon und ihrer Gesinnung die Welt eroberte.

Plötzlich, zum ersten Mal in der Geschichte, war die Jugend cool, heiß begehrt, im Aufwind, womit jeder zum Abschuss freigegeben wurde, der nicht mehr der Jüngste war. In dem Beatles-Film *Yeah*, der 1964 in die Kinos kam, machte sich das Pilzkopf-Quartett gnadenlos über einen betagten Großvater lustig. »Der Arme, er kann ja nichts dafür, dass er alt ist«, sangen sie. Fünf Jahre später prägte Robert N. Butler den Begriff »Ageism«, Altersfeindlichkeit oder Altersdiskriminierung.

Der für unsere Zeit typische unerschütterliche Individualismus liefert einen zusätzlichen Ansporn für die Altersfeindlichkeit und Altersdiskriminierung, denn tatsächlich sind wir im Alter in weitaus stärkerem Maße von unseren Mitmenschen abhängig. Diese Abhängigkeit kann sich auf triviale Dinge beschränken, wie das Kleingedruckte im Baumarkt nicht mehr entziffern zu können, oder sich auf lebensnotwendige ausweiten wie die Hilfe beim Baden, beim Toilettengang oder beim Begleichen von Rechnungen. Wie auch immer, die Abhängigkeit schneidet schlecht ab in einer Kultur, die produktive Eigenständigkeit propagiert.

Die moderne konsumorientierte Lebenshaltung trägt ebenfalls ihr Scherflein dazu bei. Sie bestätigt das Mantra, dass jünger besser ist, indem sie das Alte ausmustert und das Neue zum Fetisch erhebt. Darüber hinaus stellt sie den Alterungsprozess als ein Problem dar, das sich beheben lässt, wenn man bereit ist, genug Zeit, Geld und Energie zu investieren, um ihm entgegenzuwirken. Die Botschaften, die von allen Seiten auf uns einprasseln, sind ebenso unbarmherzig wie unmissverständlich: Älterwerden ist den Losern vorbehalten, den Verlierern, die sich nicht genug Mühe geben, diesen Prozess aufzuhalten.

Fallstudien, die belegen, wie die Modernisierung die Altersdiskriminierung vorantreibt, gibt es in Ostasien zuhauf. In zahlreichen Ländern der Region, insbesondere in Japan, Korea, Viet-
nam, Singapur und China, hat die Ehrfurcht vor den Eltern und
die Achtung vor älteren Menschen eine lange Tradition, die im
Konfuzianismus verwurzelt ist. Sie stützt sich auf das Prinzip der
Gegenseitigkeit – du sorgst für mich in der Kindheit, ich sorge
für dich im Alter –, das die Angst vor dem Altern verringert. In
den 1930er-Jahren erklärte der einflussreiche chinesische Essay-
ist Lin Yutang, dass sich die Menschen in fernöstlichen Kulturen auf das Alter freuen, während uns im Westen davor graut.
Noch heute genießen ältere Menschen in vielen asiatischen Ländern einen gehobenen Status – zumindest auf dem Papier. Die
Japaner benutzen die respektvolle Nachsilbe »san«, um das Alter erkennbar zu ehren, und haben einen Nationalfeiertag eingeführt, den »Tag der Achtung vor dem Alter«, der Geschenke,
Feiern und Trinksprüche einschließt. Japans Medien bringen regelmäßig Berichte über Senioren, die eindrucksvolle physische
Leistungen vorweisen können oder ihre Fähigkeiten weitergeben
ben, gleich ob als Mitglieder einer Kabuki-Theatertruppe oder
als Schuhmacher. Die Koreaner begehen den sechzigsten Geburtstag mit großem Tamtam. In der chinesischen Welt lernten
die Kinder im Lauf der Jahrhunderte, das Alter in Ehren zu halten, indem sie im Buch 24 *Xiao* Beispiele kindlicher Pietät lesen.
In einer dieser volkstümlichen Erzählungen begibt sich ein Kind
in einen Mückenschwarm, um Vater und Mutter vor den Stichen
zu bewahren. In einer anderen erwürgt ein kleiner Junge einen
Tiger mit bloßen Händen, um seinen Vater zu retten.

Wie tiefgründig die Verehrung des Alters in Ostasien war,
sei dahingestellt, aber inzwischen ist sie eindeutig im Schwinden begriffen. Kenner der Region stimmen heute mit Beobach-

tern der westlichen Gesellschaften überein, die eine ergrauende Bevölkerung als Problem betrachten. Die lokale Popkultur mit ihren Manga-Starlets und ihren kaum den Kinderschuhen entwachsenen Boygroup-Bands, dem Uniqlo-, Pokémon- und Gangnam-Style, ist erbarmungslos jugendzentriert und trägt ganz erheblich zum Boom der kosmetischen Chirurgie bei. Ostasiatische Headhunter berichten, dass ältere Arbeitssuchende stillschweigend das Geburtsdatum aus ihrem Lebenslauf entfernen. Während eines diplomatischen Schlagabtauschs spielte das nordkoreanische Außenministerium 2017 die Altersfeindlichkeitskarte aus, indem sie Präsident Trump als »neukdari« bezeichnete, als senilen Greis. Selbst fernöstliche Politiker, die sich an ihr Amt klammern, geraten unter Druck, aus Altersgründen zurückzutreten. Als sich Nakasone Yasuhiro, der ehemalige japanische Premierminister, im Jahre 2003 im Alter von fünfundachtzig Jahren zu einem politischen Harakiri gezwungen sah, brachte er seinen Unmut in einem passiv-aggressiven Haiku zum Ausdruck: »Alles ist menschliches Theater / Die Herbstsonne geht nun unter.«[6]

Der konfuzianische Generationenvertrag verblasst auch deshalb zunehmend, weil immer mehr Asiaten es vorziehen, ihre betagten Eltern im Seniorenheim zu parken, statt mit ihnen unter demselben Dach zu wohnen. Nun beklagen die Japaner »kaigo-jigoku«, die »Hölle der Versorgung pflegebedürftiger Eltern im eigenen Haus«, und sagen, dass die jungen Männer heute nur noch zwei Ziele anstreben: ein eigenes Auto besitzen und nicht mit der Großmutter zusammenleben müssen. Alarmiert durch den Wandel, hat China Schritte eingeleitet, um den Status seiner älteren Bürger aufzuwerten. 2012 veröffentlichten die Bürokraten in Beijing eine moderne Version des traditionellen Handbuchs der Kindespflichten. »Bringt Vater und Mutter bei, wie man das Internet benutzt«, lautet ein Vorschlag. »Besucht sie so oft wie möglich während der Feiertage.« Um Letzteres zu erleichtern, verabschiedete China eine Gesetzesverordnung, die Erwachsene nötigt, die Eltern zu besuchen, und die Unternehmen zwingt, ihren Mitarbeitern die dafür benötigte Freizeit zuzugestehen.

Yutangs Behauptung, der Osten sei früher weniger altersfeindlich als der Westen gewesen, sollte uns trotz aller Veränderungen Hoffnung machen. Warum? Weil sie uns daran erinnert, dass die Einstellung zum Altern nicht in Stein gemeißelt ist. Menschen mögen darauf programmiert sein, jugendliche Körper zu bewundern und vor allem zurückzuweichen, was auf den Tod hinweist, doch darüber hinaus wird unser Blick auf den Alterungsprozesses von der Kultur geprägt – und das bedeutet, er lässt sich verändern.

Die tektonischen Platten beginnen bereits, sich zu bewegen. Die unternehmerische Energie, die ich in Shoreditch beobachten konnte, zeigt, dass wir bereits auf dem Weg sind, unsere Einstellung zum Altern zu verändern und den Lebensabend bestmöglich zu nutzen, statt davor zurückzuschrecken.

Die Altersfeindlichkeit, die wir uns im Verlauf des letzten Jahrhunderts zugelegt haben, können wir im Verlauf des kommenden Jahrhunderts auch wieder ablegen.

2. KAPITEL
BEWEGUNG:
IN CORPORE SANO

Unser Körper ist eine Maschine für das Leben.
Dafür ist er eingerichtet, es ist seine Natur.

Leo Tolstoi

Autos für ältere Fahrer zu bauen war früher eine knifflige Sache. Die jungen Ingenieure hatten keine Ahnung, wie es sich anfühlt, wenn man mit steifen Gelenken den Sicherheitsgurt anlegen muss. Oder wie man aussteigt, wenn man eingeklemmt hinter dem Lenkrad sitzt und der Gleichgewichtssinn beeinträchtigt ist. Die Anzeigen auf dem Armaturenbrett zu lesen, wenn die Sehkraft nachlässt, gehörte ebenso wenig zu ihrer Lebenserfahrung wie das Drehen von Wählscheiben mit arthritischen Fingern oder vermindertem Tastvermögen.

Das alles änderte sich Anfang der 2000er-Jahre, als der japanische Autokonzern Nissan einen Anzug erfand, der die physischen Grenzen des Alters simuliert. Die Träger kommen sich darin vor, als wären sie dreißig Jahre älter, was sich als erstklassige Informationsquelle erwiesen hat. Das Wissen, wie sich das Leben in einem alternden Körper tatsächlich anfühlt, machte es den jungen Nissan-Ingenieuren wesentlich leichter, seniorengerechte Fahrzeuge zu entwickeln. Heute finden Alterssimulationsanzüge sowohl in der gesamten Autoindustrie als auch in anderen Bereichen Anwendung. Architekten haben sie beispielsweise für die altersgerechte Gestaltung von Seniorenheimen benutzt.

Und nun bin ich an der Reihe, mir ein Bild von dem zu machen, was auf mich zukommt. Eine meiner größten Sorgen bezüglich des Älterwerdens ist, dass mich mein Körper irgendwann im Stich lässt, dass die Beschwerden und Steifheit, die ich am Ende meines fünften Lebensjahrzehnts verspüren konnte, Vorboten eines apokalyptischen Verfalls sind, dass die Stunde, in der ich meinen Hockeyschläger an den Nagel hängen muss, erheblich früher schlägt, als mir lieb ist. Mit dieser Angst stehe ich nicht alleine da, sie findet ihren Widerhall in allen Altersgruppen und wird verstärkt durch die Horrornachrichten derjenigen, die tief in die Gefilde des Lebensabends vorgedrungen sind. Vor mehr als 4500 Jahren schrieb ein betagter Ägypter: »Ein Zustand der Schwäche ist eingetreten … Das Herz schläft jeden Tag vor Erschöpfung. Die Augen sind schwach, die Ohren sind taub und die Kraft schwindet, weil das Herz aufgerieben ist; auch der Mund ist verstummt, vermag nicht mehr zu sprechen … Die Knochen leiden unter dem Alter. Der Geschmack ist vollends verschwunden. Was das Alter den Menschen antut, ist in jeder Hinsicht ein Übel.« Der US-amerikanische Schriftsteller Philip Roth schlug mit unterkühlter Prägnanz den gleichen Ton an, als er in seinem Roman *Jedermann* schrieb: »Das Alter ist kein Kampf; das Alter ist ein Massaker.«

Um mich meiner Angst vor dem Altern zu stellen, sie vielleicht sogar zu überwinden, muss ich aus erster Hand die Erfahrung machen, wie sich das Leben in einem älteren Körper anfühlt – und die einzige Möglichkeit bietet der Test mit dem Simulationsanzug. Der nächste Ort, an dem ich ihn ausprobieren kann, ist die South Bank University, ein orangefarbenes Gebäudekomplex aus Glas und Beton nicht weit vom Londoner Globe Theatre entfernt, wo der Monolog aus Shakespeares *Wie es euch gefällt* über die sieben Stationen im Leben eines Menschen vor 400 Jahren uraufgeführt wurde. Der Simulationsanzug soll die Einfühlsamkeit bei Ärzten, Betreuern und Pflegepersonal fördern und dient darüber hinaus als Forschungsinstrument.

Sheelagh Mealing, eine ehemalige Krankenschwester mit Yorkshire-Akzent und sachlich nüchterner Einstellung, ist die offizielle Hüterin des Anzugs. Trotz unlängst erfolgtem Hüftersatz hat sie einen flotten Gang, als würde sie noch immer die Runde auf ihrer Station machen. In ihrem vollgestopften Büro sitzend, brenne ich darauf, den Anzug anzuziehen, doch sie besteht darauf, zuerst einen Gesundheitscheck durchzuführen. Die Fragen klingen wie aus der Pistole geschossen: Nehmen Sie Medikamente? Herzprobleme? Atemwegsbeschwerden? Probleme mit Halte- und Stützapparat? Allgemeine Fitness? »Wir müssen sicher sein, dass Sie den Belastungen gewachsen sind, die mit dem Anzug verbunden sind«, klärt sie mich auf. Belastungen? Ist ein alternder Körper wirklich so strapaziös, dass man zuerst eine Haftungsfreistellung unterschreiben muss? Mir wird ein bisschen mulmig.

Sobald die Formalitäten erledigt sind, öffnet Mealing eine große Kiste, die auf dem Boden steht. Wie sich herausstellt, ist der Anzug kein Overall, sondern besteht aus verschiedenen Teilen; zusammengesetzt ähneln sie der Ganzkörperpanzerung, die man in manchen Kontaktsportarten und beim Entschärfen von Bomben trägt. Alle Teile – Polster, Handschuhe, Verbindungsstücke, Weste, Gewichtseinlagen, Nackenstabilisator, Stiefel – sind schwarz und werden mit Schnallen und Klettverschlüssen befestigt. Es dauert gute zehn Minuten, bis die gesamte Ausrüstung angelegt ist.

In voller Montur und wie ein Robocop für Minderbemittelte aussehend, stehe ich auf. Obwohl ich mich schwerer und ein wenig wackelig fühle, ist meine erste Reaktion eine Selbstüberschätzung auf ganzer Linie: »Was soll das Getue?«, denke ich. »Ist doch gar nicht so schlimm. Schriftsteller wie dieser Roth müssen offenbar alles dramatisieren!« Aber Mealings Alterssimulation hat noch gar nicht richtig begonnen. Um meine Hörfähigkeit zu verringern, erhalte ich die Anweisung, mir Schaumgummistöpsel in die Ohren zu stecken und zusätzlich Kopfhörer aufzusetzen. Dann ist es an der Zeit, mir eine Brille auszusuchen, um meine Sehschärfe zu mindern. Und zum Schluss fordert sie mich auf, mir eine altersbedingte Erkrankung aus einer vorgedruckten Liste auszusuchen, die alle nur erdenklichen Beschwerden umfasst, vom grauen Star bis zur Mastzellenretikulose und Makuladegeneration. Kein Problem, das ist genau so, als würde man sich im Starbucks mit seinen zahlreichen Wahlmöglichkeiten einen Kaffee bestellen. Ich entscheide mich für den grünen Star. Sobald ich die Brille aufgesetzt habe, bin ich nahezu blind, abgesehen von einem kleinen milchigen Kreis in der Mitte des Gesichtsfelds. Das ist ähnlich, als würde man durch ein verschmiertes Bullauge blicken.

Nun geht es mit einem Spaziergang los. Ich folge Mealing aus ihrem Büro auf den Flur hinaus in Richtung Aufzug. Sobald ich richtig in Gang gekommen bin, werden die Auswirkungen der verschiedenen Handicaps tatsächlich spürbar. Ich fühle mich tollpatschig, schwach, schwerfällig, aus dem Gleichgewicht geraten, verletzlich, und mir ist sogar ein wenig panisch zumute. Um meine Seh- und Hörprobleme auszugleichen, bewege ich den Kopf ruckartig wie ein Schachtelmännchen von einer Seite zur anderen, auf der Suche nach visuellen oder auditiven Hinweisen, die den Nebel, der mich einhüllt, durchdringen könnten. Bei jedem Schritt strecke ich die Arme aus, um meine Umgebung zu ertasten, eine Wand, einen Feuerlöscher, Mealings Arm, gleich was, Hauptsache, es verleiht mir ein bisschen Halt und Orientierung.

Unten in der Eingangshalle spitzt sich die Situation noch zu, als wir die Drehtür erreichen. Gewöhnlich bewegen sich Drehtüren für meinen Geschmack zu langsam und ich bringe sie oft ungewollt zum Anhalten, weil ich zu schnell bin und gegen die Glasscheibe vor mir pralle. Doch dieses Mal ist es genau umgekehrt. Für mein künstlich gealtertes Ich scheint sich die Tür wie ein Karussell auf Hochtouren zu drehen.

»Ist das die normale Geschwindigkeit?«, erkundige ich mich bei Mealing.

»Ja«, erwidert sie. »Sie sind nur langsamer geworden, als Ihnen bewusst ist.«

Schließlich bringe ich den Mut auf, den Schritt in die Drehtür zu wagen, doch gleich darauf hält sie an, weil die Glasscheibe mit mir zusammenprallt – von hinten. Wohl wissend, dass andere Leute darauf warten, dass es weitergeht, verspüre ich einen Anflug von Verärgerung und Scham.

Auf der Straße ergeht es mir nicht anders. Alle scheinen auf der Überholspur unterwegs zu sein, kommen mir unverhofft entgegen oder rasen an mir wie bei einem olympischen Wettlauf vorbei. Es gelingt mir nicht, die Straße beim ersten Anlauf zu überqueren, bevor das grüne Ampelmännchen verschwindet. Nach etwa einer Viertelstunde sind meine Beine schwer wie Blei, ich schnaufe, bin außer Atem. Beim Treppensteigen merke ich auf halber Höhe, wie mir der Schweiß den Rücken hinunterläuft. »Sie torkeln und schlurfen jetzt ziemlich stark«, sagt Mealing. »Sie sehen aus, als hätten Sie Probleme mit der Balance.«

Auf dem Rückweg, als wir uns bereits auf der Zielgeraden befinden, taucht mit einem Mal eine junge Frau in einer Tür zu meiner Rechten auf. Ich kann an ihrer Körpersprache ablesen, dass sie vorhat, mir in die Quere zu kommen, doch ich beschließe, mein Wegerecht in Anspruch zu nehmen, indem ich Tempo zulege. Aber ich beschleunige meine Schritte nicht schnell genug, gerate dabei ein wenig aus dem Gleichgewicht, und am Ende stoßen wir um ein Haar zusammen. Ich komme mir wie ein Idiot vor.

Meine Stimmung befindet sich auf dem absoluten Nullpunkt, als ich den Anzug in Mealings Büro zurückgebe. Alt werden fühlt sich schlimmer an, als ich mir vorgestellt hatte. Tausend Mal schlimmer. »Das ist eine ziemlich erschreckende Erfahrung, wenn man feststellen muss, dass man den eigenen Körper nicht mehr voll unter Kontrolle hat, oder?«, fragt Mealing. Das kann man wohl sagen! Am Boden zerstört, trete ich den Heimweg an, wobei mir ständig eine Frage im Hinterkopf herumspukt, nervig wie ein Windspiel: Wie soll man den Alterungsprozess begrüßen, wenn er tatsächlich ein solches Massaker anrichtet?

Oder sehe ich das falsch?

Kurz nach dem Test mit dem Simulationsanzug sitze ich im Zug, der durch den Eurotunnel nach Nordfrankreich fährt. Mein Ziel ist Roubaix, eine kleine Stadt, die sich im 19. Jahrhundert einen Namen als Zentrum der Textilindustrie gemacht hat. Diese Zeit der wirtschaftlichen Blüte gehört schon seit Langem der Vergangenheit an. Die Frachtkähne auf dem alten Kanal befördern keine Wolle oder Konfektionsware mehr. Die Mühlen und Webereien stehen still und die Läden sind randvoll mit Textilien, die in China hergestellt wurden. Die Arbeitslosenquote ist hoch und nahezu die Hälfte der lokalen Bevölkerung lebt von einem Einkommen unterhalb der Armutsgrenze. Vor nicht allzu langer Zeit galt Roubaix als die »ärmste Stadt in Frankreich«. Ein Hauch von großer weiter Welt mag einen einzig im Velodrom überkommen, das dem neuesten Stand der Technik entspricht.

Bei meiner Ankunft sind gerade die Europameisterschaften im Hallenradsport in vollem Gang. Autos und Wohnmobile aus allen Teilen des Kontinents parken vor dem Gebäude. Im Innern der Halle drehen zwei Fahrer in Funktionskleidung auf Kiefernholzbahnen ihre Runden wie verschwommene Farbkleckse auf einem fauvistischen Gemälde, während die Uhren ihre Zeiten bis auf das Tausendstel einer Sekunde messen. Das Fahrerlager bietet ein vertrautes Bild. Die Teilnehmer des Wettbewerbs, Männer und Frauen, wandern zwischen den federgewichtigen Rennrädern umher, die dicht an dicht aufgereiht stehen und mehr kosten als die meisten Menschen im Monat verdienen. Sie schauen dem Rennen zu, feuern Freunde und Teamkameraden an. Sie essen Bananen und trinken hin und wieder einen Schluck Wasser. Sie entspannen sich bei Massagen und Meditation. Einige wärmen die Muskeln für ihren Einsatz auf, treten in die Pedale von Rollentrainern, die wie Bienen summen. Ein Fahrer spricht via Skype mit seiner Familie in Italien. Ab und zu sind die Klänge einer Nationalhymne über Lautsprecher zu hören, wenn die drei Sieger auf das Podest steigen, um ihre Medaillen in Empfang zu nehmen. Man unterhält sich angeregt, es geht ausschließlich um Fahrzeiten, Trainingsabläufe, die neueste Ausrüstung.

Ich bin hier, um das Trauma des Alterssimulationsanzugs zu überwinden. Warum? Weil einige der Fahrer, die im Velodrom über die Radrennbahn schwirren, dreißig Jahre älter sind als ich.

Der menschliche Körper war seit jeher in der Lage, noch lange nach seiner Glanzzeit Spitzenleistungen zu erbringen. Mitte des dritten Jahrhunderts v. Chr. wurde in der römischen Provinz Mauretanien, dem heutigen Algerien, ein fünfzigjähriger Mann beigesetzt. Die Inschrift auf seinem Grabmal gibt Auskunft darüber, dass er »in der Blüte seiner Jugend« starb. Viele Angehörige der Silberschilde, der Elitetruppe, die Alexander den Großen im vierten Jahrhundert v. Chr. bei seinen Eroberungsfeldzügen begleitete, waren älter als sechzig. Sie bildeten die erste Angriffswelle in der Schlacht, wurden für Sondereinsätze ausgewählt und nahmen an Gewaltmärschen durch die Wüste teil. Hildegard von Bingen gründete 1165 mit siebenundsechzig Jahren ein Kloster im Rheintal und führte dort als Äbtissin bis zu ihrem Tod mit einundachtzig Jahren das Regiment über die Nonnen. Gaston Phébus, elfter Graf von Foix, starb 1391 mit sechzig auf dem Heimweg von einer Bärenjagd. 1392 nahm John Hawkwood, ein englischer *condottiere*, sprich Söldnerführer, im Alter von zweiundsiebzig Jahren an einem Turnierkampf in Bologna teil.

Michelangelo war über sechzig, als er mit einem der technisch aufwendigsten Werke der Kunstgeschichte 1536 beauftragt wurde: das *Jüngste Gericht*, ein Fresko auf der Gewölbedecke über dem Altar der Sixtinischen Kapelle, die er zwanzig Jahre zuvor ausgemalt hatte. Nach dem Einsturz eines Türbalkens waren Renovierungsarbeiten notwendig geworden. Vier Jahre brauchte Michelangelo für dieses weltberühmte Fresko des *Jüngsten Gerichts*, wobei er auf einem wackeligen Gerüst bis zu zwanzig Meter über dem Boden arbeitete. Einmal fiel er herunter und verletzte sich dabei so schwer, dass er wochenlang pausieren musste. Sein Malerkollege Biograf Giorgio Vasari war offenbar schwer beeindruckt von seiner physischen Widerstandskraft.

»Er arbeitete in einer äußerst unbequemen Lage an den Fresken, in Rückenlage, mit dem Gesicht zur Decke, wodurch sein Gesichtsfeld derart eingeschränkt war, dass er den Kopf in den Nacken legen musste, um zu lesen oder Skizzen anzuschauen; dieser Zustand dauerte hinterher noch mehrere Monate an ... Ich finde es erstaunlich, dass Michelangelo diese Unannehmlichkeiten so klaglos hinnahm.« Auch das *Jüngste Gericht* war für ihn kein Anlass, sich zur Ruhe zu setzen: Er lieferte bis zu seinem Tod mit achtundachtzig Jahren noch etliche Meisterwerke.

Dank der Wissenschaft fällt es uns allen heute leichter, Michelangelos Durchhaltevermögen nachzueifern. Angetrieben von einer besseren Ernährung, intensivem Training und einer gesunden Einstellung zu Ruhe und Regeneration, gehen uns die Spitzensportler mit gutem Beispiel voran. Bei den Olympischen Spielen 2008 gewann die einundvierzigjährige US-amerikanische Schwimmerin Dara Torres drei Silbermedaillen, zwei in der Freistil- und eine in der Lagen-Staffel, in der sie ganz nebenbei noch einen neuen Weltrekord aufstellte. Bei den Olympischen Spielen 2016 nahm die einundvierzigjährige Usbekin Oksana Chusovitina am Frauenkunstturnen teil, einer Disziplin, in der traditionsgemäß Teenager mit Abstand führend sind. Zu einem früheren Zeitpunkt des Jahres gehörte Jaromír Jágr, ein tschechischer Eishockeyspieler, mit seinen dreiundvierzig Jahren zum Team der besten und beliebtesten Spieler der US-Profiliga National Hockey League, die das NHL All-Star-Game bestreiten. Tennis-As Roger Federer erzielte mit Mitte dreißig ein verblüffendes Comeback, mit einer Rückhand gewappnet, die schlagkräftiger wirkte als in seiner Glanzzeit. Nachdem er 2018 die Australian Open gewonnen hatte, sein dritter Grand-Slam-Sieg in jenem Jahr, wurde er mit sechsunddreißig der älteste Spieler, der jemals Platz eins der Weltrangliste in seiner Disziplin erreichte. »Ich denke, das Alter an sich ist kein Thema«, erklärte er.

Wohin die Karawane der Stars auch ziehen mag, der Rest von uns schließt sich ihr an. Heutzutage wimmelt es auf YouTube von Videos, die belegen, dass der menschliche Körper auch in reifen Jahren noch zu bemerkenswerten Leistungen imstande ist, so seilte sich eine Hundertundeinjährige von einem vierundneunzig Meter hohen Turm ab, eine Zweiundneunzigjährige entdeckte das Fallschirmspringen und ein Siebenundsechzigjähriger wurde von der Zeitschrift *National Geographic Adventure* mit dem People's Choice Award als Abenteurer des Jahres ausgezeichnet für die längste Strecke der Geschichte, die je beim Versuch einer Transatlantiküberquerung mit dem Kajak zurückgelegt wurde. Der weltweit älteste Yogalehrer ist achtundneunzig Jahre alt.

Nahezu jede sportliche Disziplin für Profis, gleich ob Leichtathletik, Schwimmen, Radfahren, Skifahren, Tennis oder Hockey, ist nun auch in einer leicht abgespeckten »Meister«-Version für Amateure zwischen dreißig und über hundert verfügbar. Und obwohl sich manche angesichts des Gedankens, dass siebzigjährige Skifahrer und hundertjährige Sprinter an den Start gehen (ganz zu schweigen von Hockeyspielern über fünfzig), ein Lächeln nicht verkneifen können, ist Sport im fortgeschrittenen Alter eine ernste Angelegenheit. Die World Masters Games, eine Multisportveranstaltung für Senioren, die alle vier Jahre stattfindet – und auch als Olympiade 30plus bezeichnet werden könnte –, zieht inzwischen mehr Wettbewerbsteilnehmer an als jedes andere internationale Sportereignis. Die Sportler älteren Semesters treten nicht nur an, um mitzumachen, sondern sind fest entschlossen, das Siegertreppchen zu erklimmen. In sämtlichen Altersgruppen steigen die Leistungen von Mal zu Mal

sprunghaft an, was bedeutet, dass die Riege der Fünfunddreißigjährigen, Fünfundfünfzigjährigen und Fünfundsiebzigjährigen
im Durchschnitt jedes Jahr schneller, kraftvoller und beweglicher wird. »Wir befinden uns noch am Anfang einer ganzen Bewegung, die die Leistungskapazität älterer Menschen neu definieren wird«, meint Joe Baker, Professor für Kinesiologie und
Gesundheitswissenschaft an der York University in Kanada.

Genau das konnte ich auch in Roubaix beobachten. Das Erste,
was in der Radrennhalle ins Auge fällt, ist, dass man das Alter der Teilnehmer auf der Bahn so gut wie gar nicht einschät-
zen kann. Erst im Fahrerlager entdeckt man graue Haare, Falten, den Ansatz von Männerbrüsten und den unvermeidlichen
Sixpack im Speckmantel. Doch sobald die Fahrer mit Helm,
Brille und Funktionskleidung ausgestattet sind und in die Pedale treten, sehen sie alle ziemlich gleich aus. Das Einzige, was
die Achtzigjährigen von den Dreißigjährigen unterscheidet, ist
die Geschwindigkeit auf der Bahn – jünger bedeutet auch in den
Masters-Sportarten nach wie vor schneller –, doch da die Senioren verschiedenen Altersklassen zugeordnet sind, wird die Kluft
selten offenkundig.

Auffällig ist, dass einige Fahrer ihre Leistungen offenbar von
Jahr zu Jahr steigern. Es ist eine Sache, wenn eine ganze Alters-
kohorte besser abschneidet als noch vor zehn Jahren, eine andere, wenn einzelne Sportler mit zunehmendem Alter immer
besser werden. Doch genau das passiert in Roubaix.

Nicht lange nach meiner Ankunft im Velodrom rollt Steve
Cronshaw an die Startlinie, um beim Einzelzeitfahren teilzunehmen, was über seine Platzierung beim Sprint, einer weiteren

Kurzzeitdisziplin, entscheiden wird. Er legt ein mörderisches Tempo vor, die Beine strampeln wie bei einer Zeichentrickfigur. Er schafft die 200 Meter in 11,3 Sekunden, ein neuer Weltrekord in der Altersgruppe der Sechzig- bis Vierundsechzigjährigen. Und seine persönliche Bestzeit. Mit anderen Worten: Cronshaw, ein englischer Ingenieur im Ruhestand, fährt mit sechzig schneller als mit vierzig.

Andere Teilnehmer berichten von ähnlichen Erfahrungen. Ein Sechsundsechzigjähriger ist sowohl beim Punktefahren über fünfzehn als auch über vierzig Kilometer schneller unterwegs als vor zwanzig Jahren. Die einundvierzigjährige Niederländerin Carolien van Herrikhuyzen, die gerade erst eine persönliche Bestleistung beim 500-Meter-Zeitfahren der Frauen erzielt hat, geht davon aus, dass sie innerhalb der nächsten zehn Jahre ihre Zeit um weitere Sekunden verkürzen kann. »Ich bin erheblich schneller als vor zehn Jahren«, sagt sie. »Ich kenne meinen Körper und sehe, was ältere Sportler schaffen; ich weiß, dass ich mein Tempo weiterhin steigern kann.« Selbst in der Altersgruppe der Hochbetagten ist dieser sportliche Ehrgeiz noch vorhanden. 2012 stellte Robert Marchand, ein französischer Feuerwehrmann im Ruhestand, den ersten Stundenweltrekord in der Gruppe der über Hundertjährigen auf: Er schaffte vierundzwanzig Kilometer in dieser Zeitspanne. Zwei Jahre später, mit 102, legte er eine Strecke von sechsundzwanzig Kilometern zurück und übertraf damit seinen eigenen Rekord. Cronshaw erklärte: »Wir werfen das Regelbuch für Senioren über Bord.«

Was bedeutet das für uns gewöhnlich Sterbliche mit null Bock auf die Plackerei, Weltrekorden im Radrennen hinterherzujagen? Genau genommen eine Menge. Selbst wenn Sie kein Interesse an Wettkämpfen haben und die einzige körperliche Aktivität, auf die Sie sich in der Rente freuen, darin bestehen sollte, einen Spaziergang zu machen oder mit den Enkelkindern zu spielen, sollten wir Menschen wie Herrikhuyzen und Cronshaw Aufmerksamkeit schenken. Sie leisten nicht nur einen aktiven Beitrag zur Gestaltung einer Welt, in der Sport ungeachtet des Alters eine annehmbare Freizeitbeschäftigung darstellt, sondern sind auch der lebende Beweis dafür, dass die späten Jahre erheblich mehr sein können als ein Roth'sches »Massaker«.

Der menschliche Körper erreicht den Gipfel seiner Leistungsfähigkeit normalerweise um das dreißigste Lebensjahr. Von da an geht es mit ihm stetig bergab. Die Haare werden weiß und die Haut wird welk. Wir schrumpfen, Knochendichte, Kraft und Ausdauer schwinden. Die Gelenke werden steif, Seh- und Hörvermögen lassen nach und die Arterien verkalken. Nach dem dreißigsten Lebensjahr sind wir anfälliger für Erkrankungen, und das Sterberisiko verdoppelt sich von nun an alle sieben Jahre. Die Wechseljahre, die gewöhnlich nach dem vierzigsten Lebensjahr einsetzen, beenden die Fruchtbarkeitsphase der Frau und verursachen mitunter über Monate oder länger physischen und emotionalen Stress. In dieser Zeit machen beide Geschlechter die Erfahrung, dass sich Bewegungsabläufe, der Abruf von Gedächtnisinhalten und der Stoffwechsel verlangsamen. Oder, wie der britische Comicautor John Wagner sagte: »Mit dem Alter wird alles langsamer, abgesehen von der Zeit, die es braucht, bis Kuchen und Eiscreme auf den Hüften landen.«

Ein Albtraum, oder? Falsch! Der Alterungsprozess macht uns in gewisser Hinsicht widerstandsfähiger. Einige der grauenvollen Krankheiten – Diabetes, Leukämie, Brustkrebs – schlagen in späteren Lebensjahren weniger hart zu. Kopfschmerzen und

Migräne treten seltener auf, und Allergien wie der Heuschnupfen können sogar abklingen. Dank der starken Immunabwehr, die wir im Laufe der Jahre aufgebaut haben, sind wir im Alter auch weniger anfällig für Erkältungen.[1]

Der altersbedingte körperliche Verfall tritt außerdem langsamer ein, als wir fürchten. Motorische Steuerung und Hand-Auge-Koordination können bis weit ins siebte Lebensjahrzehnt und darüber hinaus erhalten bleiben. Einen Alterssimulationsanzug zu tragen ist traumatisch, weil sich alle nur erdenklichen Beeinträchtigungen gleichzeitig einstellen – und so viel Pech haben nicht viele Menschen im realen Leben. Die meisten von uns leiden nur an der einen oder anderen Einschränkung, die sich schrittweise bemerkbar macht, sodass uns genug Zeit für Anpassungen bleibt. Das Beste ist, dass der Verlauf des Alterungsprozesses erstaunlich beeinflussbar ist. Ein Teil der körperlichen Veränderungen, die im Lauf der Jahre eintreten, sind genetisch vorprogrammiert und entziehen sich somit (zumindest derzeit) unserer Kontrolle. Doch bei vielen Menschen spielt der Lebensstil eine entscheidende Rolle – Faktoren wie Ernährung, berufliche Aktivitäten, körperliche Bewegung, Schlaf, Sozialkontakte und Entspannung; des Weiteren der Umgang mit Drogen, Alkohol und Nikotin oder der Wohnort. Damit haben wir alle, Sportler und Sportmuffel gleichermaßen, einige Hebel an der Hand, die wir betätigen können, um länger und gesünder zu leben.

Empfehlungen, die dazu beitragen, den Körper bis ins hohe Alter fit zu halten, reichen geschichtlich weit zurück. Der griechische Arzt Galen pflegte schon um 150 n. Chr. unter anderem Reiten, Ballspiele und Schiffsreisen sowie Pflaumen für die Verdauung zu verordnen. Obwohl die heutigen Empfehlungen in stärkerem Maß auf wissenschaftlich fundierten Forschungsergebnissen beruhen, klingen einige weitaus grauenvoller, um sie ernsthaft in Erwägung zu ziehen – und die Rede ist nicht von einer Weizengras- und Spirulina-Diät zum Entgiften und Abnehmen. Ein Beispiel: Forschungen deuten darauf hin, dass die sicherste Methode, die Lebensspanne um vierzehn Jahre zu verlängern, darin besteht, Eunuch zu werden.[2] Da kann ich nur sagen, nein danke.

Zum Glück haben sich die modernen Wissenschaftler auf ein angenehmeres Rezept verständigt, mit dem wir uns an den Wahlspruch *mens sana in corpore sano* halten können: physisch aktiv bleiben. Die Kost auf mediterrane Küche umstellen. Alkohol in Maßen trinken und auf Nikotin verzichten. Starke soziale Bindungen knüpfen. Nach einer Beschäftigung Ausschau halten, die dem Leben Sinn verleiht und jeden Morgen zum Aufstehen motiviert. Weniger materialistisch denken. Und oft lachen.

Von allen Einträgen auf dieser To-do-Liste scheint die größte Wunderwaffe körperliche Bewegung zu sein. Hippokrates erklärte bereits 400 v. Chr., das sei die beste Medizin. »Darauf ist der Körper ausgelegt«, bestätigt Nick Cavill, der an der Universität Bristol zum Thema Volksgesundheit forscht. »Vermutlich kennt jeder diese Grundregel, aber wir übersehen sie häufig in unserem geschäftigen modernen Leben. Wir sind nach wie vor Jäger und Sammler. Wir sind dafür geschaffen, den ganzen Tag lang physisch aktiv zu sein.«

Was den menschlichen Körper betrifft, so lautet die Moral von der Geschichte, dass die Entscheidung, ob wir diese wichtige Ressource verwenden oder verschwenden, allein bei uns liegt. Obwohl die Stärke des Handgriffs mit Mitte dreißig Spitzenwerte erreicht und danach rasch nachlässt, können Fließbandarbeiter, die viel mit den Händen greifen müssen, die Kraft der dabei beanspruchten Muskeln bis weit über das sechzigste

Lebensjahr erhalten. Das gilt auch für das Klavierspiel. Professionelle Pianisten bewahren ihre Fingerfertigkeit bis ins hohe Lebensalter, während der Rest von uns sie ab dem dreißigsten Lebensjahr einzubüßen beginnt.

Ähnliche Lektionen können wir aus den »Blue Zones« ableiten, den Blauen Zonen, die sich in allen Teilen der Welt befinden und als Hotspots der Langlebigkeit gelten, weil die Bewohner dort erheblich älter werden und zudem topfit sind. Inzwischen wurden einige zur Pilgerstätte für Forschungsexperten, aber auch für Quacksalber aller Art auf der Suche nach einem Elixier, das ewige Jugend verspricht. Vor einigen Jahren stattete ich einer Blauen Zone namens Vilcabamba einen Besuch ab, einem Dorf, das in ein üppig bewachsenes Tal in Ecuador eingebettet ist. Dort gab es weder Fitnesszentren noch Radsportstadien, doch die körperliche Aktivität war als fester Bestandteil in den Tagesablauf eingebunden. Die Bewohner legten sämtliche Wege zu Fuß zurück und die meisten verrichteten manuelle Tätigkeiten. Es war keineswegs ungewöhnlich, dass sie schwere Getreidesäcke trugen oder Viehherden auf die Weiden und Felder trieben, die von ihren Urenkeln bestellt wurden. Während eines Interviews fiel mein Diktafon zu Boden, und ehe ich mich versah, hatte sich eine über neunzigjährige Frau gebückt, um es aufzuheben, so geschmeidig wie eine Turnerin im Teenageralter.

Zum Glück müssen wir nicht in eine der Blauen Zonen auswandern, um dem Körper einen besseren Alterungsprozess zu ermöglichen. Und es ist auch nicht erforderlich, mit dem beinharten CrossFit-Training zu beginnen oder einen Personal Trainer zu engagieren. Selbst mit kleinen Anpassungen im Alltag lassen sich große Wirkungen erzielen: Die Treppe statt den Fahrstuhl nehmen. Vom Sofa aufstehen, um das Fernsehprogramm zu wechseln, statt die Fernbedienung zu benutzen. Eine Haltestelle früher aus dem Bus aussteigen oder sich einen Parkplatz suchen, der weiter vom angestrebten Ort entfernt ist, um eine längere Strecke zu Fuß zu gehen. Auch die Trainingsziele, die Experten empfehlen, sind nicht besonders abschreckend. Die meisten empfehlen in der Woche 150 Minuten moderate aerobe Aktivitäten und fünfundsiebzig Minuten anaerobe Übungen oder eine Mischung plus ein wenig Krafttraining. Das ergibt unter dem Strich fünfzehn bis fünfundzwanzig Minuten Fitnesstraining pro Tag. Als moderate aerobe Aktivitäten gelten beispielsweise ein flotter Spaziergang oder Radfahren; Joggen gehört zur Kategorie der anaeroben Bewegungen, die eine intensivere Kraftanstrengung erfordern. Krafttraining kann Gewichtheben beinhalten, aber auch schwere Einkaufstüten tragen oder ein Beet umgraben. Rollstuhlfahrer können ihr Fitness-Soll mit Übungen im Sitzen oder rollstuhlbasierten Versionen von Sportarten wie Badminton oder Basketball erfüllen.

Wie immer Sie auch ins Schwitzen kommen möchten, Ihr Körper wird es Ihnen danken. Studien belegen, dass regelmäßige körperliche Bewegung vor Schlaganfällen, Krebs, Diabetes, Herzerkrankungen, Stürzen und Hüftfrakturen schützt. Sie stabilisiert Gewicht und Blutdruck und mindert das Risiko eines vorzeitigen Todes. Britische Forscher konnten bei einer Gruppe männlicher und weiblicher Amateur-Radfahrer zwischen fünfundfünfzig und neunundsiebzig Jahren, die während ihres gesamten Erwachsenenlebens regelmäßig Sport betrieben hatten, kaum körperliche Verfallserscheinungen feststellen. Sie hatten weder Kraft noch Muskelmasse oder Testosteron (im Fall der Männer) abgebaut, und sie waren nicht, wie viele andere in den mittleren Lebensjahren, in die Breite gegangen. Überraschend war jedoch vor allem, dass sie ein genauso starkes Immunsystem besaßen wie Zwanzigjährige.[3]

Wenn Sie jetzt zur Schlussfolgerung gelangen, für Sie sei es längst zu spät, um sich auf ein Fitness-Programm einzulassen, sollten Sie noch einmal gründlich nachdenken. Selbst wenn Sie bisher zu den Couch-Potatoes gehört haben, können Sie jederzeit in den Genuss der »Fitness-Dividende« kommen. Eine norwegische Studie belegt, dass Männer, die im Alter von vierzig oder fünfzig Jahren damit beginnen, sich in Form zu bringen, das Schlaganfallrisiko im gleichen Maß verringern wie ihre Geschlechtsgenossen, die schon immer sportlich waren.[4] Außerdem müssen Sie nicht jedes Mal ein schlechtes Gewissen haben, wenn Freunde Fotos von ihrer Teilnahme am Triathlon auf Facebook einstellen, weil körperliche Bewegung dem Gesetz der rückläufigen Investitionsrendite unterliegt. Anders ausgedrückt: Mehr bringt mehr, aber nur bis zu einem bestimmten Punkt. Wie Cavill sagt: »Ein Marathonläufer oder Triathlet tut nicht mehr für seine Gesundheit als jemand, der in Maßen körperlich aktiv ist.« Fazit: Mit einfühlsamen Instandhaltungsmaßnahmen und der richtigen inneren Einstellung können die meisten von uns ungeachtet des Alters erstaunliche Dinge mit ihrem Körper verrichten.

Die Botschaft scheint allmählich anzukommen. Gleich ob in Hongkong, Houston oder Hamburg, die Leute bleiben auch im Alter aktiv: Sie laufen, wandern, fahren Rad, rudern oder gehen 10 000 Schritte am Tag. Der Anteil der Generation 50plus an den Abenteuerurlaubern in den USA beläuft sich inzwischen auf vierzig Prozent. In Großbritannien ist die Reisegruppe mit den höchsten Zuwachsraten zwischen fünfundsechzig und vierundsiebzig Jahre alt – und es werden bevorzugt Urlaube gebucht, in denen Action angesagt ist. Viele sprengen die altersfeindlichen Klischees, um sich ihre Fitness-Dosis zu verpassen. Besonders schnell wächst die Gruppe der über Fünfzigjährigen, die ihren

Kick in Kampfkünsten wie Taekwondo, Karate oder Aikido suchen. In Cosmo City, einer der heruntergekommenen Townships am Stadtrand von Johannesburg, strömen Frauen über sechzig in hellen Scharen zum Boxunterricht.

Der Fitnessboom erklärt teilweise, warum die über Fünfundsechzigjährigen heute im Durchschnitt besser in Form sind als jemals zuvor. Die meisten negativen Aspekte, die wir mit dem Älterwerden in Verbindung bringen – Blindheit, Taubheit, Schlaganfälle, Herzerkrankungen –, haben sich auf eine spätere Lebensphase verlagert. In zahlreichen Ländern der EU wächst die Anzahl derer, die nach dem fünfzigsten Lebensjahr gesund bleiben, schneller als die Lebenserwartung selbst; das lässt darauf schließen, dass wir die guten Jahre verlängern können, während die schlechten, die dem Tod oft vorausgehen, schrumpfen.[5] Das Institut für Gesundheitsmetrik und Evaluation der Universität Washington stellte fest, dass ein britischer Junge, der 2015 geboren wurde, rein statistisch sechs Jahre länger lebt als jemand, der 1990 das Licht der Welt erblickt hat – und fünf dieser Jahre kann er bei guter Gesundheit genießen.[6] Eine ähnliche Entwicklung zeichnet sich in den USA ab, wo die voraussichtliche Dauer der Lebensphase ohne körperliche oder geistige Beeinträchtigungen bei der Generation der über Fünfundsechzigjährigen steigt. »Die neuen Daten, die in den letzten fünf Jahren erhoben wurden, sind fantastisch«, sagt Esme Fuller-Thomson, die kanadische Gerontologie-Spezialistin, der wir schon an früherer Stelle begegnet sind. »Alles wird besser, was selbst uns, die Experten auf diesem Gebiet, überrascht.«[7]

Doch nicht jeder ist auf den Fitness-Zug aufgesprungen. Mangelnde Bewegung gehört nach wie vor in vielen Ländern zu den zehn häufigsten Ursachen von physischen Einschränkungen und Krankheiten. In Großbritannien geht man davon aus, dass Trägheit genauso viele Todesopfer fordert wie das Rauchen. Überall auf der Welt nimmt die Fettleibigkeit in allen Altersgruppen zu und droht, den Zugewinn an Jahren zunichte zu machen, den wir durch die Langlebigkeitsrevolution erreicht haben.

Um das Potenzial unserer zusätzlichen Lebensjahre bestmöglich auszuschöpfen, müssen wir dafür sorgen, dass sich die Fitnessrevolution ausbreitet, was einige Veränderungen erfordert. Dazu gehört unter anderem, körperliche Aktivitäten stärker in die Lehrpläne der Schulen einzubinden, sie zu einem zentralen Stützpfeiler der medizinischen Behandlung zu machen, unsere Städte so umzugestalten, dass sie Bewohner ermutigt, häufiger zu Fuß zu gehen oder mit dem Rad zu fahren. Japan geht auf diesem Weg mit neuen Ideen voran. An der Universität der Stadt Sendagaya, die Studiengänge für Senioren über sechzig anbietet, gehören Gymnastikübungen zwischen den Vorlesungen zum Lehrplan. Auch die japanischen Architekten ziehen mit und entwerfen Häuser mit schrägen, unebenen Fußböden, die das Gehen zum Fitnesstraining machen.

Wir müssen darüber hinaus wirksame Möglichkeiten finden, die Werbetrommel für Fitness zu rühren. Obwohl die superfitten Senioren das Klischee sprengen, dass uns der Alterungsprozess schwach und klapprig macht, deuten Studien darauf hin, dass sie für weniger disziplinierte Sterbliche ein abschreckendes Beispiel sein können. Sean Horton, Lehrbeauftragter an der Windsor Universität in Kanada, hat viele Meisterschafts-Wettkämpfe besucht, als Teilnehmer und Forscher. Er warnt davor, sie als neues Ideal einer alternden Generation auf einen Sockel zu heben. »Meisterschafts-Teilnehmer mögen hervorragende Vorbilder für die Jugend sein, doch in ihrer eigenen Altersgruppe könnte der Schuss nach hinten losgehen«, sagt er. »Ihre Leistungen gelten als so außergewöhnlich und extrem, dass andere Senioren denken: ›Keine Chance, das würde ich nie schaffen!‹« Seine Lösung: Geschichten von Leuten aller Altersgruppen verbreiten, die auf unterschiedlichem Leistungsniveau aktiv sind.

Wenn wir mehr Leistung aus unseren Körpern herausholen wollen, gibt es noch mehr gute Neuigkeiten: Unser Gehirn kann die entstandenen Lücken wettmachen. Wie? Indem es die verbleibenden körperlichen Fähigkeiten geschickter einsetzt. Spitzensportler haben diesen Trick schon immer angewandt. Golfprofis, die in die Jahre gekommen sind, schlagen den Ball vielleicht nicht so weit, aber dafür genauer. Michael Jordan, dessen Sprungkraft ihn zur Basketball-Legende machte und in der Nike-Werbung verewigt wurde, ersetzte diesen akrobatischen Akt durch einen einhändigen Sprungwurf. Dabei wird der im Sprung gewonnene Schwung genutzt, sodass man weniger Kraft einsetzen muss und den Wurf präziser ausführen kann. Der Lohn der Mühen: Jordan war einige weitere Jahre die »Wurfmaschine« und Topspieler in seiner sportlichen Disziplin.

Wenn ein Spieler nach seiner physischen Blütezeit Spitzenleistungen im Fußball erbringt, heißt es oft, er sei ein erstklassiger Stratege. Das bedeutet, er setzt sein überragendes Spielverständnis und sein erfahrungsbasiertes Wissen um Spielvarianten und Spielverläufe ein, um seinen Vorteil gegenüber jüngeren und schnelleren Rivalen zu wahren. Forscher haben das gleiche Phänomen bei Torhütern in verschiedenen Sportarten entdeckt. Auch wenn der Alterungsprozess Reflexe und Bewegungen verlangsamt, bringen sie beachtliche Leistungen, weil sie ihre Fähigkeit verbessert haben, die Spielzüge der gegnerischen Mannschaft und die Taktik der Torschützen zu entschlüsseln. Das alternde Gehirn lernt sogar, die Geräusche von Teamkameraden und Gegnern einzuordnen und zu nutzen. »In einer sehr späten Lebensphase sind wir fähig, vieles zu kompensieren, was wir im Verlauf des Alterungsprozesses verloren haben, weil sich das Gehirn neu vernetzt, um Aufgaben effizienter und schneller zu bewältigen«, sagt Baker, der Bewegungs-und Motorikwissenschaftler.

Natürlich funktioniert der Trick mit dem Geist, der über die Materie triumphiert, nicht ewig. Irgendwann schwinden die körperlichen Kräfte in einem Maße, dass die geistigen nicht mehr ausreichen, um die Kluft zu überbrücken. Sie sollten lieber keine Wette eingehen, dass Tennis-As Roger Federer mit fünfundvierzig noch einen Grand Slam nach dem anderen gewinnt oder Eishockey-Star Jaromír Jágr mit fünfzig an den NHL All-Star-Games teilnimmt.

Die meisten von uns sind jedoch keine Elitesportler, die sich nichts sehnlicher wünschen, als eine weitere Saison in der ersten Liga mitzumischen. Wir wollen einfach nur imstande sein, so lange wie möglich unseren Aktivitäten nachzugehen – gleich ob Wandern, Hula-Hoop oder Hockey. Auch hier ist die Empfehlung der Experten beruhigend: Weitermachen, solange der Körper mitmacht, aber die Erwartungen immer wieder anpassen. Eine Lösung wäre, sich für die »Walking«-Variante einer Sportart zu entscheiden, die auf ältere Semester abgestimmt ist und »im Gehen« ausgeübt werden kann, beispielsweise Walking-Korbball, Walking-Fußball oder Walking-Basketball. Ich bin noch nicht bereit, auf Hockey »im Laufen« zu verzichten, aber mein Stil beginnt sich bereits in die Richtung zu entwickeln. Ich habe nicht mehr die gleiche Schnelligkeit, Kraft und Ausdauer wie vor zwanzig Jahren, aber meine Hand-Auge-Koordination ist so gut wie eh und je und mein Spielverständnis besser als je zuvor. Obwohl ich weniger Tore schieße, sind meine Assists nicht von schlechten Eltern, wobei ich mir die Laufkraft meiner jüngeren Mannschaftskameraden zunutze mache. Doch was am wichtigsten ist: Ich freue mich auf jeden Hockey-Abend.

In der Masters-Welt gibt es einen raffinierten Trick, um die Erwartungen an die Leistungsfähigkeit des Körpers im fortgeschrittenen Alter zu steuern: Die Sportler rücken alle fünf Jahre in die nächsthöhere Altersklasse vor. Dort sind sie plötzlich wieder hochgehandelt, die besten Neulinge im Team, frisch von der Reservebank eingeschleust. Das Älterwerden erscheint dabei wie ein Bonus. Die Mutter eines meiner Freunde begann mit sechzig, an Schwimmwettbewerben teilzunehmen. Kurz nach ihrem achtundachtzigsten Geburtstag verkündete sie, dass sie kaum erwarten könne, neunzig zu werden. Warum? »Damit ich meine Rivalen im Becken wieder einmal vernichtend schlagen kann!«

Die Anpassung der eigenen Erwartungen hat auch jenseits der Welt des Sports eine positive Wirkung. Um auch mit achtzig noch Konzerte zu geben, fand der Pianist Vladimir Horowitz eine Möglichkeit, sich mit den Grenzen seines alternden Körpers zu arrangieren.[8] Er begann, die anstrengendsten Stücke aus seinem Repertoire zu streichen. Dann änderte er die Reihenfolge der übrig gebliebenen Werke, spielte die langsamen zuerst, um das höhere Tempo der nachfolgenden im Programm zu unterstreichen.

Wir alle können etwas von den Masters-Sportlern und Spitzenmusikern wie Horowitz lernen. Statt den verlorenen Fähigkeiten nachzutrauern, sollten wir uns über die verbliebenen Fähigkeiten freuen und sie bestmöglich nutzen. Wir sollten aber auch akzeptieren, dass auch sie irgendwann schwinden, was bedeutet, dass wir lernen müssen, unsere Zerbrechlichkeit und Verletzlichkeit nicht als Zeichen des Versagens, sondern als Teil des Lebens zu betrachten.

Ungeachtet unseres Alters können wir Mut aus dem Bemühen schöpfen, die Welt in einen Ort zu verwandeln, an dem sich Senioren wohl- und willkommen fühlen. Einzelhändler überall auf der Welt gestalten ihre Läden um, passen sie den Bedürfnissen älterer Kunden an. In Tokio verweist eine Flaggschiff-Niederlassung der Aeon-Supermarktkette stolz auf die Einrichtung einer Ambulanz und eines Sportbereichs, in dem ältere Käufer Tischtennis spielen, an Aerobic-Kursen teilnehmen oder auf einer Hallenbahn, die rings um den Laden verläuft, walken und dabei ihre Herzfrequenz messen können. Um Menschen mit nachlassendem Sehvermögen wie mir zu helfen, den Text auf Katzenstreuverpackungen zu entziffern, hat Arm & Hammer, ein US-amerikanischer Hersteller von Haushaltswaren, die Farbkontraste verstärkt und die Beschriftungen um zwanzig Prozent vergrößert. Wahrscheinlich werden immer mehr Firmen dem Beispiel dieser Vorreiter folgen, und das aus zwei Gründen. Erstens wächst die Anzahl der älteren Konsumenten weltweit mit jedem Jahr. Zweitens, die Neuerungen, die den Bedürfnissen von Senioren entgegenkommen, sprechen in der Regel auch andere Altersgruppen an. Ford machte diese Entdeckung mit der Einführung des Modells Focus. Mithilfe von Alterssimulationsanzügen baute der Konzern ein geräumigeres Fahrzeug mit gut lesbaren Anzeigen am Armaturenbrett und leicht zu erreichenden Steuerelementen. Und wissen Sie was? Auch die jüngere Generation war begeistert, sodass der Focus zum Verkaufsschlager quer durch alle Altersgruppen wurde.

Start-ups wie diejenigen, die sich in Shoreditch präsentiert haben, sind nur die Spitze des Eisbergs, Teil einer wachsenden Innovationsblase, die Senioren zugutekommen wird. »Big Data« – die riesigen, komplexen Massendatenmengen, die gesammelt werden – verheißen eine Revolution in der Medizin durch die merkliche Verbesserung in der Diagnose, Prävention und Behandlung altersbedingter Erkrankungen. Smart Gadgets wie die tragbaren Geräte, die körperliche Aktivitäten und Vitalfunktionen messen, helfen uns jetzt schon dabei, die Kontrolle über unsere Gesundheit zu übernehmen, und das in einer Weise, die man vor nicht allzu langer Zeit noch als Science-Fiction oder wissenschaftlich-technische Spekulation abgetan hätte.

Die Technologie wird uns zunehmend Beistand leisten, wenn die Körperkräfte schwinden. Roboter werden fortwährend verbessert, und jedes Jahr kommen wir einer Welt der fahrerlosen Transportsysteme ein Stück näher. 2017 schrieben Wissenschaftler Geschichte, als ein Mann, der vom Hals abwärts gelähmt war, allein durch die Macht der Gedanken seine Hand zu bewegen vermochte: Ein Computer entzifferte Signale, von eingepflanzten Elektroden im Gehirn an Sensoren übermittelt, die in die Unterarmmuskeln implantiert worden waren. Zum ersten Mal seit acht Jahren war der Mann imstande, ohne fremde Hilfe eine Tasse Kaffee zu trinken und mit einer Gabel Stampfkartoffeln zu essen.

Derzeit befinden sich auch die »Smart Clothes« im Aufwind, Kleidung mit eingearbeiteten elektronischen Funktionen. Während der Alterssimulationsanzug die Arbeit der Muskeln durch die erhöhte Belastung behindert, der sie ausgesetzt sind, versprechen intelligente textile Produkte wie der sogenannte Aura Powered Suit das genaue Gegenteil. Aus leichtem dehnbarem Material hergestellt, gleicht der Prototyp dieses Anzugs einem Yoga-Outfit der Luxusklasse – bis man die kleinen sechseckigen Gehäuse an Beinen, Hüften, Oberkörper und Rücken entdeckt. Sie enthalten Sensoren, die jede Bewegung erfassen und mittels elektrischer Impulse Bänder aktivieren, die in das Material eingewoben sind. Diese reagieren wie »elektrisch aufgeladene Muskeln«, die den darunter befindlichen körpereigenen Muskeln zusätzlich Stärke verleihen. Es geht nicht darum, den Trägern Kräfte wie Ironman oder Superwoman zu verleihen, sondern das Sitzen, Aufstehen, Treppensteigen oder Geradestehen zu erleichtern. Ein zusätzlicher Vorteil: Man kann die Smart Clothes unter der normalen Kleidung tragen. Ich kann mir gut vorstellen, meine Garderobe um ein solches Hightech-Kleidungsstück zu bereichern, wenn mein Körper in fortgeschrittenem Alter ein wenig mehr Antrieb braucht, vor allem, wenn jemand eine Version zum Hockeyspielen erfindet.

Obwohl sich unter der Funktionsbekleidung der Radrennfahrer im Velodrom von Roubaix mit Sicherheit keine elektronisch gesteuerte Kleidung verbirgt, strahlen alle Teilnehmer einen ansteckenden Optimismus aus, was die künftige Leistungsfähigkeit ihres Körpers betrifft. Um diesen hoffnungsvollen Zustand zu erreichen, mussten viele von ihnen zuerst ihre eigene Altersfeindlichkeit überwinden. Als Cronshaw in die Welt der Senioren-Radrennfahrer eintrat, war seine Haltung gegenüber alten

Sportlern alles andere als milde. Der Gedanke an das welkende Fleisch unter dem hautengen Lycra-Outfit löste Gänsehaut bei ihm aus. »Als ich mit Anfang vierzig auf mein Rad stieg, dachte ich: ›Grässlich, diese alten Säcke sind schon sechzig und machen immer noch mit!‹«, gestand er und zuckt bei der Erinnerung zusammen. Annähernd zwei Jahrzehnte später ist er stolzes Mitglied des MAMIL-Clubs – ein Kürzel für Männer mittleren Alters, zumeist Amateure, mit teuren Rennrädern und Lycra-Radrennfahrerkluft. »Wie viele Jahre habe ich noch? Keine Ahnung, aber es macht mir riesigen Spaß«, sagt er. »Ich habe begriffen, dass der Alterungsprozess bei Weitem nicht so schlimm ist, wie wir es uns vorstellen.«

Nach dem Wochenende mit Cronshaw und dem Rest der Radrennfahrer in Roubaix ergeht es mir ähnlich. Wenn sie im Alter fit bleiben und ihren Lieblingssport ausüben können, ohne sich fehl am Platz zu fühlen oder zu sein, schaffen wir das auch. Meine existenzielle Krise beim Hockeyturnier in Gateshead kommt mir angesichts dessen ein bisschen albern vor. Selbst die Erinnerung an den Alterssimulationsanzug beginnt zu verblassen.

Dennoch, meine gute Laune verpufft, als ich das Velodrom verlasse. Ich gehe zu Fuß, durchquere Stadtviertel, in denen Drogenhandel und Kleinkriminalität an der Tagesordnung sind. Niemand, den ich auf der Straße anspreche, hat von irgendwelchen Masters-Sportarten gehört oder weiß überhaupt, dass Siebzigjährige im Lycra-Anzug auf der nahe gelegenen Radrennbahn ihre Runden drehen. Die Einheimischen führen ganz offensichtlich ein weniger gesundheitsbewusstes Leben als die Sportler im Velodrom.

Unterwegs komme ich mit Daniel Bertrand ins Gespräch, der unlängst seinen Job als Wachmann verloren hat. Die einzige körperliche Bewegung, die er sich nun verschafft, beschränkt sich auf einen Schaufensterbummel oder einen Besuch bei seiner Tochter, die zwei Straßen weiter wohnt. Er geht leicht vornübergebeugt und schlurft. Seine Zähne machen keinen guten Eindruck, und sein Gesicht ist von einem Netz aus Falten und roten Äderchen durchzogen, die von lebenslangem Alkoholkonsum zeugen. Als er mich auffordert, sein Alter zu schätzen, halte ich den Ball flach, korrigiere die Zahl um zehn Jahre nach unten, um ihn nicht zu kränken, aber wie sich herausstellt, habe ich den Nagel auf den Kopf getroffen: Er sieht aus wie sechzig, ist aber fünfzig, mein Jahrgang.

Die Begegnung mit Bertrand erinnert mich daran, dass Langlebigkeit schon immer ein ungleich verteiltes Gut war, die Habenden hatten stets bessere Chancen als die Habenichtse. Der Grund ist, dass Wohlstand das Älterwerden leichter macht. Man kann sich damit eine gesündere Ernährung, bessere Wohnverhältnisse und eine bessere medizinische Versorgung leisten, kann sportlichen Aktivitäten nachgehen und sich für einen Beruf entscheiden, der Spaß macht. Außerdem kann Wohlstand uns vor Drogen- oder Medikamentenmissbrauch, Umweltschäden und belastenden Lebenserfahrungen schützen – Obdachlosigkeit, Gewaltverbrechen, Bankrott –, die den Alterungsprozess zu beschleunigen scheinen.

Die Vorteile der Langlebigkeitsrevolution lassen sich nur dann gerechter verteilen, wenn wir die Kluft zwischen Arm und Reich verringern. Damit hätten Menschen wie Bertrand die gleichen Chancen, gut zu altern, wie die Masters-Rennfahrer, die ein Wochenende in seiner Nachbarschaft verbringen.

In der Zwischenzeit verlasse ich Roubaix mit drei neuen Erkenntnissen, die für das Alter sprechen. Erstens: Älterwerden ist nicht annähernd so schlimm, wie die meisten von uns befürchten. Zweitens: Wir können unser Verhalten ändern und die

Chance nutzen, besser zu altern als jemals zuvor. Und drittens: Die Entwicklung bleibt nicht stehen, ständig werden neue Mittel und Wege entdeckt, einer alternden Bevölkerung das Leben zu erleichtern.

Deshalb möchte ich herausfinden, ob diese Erkenntnisse auch für andere Aspekte des Alterungsprozesses gelten.

3. KAPITEL
KREATIVITÄT: ALTE HUNDE, NEUE TRICKS

Die menschliche Vorstellungskraft hat kein Alter.

Walt Disney zugeschrieben

Jedes Mal, wenn Stanley McMurtry in der Redaktion der *Daily Mail* in London zur Arbeit erscheint, erwartet ihn die gleiche Herausforderung, vor der so mancher zurückschrecken würde. Ohne die Hilfe seiner Kollegen in der Nachrichtenabteilung muss er einen Cartoon zu einem brandaktuellen Thema zeichnen, der mit seiner überspitzten Darstellung genug Blicke auf sich zieht, um als das Aushängeschild einer der meistverkauften britischen Tageszeitungen zu dienen – und dafür bleiben ihm nur wenige Stunden. Keine Zeit für Schreibblockaden, meditative Spaziergänge oder die Möglichkeit, eine Idee zu überschlafen. Sobald er an seinem Schreibtisch Platz genommen und die Schlagzeilen des Tages überflogen hat, müssen seine Ideen nur so sprühen. Da soll noch einer von der Hölle der leeren Seite klagen!

Doch McMurtry, dessen Pseudonym Mac lautet, lässt sich nicht einschüchtern. Er krempelt einfach die Ärmel hoch und konzentriert sich auf die ernsthafte Angelegenheit, für den Witz des Tages zu sorgen. Den ganzen Vormittag arbeiten seine kleinen grauen Hirnzellen auf Hochtouren, während er die wichtigen Berichte zum Tagesgeschehen durchforstet, aus ihnen Szenen und politische Nebenschauplätze herauskitzelt, mit Dialogschnipseln spielt, die satirisch-ironischen Optionen testet – um dann noch vor Redaktionsschluss am Nachmittag die Hammer-Karikatur zu liefern. Dieses Kunststück beherrscht er länger als jeder andere in der Fleet Street, der traditionellen Heimat der britischen Presse.

Mac ist nicht nur der Altmeister der britischen Cartoonisten, sondern auch mein Nachbar. Als er mit Ende sechzig in unsere Straße zog, lautete mein altersdiskriminierendes Urteil, dass er den Zenit seiner Karriere längst überschritten hatte – und sich bereits auf seinen Lorbeeren ausruhte. Ein Irrtum auf ganzer Linie: 2017, kurz nach seinem 81. Geburtstag, wurde er zum siebten Mal als britischer Cartoonist of the Year ausgezeichnet. Die Juroren nannten ihn »einfach grandios« und schwärmten von seinen »hervorragend gezeichneten, klugen Karikaturen und seinen brillanten Leistungen in einem Bereich der Superlative«.

Nicht lange nach seinem Triumph saßen wir in meinem Wohnzimmer und unterhielten uns über das Älterwerden. Mac ist wie die meisten seiner Cartoons: einfühlsam, scharfsinnig, witzig. Seine Stimme ist sanft und sein Verstand messerscharf. Außerdem hat er eine romantische Seite: Zu seinen Markenzeichen gehört unter anderem auch, das Profil seiner verstorbenen Frau Liz in jeder seiner Zeichnungen zu verstecken. Noch bevor er auf dem Sofa Platz nimmt, erklärt er: »Ich fühle mich mental keinen Deut anders als mit zwanzig.«

Bedeutet das, dass er als Cartoonist heute noch genauso gut ist?, möchte ich wissen.

»Besser«, lautet die Antwort.

»Wenn ich an meine ersten Karikaturen zurückdenke, habe ich das Gefühl, dass viele schlecht gezeichnet sind; die Perspektive stimmte nicht so ganz, bei der Entwicklung meiner Figuren diente mir die Arbeit anderer Leute als Vorlage, oder die Ideen waren nicht besonders durchdacht oder einfallsreich«, gestand er. »Ich war mir meiner selbst nicht sicher, deshalb zerbrach ich mir über jede Kleinigkeit den Kopf, und man verkrampft sich, wenn man sich ständig Sorgen macht.«

Im Lauf der Zeit fand er jedoch seine Nische und entwickelte seinen eigenen unverkennbaren Stil. »Ich habe die Messlatte höher gelegt und glaube, dass ich meine besten Arbeiten erst jetzt, mit achtzig, abliefere«, sagt er. »Meinen Karikaturen sieht man an, dass ich lockerer, aber auch selbstsicherer geworden bin, und sie sind genauer auf den Punkt gebracht – ich fühle mich überaus kreativ.«

Die letzten Worte geben mir zu denken. Was mich am Älterwerden am meisten ängstigt, ist der mögliche Verlust meiner schöpferischen Kraft. Die Fähigkeit, die Welt immer wieder mit neuen Augen zu sehen, treibt mich an, Bücher und Artikel zu schreiben, Vorträge zu halten und in Rundfunk- und Fernsehsendungen aufzutreten. Heute findet man das Wort »kreativ« wie Sternenstaub über Lebensläufe und Arbeitsplatzbeschreibungen gestreut, weil es in jedem Metier als willkommenes Plus gilt. Kürzlich sah ich eine Anzeige, in der »Kreativitätsninjas« als Mitarbeiterinnen in einem Coffee-Shop gesucht wurden. Angesichts der zunehmenden Verbreitung der Künstlichen Intelligenz könnte sich das kreative Denken als As im Ärmel der Menschheit entpuppen, als Alleinstellungsmerkmal, das Einzige, was wir immer noch besser beherrschen als Maschinen. Die Fähigkeit, neue Mittel und Wege zu finden, um bestimmte Aufgaben zu lösen oder uns selbst zum Ausdruck zu bringen, stellt eine echte Bereicherung für das Leben dar – über die Arbeitswelt hinaus; deshalb sind Tanz, Musik, Geschichtenerzählen und die anderen Künste mit ihren vielfältigen Ausdrucksformen in allen Kulturen gegenwärtig.

Dass Mac mit einundachtzig Jahren immer noch in der kreativen Oberliga spielt, worüber ich froh sein sollte, kann ich eigentlich kaum glauben, trotz der Wahl zum Cartoonisten des Jahres. Mein Bauch sagt mir, dass er sich Illusionen macht oder eine Sonderausgabe der Natur ist, aus einer Laune heraus entstanden. Schließlich gehört Kreativität nach herkömmlicher Auffassung zu den Privilegien, die den Jungen vorbehalten sind. Denken wir an die »Zuckerberg-Doktrin« oder an die Worte von Vinod Khosla, milliardenschwerer Mitbegründer des Computer- und Softwaregiganten Sun Microsystems, der gesagt hat: »Leute unter fünfunddreißig sind diejenigen, die den Wandel möglich machen. Leute über fünfundvierzig sind grundlegend sanft entschlafen, was neue Ideen betrifft.«

Die Geschichte enthält jede Menge Beispiele, die diese Einstellung untermauern. Wer kam als Erster auf die Idee, ein Brett zum Windsurfen zu bauen? Ein zwölfjähriger englischer Schuljunge. Horatio Adams erfand mit dreizehn Jahren den Kaugummi und Louis Braille war fünfzehn, als er die nach ihm benannte Blindenschrift entwickelte. Der französische Mathematiker Blaise Pascal baute die erste mechanische Rechenmaschine mit neunzehn. Alexander Graham Bell meldete kurz nach seinem neunundzwanzigsten Geburtstag sein Telefon als Patent an – ein Alter, das in etwa dem Durchschnittsalter der Mitarbeiter von Top-Techno-Unternehmen in Silicon Valley entspricht.

Mathematiker sind dafür bekannt, dass sie den Gipfel ihrer Schaffenskraft in der Jugend erleben. Évariste Galois, der mit seinen Gleichungen den Weg für die moderne Algebra ebnete, und Niels Abel, Mitbegründer der Gruppentheorie, waren beide noch Teenager, als sie ihre sensationellen Entdeckungen machten. 1940 erteilte das britische Mathegenie G. H. Hardy all jenen einen Platzverweis, die auf einen ähnlichen Durchbruch in späteren Jahren hofften. »Kein Mathematiker sollte sich erlauben, zu vergessen, dass die Mathematik ... ein Spielfeld für die Jugend ist«, befand er. Albert Einstein, der mit Mitte zwanzig seine Relativitätstheorie von der Leine ließ, stellte eine ähnliche Behauptung für die Naturwissenschaften auf: »Wer vor dem dreißigsten Lebensjahr keinen nennenswerten Beitrag zur Wissenschaft geleistet hat, wird es niemals schaffen.«

Auf ähnliche Fallbeispiele könnte man auch im Bereich der Kunst verweisen, in dem Mac und ich unsere Brötchen verdienen. Mary Shelley veröffentlichte mit zwanzig ihr literarisches Meisterwerk *Frankenstein*. J. K. Rowling war im gleichen Alter, als sie im Zug von Manchester nach London saß, der Verspätung hatte, und ihr die Idee zur *Harry Potter*-Serie kam. Picasso war in den Zwanzigern, als sein Kubismus wie eine Granate in die Kunstwelt einschlug. Zahlreiche Komponisten, unter anderem Schubert, Schuhmann, Mozart und Mendelssohn, haben noch vor dem dreißigsten Lebensjahr ihre unvergesslichen Werke zu Papier gebracht. Im 16. Jahrhundert erklärte der französische Philosoph Michel de Montaigne, der dreißigste Geburtstag markiere den Beginn des schöpferischen Abstiegs: »Ich bin fürwahr überzeugt, dass sich seither sowohl die Kraft meines Geistes als auch meines Leibes mindert statt mehrt, dass sie sich zurück- statt weiterentwickelt.«

Die Popkultur verstärkt und verklärt auf millionenfache Weise den Gedanken, Kreativität sei ein Vorrecht der Jugend. Die einschlägigen Medien veröffentlichen laufend Listen mit den

Namen der Überflieger unter dreißig und scheinen damit Montaigne recht zu geben. Filme über reale und fiktive Ausnahmetalente wie *Billy Elliot*, *Das Königsspiel – ein Meister wird geboren* über ein Schachgenie, *Das Wunderkind Tate* und *Good Will Hunting*, *Amadeus* und *Shine, der Weg ins Licht* – ebenfalls über einen hochbegabten jungen Pianisten – sind in Hollywood Stapelware. John Nash, der Mathematiker, der mit Anfang zwanzig der Spieltheorie zum Durchbruch verhalf, erlangte in dem Film *A Beautiful Mind – Genie und Wahnsinn*, der mit einem Oscar ausgezeichnet wurde, unsterblichen Ruhm. Kreativforen wie die TED-Innovationskonferenzen schmücken sich ebenfalls gerne mit jungen Leuten, die über ihren schöpferischen großen Wurf berichten. Der fünfzehnjährige Wunderknabe Jack Andraka wurde zum Stammgast in diesem Referenten-Rundparcours, nachdem er eine Methode zur Früherkennung von Speicheldrüsenkrebs erfunden hatte.

Natürlich können die frühen Jahre eine Zeit der überbordenden Kreativität sein, und man sollte die Jugend für ihre Heureka-Momente feiern. Doch bedeutet das, dass die schöpferische Kraft mit dem Alter schwindet? Je mehr wir über das menschliche Gehirn in Erfahrung bringen, desto nachdrücklicher lautet die Antwort: *Nein*. Anders ausgedrückt: Mac ist keinesfalls eine Sondererscheinung der Natur, und die US-amerikanische Schriftstellerin Maya Angelou war einer wichtigen Erkenntnis auf der Spur, als sie beobachtete:»Kreativität ist eine Ressource, die sich niemals dem Ende zuneigt. Ganz im Gegenteil, sie vermehrt sich mit zunehmendem Gebrauch.«

Genau wie der Körper verändert sich auch das Gehirn, wenn wir älter werden. Es beginnt nach dem zwanzigsten Lebensjahr zu schrumpfen und verliert mit jedem nachfolgenden Jahrzehnt zwei Prozent seines Gewichts und Volumens. Auch die Blutgefäße leiden unter Ermüdungserscheinungen, schränken die Versorgung des Körpers mit Sauerstoff ein. Der größte Teil unserer Gehirnzellen bleibt zeitlebens erhalten, aber ihr Umfang schwindet, und die Verbindungen zwischen ihnen, die das neuronale Netz bilden, verringern sich. Mit vierzig beginnt die Myelinscheide zusammenzubrechen – eine lipidreiche Schicht rund um die Nervenzellen, die unsere schlauchartigen Axone oder Nervenzellfortsätze bei der Erregungsleitung, sprich der schnellen Verbreitung von Botschaften, unterstützt.

Diese Veränderungen fordern auch auf der kognitiven Ebene ihren Tribut. Wie ein Computer, der einige Jahre auf dem Buckel hat, büßt unser Gehirn seine Datenverarbeitungsgeschwindigkeit ein. Wir lösen mathematische Probleme nun langsamer und brauchen mehr Zeit, um neue Informationen aufzunehmen und abzuspeichern. Es dauert länger, bestimmte Erinnerungen abzurufen, was einmal mehr zu nervenaufreibenden Situationen führt, in denen uns ein Begriff oder Name auf der Zunge liegt, uns aber partout nicht einfallen will. Auch die Konzentrationsfähigkeit entgleitet uns, sodass es uns schwerer fällt, Ablenkungen auszublenden und zwischen anspruchsvollen Aufgaben hin- und herzuwechseln.

Doch keine dieser Veränderungen läutet das Ende unserer Kreativität ein. Ganz im Gegenteil: Forschungen belegen, dass sich das menschliche Gehirn meisterhaft darauf versteht, die altersbedingten Veränderungen zu kompensieren – und sogar daran anzuknüpfen. Mithilfe der funktionellen Magnetresonanztomografie (fMRT), ein bildgebendes Verfahren, das dazu dient, physiologische Funktionen im Körper sichtbar zu machen, haben Forscher entdeckt, dass wir in den mittleren Lebensjahren beginnen, mehr Hirnregionen zu nutzen, wenn wir knifflige Probleme in Angriff nehmen. Im Laufe der Zeit entsteht auf diese Weise ein facettenreiches Integrationszentrum, das kreatives Denken fördert – vor allem, wenn es mit Erfahrung und Wissen gepaart ist.[1]

Der natürliche physiologische Abbau, der mit dem Alterungsprozess einhergeht, kann sogar einen Kreativitätsschub auslösen. Wenn wir aufhören, uns abzuhetzen, kann das Gehirn einen Gang zurückschalten und in einen Modus übergehen, der schöpferischer ist und von Psychologen als »langsames Denken« bezeichnet wird. »Kreativität erfordert gewöhnlich eine gewisse Inkubationszeit«, sagt Teresa Amabile, Professorin und Forschungsleiterin an der Harvard Business School. »Es dauert, bis wir ein Problem ausgelotet haben und die ersten Ideen wie Blasen an die Oberfläche des Bewusstseins steigen.« Der altersbedingte leichte Konzentrationsverlust könnte sich sogar als Geheimwaffe im Kampf um schöpferische Impulse entpuppen. Warum? Weil ein leicht ablenkbarer Verstand Informationen aufnehmen kann, die zunächst irrelevant erscheinen mögen, sich aber später als Schlüssel zu einem kreativen Durchbruch erweisen.[2]

Es ist erfreulich zu hören, dass eine der dauerhaftesten Klischeevorstellungen – dass alte Menschen eingleisig denken – keineswegs den Tatsachen entspricht. Studien deuten zwar darauf hin, dass die Wahrscheinlichkeit, an heiligen Kühen und am Status quo festzuhalten, in der Lebensmitte größer ist als in jungen Jahren.[3] Doch nach Erreichen des sechzigsten Lebensjahrs werden wir lockerer und ändern unsere Einstellung leichter, wenn neue Informationen eine Kurskorrektur nahelegen – der erste Schritt zu Kreativitätssprüngen. In den 1970ern warf Stephen Hawking sein Gewicht als Astrophysiker in die Waagschale, um einer seiner berühmtesten Theorien in der Geschichte der Kosmologie Geltung zu verschaffen: Dass aus einem

Schwarzen Loch nichts entkommen kann. Drei Jahrzehnte später, als neue Erkenntnisse im Bereich der Quantenmechanik und allgemeinen Relativitätstheorie zugänglich waren, vollzog er eine Kehrtwende und akzeptierte, dass Schwarze Löcher Informationen über die Materie preisgeben, die sie schlucken. Hawking, damals zweiundsechzig Jahre alt, leistete nicht nur öffentlich Abbitte, sondern beglich auch seine Schulden als Verlierer einer wissenschaftlichen Wette mit einem Rivalen, die hohe mediale Aufmerksamkeit erlangt hatte.

Eine weitere überraschende Theorie besagt, dass der Alterungsprozess die Struktur des Gehirns auf eine Weise verändert, die Kreativität fördert. Die Zerstörung der Myelinscheide lockert die neuronale Architektur und ermöglicht einen freieren Ideenfluss. »Wir haben weniger Bremsvorrichtungen an unseren präfrontalen Inhibitoren«, sagt Rex Jung, Professor für Neurochirurgie an der Universität von New Mexico. »Der Anstieg der schöpferischen Aktivität bei Menschen im Ruhestand, den man beobachten kann, ist möglicherweise nicht nur darauf zurückzuführen, dass sie ihre berufliche Tätigkeit beendet und mehr Zeit zur Verfügung haben; ein Grund könnten auch die anders gearteten Organisationsvorgänge im Gehirn sein.« Das könnte erklären, warum ältere Menschen traditionsgemäß eine Vorrangstellung in der Volkskunst eingenommen haben, quer durch alle Ethnien und Volksgruppen. Warum Sophokles, einer der größten Dichter der griechischen Antike, sein wichtigstes Bühnenstück, *König Ödipus*, mit einundsiebzig Jahren schrieb. Warum legendäre Maler – Matisse, Rembrandt, Tizian – und Komponisten – Wagner, Beethoven, Bach – den Gipfel ihrer Schaffenskraft in einer Spätphase ihres Lebens erreichten. Und warum Louise Bourgeois, eine französisch-amerikanische Bildhauerin, ihre gigantischen Spinnenfiguren erst mit achtzig schuf und ihre erfolgreiche Karriere bis zu ihrem Tod im Alter von achtundneunzig Jahren fortsetzte.

Die gleiche Kreativität im Alter findet man auch in der prosaischen Welt der Arbeit. Trotz Zuckerbergs Voreingenommenheit neigen Erfinder dazu, ihren produktiven Höhepunkt erst mit Ende vierzig anzusteuern und dieses Leistungsniveau auch in der zweiten Hälfte ihrer beruflichen Laufbahn aufrechtzuerhalten.[4] In den USA liegt beispielsweise das Durchschnittsalter der Personen, die ein Patent anmelden, bei siebenundvierzig Jahren, wobei die lukrativsten Ideen oft von Erfindern stammen, die das fünfundfünfzigste Lebensjahr überschritten haben.[5] Momofuku Ando bescherte uns mit Ende vierzig die Instantnudeln; Benjamin Franklin war vierundsiebzig, als er die Bifokalgläser erfand; und Thomas Edison reichte bis zu seinem Tod mit vierundachtzig Jahren eine Patentschrift nach der anderen ein.

Aufgrund der Altersdiskriminierung erscheinen solche Kreativitätswellen bei älteren Menschen als große und vollkommen überraschende Ausnahme. Als der Tiefenpsychologe Sigmund Freud jung war, schrieb er alle Menschen über fünfzig als geistig unflexibel ab – und verfasste dann mit fünfundsechzig einige seiner einflussreichsten Abhandlungen. Und auch wenn sich Montaigne nach seinem dreißigsten Geburtstag über seine nachlassenden Fähigkeiten beklagte, veröffentlichte er sein bahnbrechendes Werk, die *Essais*, mit denen er zum Erfinder einer neuen literarischen Form werden sollte, erst im Alter von siebenundvierzig Jahren.

Alle diese Beispiele laufen den gängigen altersdiskriminierenden Stereotypen zuwider, sodass es sich lohnt, noch einmal klar und deutlich darauf hinzuweisen: Der Alterungsprozess beeinträchtigt die Kreativität nicht, sondern fördert sie vielmehr, weil sich das menschliche Gehirn laut den Forschungsergebnissen der Neurowissenschaften infolge der damit einhergehenden Anpassungen neu verdrahtet. Der Cartoonist Mac ist kein Sonderfall und Herr Zuckerberg befindet sich schlicht und ergreifend auf dem Holzweg.

Das ist ohne Zweifel Musik in meinen mittelalten Ohren, aber hier geht es nicht um die Schlagzeile »Ältere Menschen sind einfach intelligenter«. Es geht darum, dass wir in jedem Alter kreativ sein können, weil es unterschiedliche Arten von Kreativität gibt. David Galenson, Wirtschaftswissenschaftler an der Universität von Chicago, behauptet, dass sich Menschen mit innovativen Ideen zwei grundlegenden Kategorien zuordnen lassen. Da sind zum einen die »Konzeptionisten«, die ihren unverhofften Durchbruch der Fähigkeit verdanken, ihre Disziplin aus einer neuen Perspektive zu betrachten, was normalerweise in jungen Jahren häufig der Fall ist.[6] Und zum anderen gibt es die »Experimentalisten«, deren Methode sich auf Versuch und Irrtum, Erfahrung und gesammeltes Wissen stützt und die deshalb dazu neigen, ihre bahnbrechenden Werke erst im fortgeschrittenen Alter vorzulegen. Beide Typen können in derselben Disziplin vorkommen. Unter den Wirtschaftswissenschaftlern, die mit einem Nobelpreis ausgezeichnet wurden, erhielten die Konzeptionisten diesen Ritterschlag annähernd zwei Jahrzehnte vor den Experimentalisten. Der US-amerikanische Regisseur, Schauspieler und Autor Orson Welles war fünfundzwanzig Jahre alt, als er seinen ersten Kinofilm *Citizen Kane* schuf, Alfred Hitchcock brachte seine bekanntesten Leinwandklassiker *Psycho*, *Vertigo* und *Der unsichtbare Dritte* rund um sein sechzigstes Lebensjahr heraus. Der US-amerikanische Dichter und vierfache Pulitzer-Preisträger Robert Frost schrieb zweiundneunzig Prozent seiner am häufigsten nachgedruckten Gedichte nach dem vierzigsten Geburtstag, seine Landsfrau Sylvia Plath rüttelte dagegen schon in ihren Zwanzigern die Welt der Dichtung auf. Picassos frühe Arbeiten erzielen heute höhere Preise als seine Spätwerke, bei Cézanne ist es genau umgekehrt.

Wir brauchen beides, konzeptionelle und experimentelle Neuerer, doch die Welt wandelt sich auf eine Weise, die Letztere bevorzugt. Viele Forschungsbereiche haben einen Reifegrad erreicht, an dem künftige Durchbrüche nur noch durch Bündelung vielfältiger Kompetenzen zustande kommen und auf dem Fundament aufbauen, das andere mit ihrer Arbeit gelegt haben. Mit anderen Worten, Innovationen hängen von zwei Faktoren ab, die nur das Alter einbringen kann: Zeit und Erfahrung. Der kreative Höhepunkt von Nobelpreisträgern verlagert sich mehr und mehr in die Spätphase des Lebens, wobei die Physiker ihre sensationellen Entdeckungen ungefähr mit fünfzig machen.

Der Amerikaner John B. Goodenough ist ein anschauliches Beispiel nicht nur für die Spätzünder, sondern auch für die Tatsache, dass der schöpferische Entwicklungsprozess nie enden muss. 1946, als er mit dreiundzwanzig Jahren an der Universität von Chicago sein Physikstudium begann, erklärte ihm ein Professor, er sei bereits zu alt, um in seinem gewählten Fach nennenswerte Spuren zu hinterlassen. Wie sich herausstellen sollte, war das kompletter und altersfeindlicher Unsinn. Drei Jahrzehnte später, mit siebenundfünfzig, trug Goodenough maßgeblich zur Entdeckung von Lithium-Eisenphosphat als Material für wiederaufladbare Batterien bei. Und dabei ließ er es keineswegs bewenden. 2019 bekam er für ein neues Batteriemodell, das sicherer, haltbarer und schneller aufladbar war, den Chemie-Nobelpreis.

Ähnliches lässt sich auch in der Mathematik beobachten, die dem Hörensagen nach eine Domäne der Jugend sein soll. 2013 löste der chinesische Mathematiker Yitang Zhang Yitang eines der vertracktesten Probleme seiner wissenschaftlichen Disziplin; er wies nach, dass es unendlich viele Primzahlzwillinge gibt, also unendlich viele aufeinanderfolgende Primzahlen mit dem immer gleichen Abstand zwei. Er war zu diesem Zeitpunkt fünfzig. Die Mathematikerin Marina Ratner war im gleichen Alter, als sie die Zahlentheorie mit der Physik der Bewegung von Beobachtungsobjekten verband und damit für Schlagzeilen sorgte. Nach ihrem Tod im Jahr 2017 beschrieb ein führender Mathematiker sie als »eines der wichtigsten Beispiele, die den Mythos entkräften, Mathematik sei ein Spielfeld der Jugend«.

Dieser Mythos ist auch in der Kunst unter Beschuss geraten. Die Carter Burden Gallery in New York, 2009 eröffnet, verkauft und stellt nur Werke von Künstlern über sechzig aus. »Ältere Menschen wechseln ihre Identität nicht, nur weil sie ein bestimmtes Alter erreichen«, sagt Marlena Vaccaro, die Leiterin der Galerie. »Professionelle Künstler hören nie auf zu arbeiten, und in vielen Fällen beherrschen wir unser Handwerk mit den Jahren immer besser.« Auch beim berühmten Turner Prize in Großbritannien, der das Werk bildender Künstler auszeichnet, hat ein Umdenken stattgefunden. – Jahrelang wurden dafür nur Kandidaten unter fünfzig in Betracht gezogen, doch seit 2017 hat man die Altersgrenze abgeschafft. Warum? Weil »Künstler in jedem Alter einen Durchbruch in ihrer Arbeit erzielen können«, erklärte der britische Kurator, Kunstkritiker und Direktor der Tate Britain Alex Farquharson.

»In jedem Alter«: Drei kleine Wörter, die Mut machen, falls jemand gleich zu Beginn seiner Karriere Spuren hinterlassen wollte oder befürchtet, dass ihm in seiner späteren Lebensphase die Zeit davonläuft. Fakt ist, dass es nie zu spät ist, schöpferisch aktiv zu werden. Dreimal dürfen Sie raten, wie alt die aus Sansibar stammende Künstlerin Lubaina Himid war, die 2017 den Turner Prize gewann: Sie war dreiundsechzig. Und ein Jahr später wurde James Ivory mit neunundachtzig der älteste Oscar-Gewinner, den es jemals gab, als er die begehrte Trophäe für das Beste adaptierte Drehbuch zum Film *Call me by your name* erhielt.

Welcher schöpferischen Aktivität wir auch immer nachgehen, das Rezept, um im Alter geistig fit zu bleiben, ist immer das gleiche, dabei sind eine gesunde Ernährungsweise, ausreichend Schlaf und nicht zu viel Stress ein guter Anfang. Aber es zahlt sich auch aus, sich an das Sprichwort zu halten: Wer rastet, der rostet. Wie andere Teile des Körpers gedeiht das Gehirn, wenn es in Bewegung bleibt. Soziale Kontakte zu knüpfen und zu pflegen ist eine von vielen Optionen, die Neuronen fit zu halten. Eine weitere besteht darin, sich an kognitiv anspruchsvolle Aufgaben heranzuwagen, die uns zwingen, Probleme zu lösen, uns mit der Komplexität des Lebens auseinanderzusetzen und Neues zu lernen. Leider sind die weit verbreiteten spielerischen Möglichkeiten des »Gehirntrainings« zu leicht, um eine nachhaltige Wirkung zu erzielen. Wir müssen bis an den Punkt gelangen, an dem die Herausforderung so unerträglich wird, dass wir am liebsten das Handtuch werfen würden – und dennoch weitermachen, uns zwingen, über unsere Grenzen hinauszugehen. Das wäre die kognitive Entsprechung zum Liegestütz mit Hockstrecksprung: Ohne Fleiß kein Preis.

Nehmen wir die Fahrer der schwarzen Taxis in London als Beispiel. Um eine Taxilizenz in der britischen Hauptstadt zu erhalten, gilt es, ein hochkompliziertes Labyrinth aus 25 000 Straßen, die sich über mehr als 300 Quadratkilometer erstrecken, im Gedächtnis abzuspeichern. Darüber hinaus müssen die Kandidaten wissen, wo sich die 100 000 Wahrzeichen der Stadt auf der Karte befinden. Das Ziel der Vorbereitung ist es, ohne GPS die bestmögliche Route zwischen zwei beliebigen Punkten in der Metropole herauszufinden, sobald ein Fahrgast einsteigt. Um diese bemerkenswerte Kompetenz zu entwickeln, bekannt als *The Knowledge*, verbringen die Taxilizenz-Anwärter drei oder vier Jahre damit, London per Moped zu erkunden und sich alle Ecken und Winkel zu merken – Liegestütz mit Hockstrecksprung zu üben, anders ausgedrückt. Danach legen sie eine Reihe furchteinflößender Prüfungen ab, die gerade mal fünfzig Prozent bestehen.

In einem bahnbrechenden Experiment beobachteten Forscher anhand von fMRT-Aufnahmen die Gehirne von Kandidaten, die sich auf *The Knowledge* vorbereiteten.[7] Ihre Entdeckungen waren kristallklar: Das anspruchsvolle Auswendiglernen hatte zur Folge, dass sich der Hippocampus, der für die Konsolidierung von Gedächtnisinhalten zuständig ist, vergrößert. Und die kognitiven Vorteile bleiben bis ins hohe Alter erhalten: Viele Taxifahrer sind über siebzig, und einer von ihnen hängte erst mit zweiundneunzig seinen Beruf an den Nagel.

Ähnliche Vorteile wurden bei Menschen festgestellt, die weit weniger zermürbende Lernprozesse als *The Knowledge* in Angriff nehmen. In einem Experiment lud Denise Park, Leiterin der Forschungsabteilung im Center for Vital Longevity der University of Texas in Dallas, eine Gruppe von Probanden über sechzig ein, 16,5 Stunden pro Woche an einem Anfängerkurs für digitale Fotografie teilzunehmen.[8] Nach drei Monaten erzielten sechsundsiebzig Prozent höhere Werte bei Gedächtnistests. Gehirnscans ließen außerdem eine Stärkung der neuronalen Schaltkreise erkennen, die mit Aufmerksamkeit und Konzentration in Verbindung stehen – wobei die Wirkung länger als ein Jahr nach Kursabschluss andauerte.

Dass unser Gehirn auch im fortgeschrittenen Alter flexibel bleibt, ist eine gute Nachricht im Hinblick auf die Kreativität. Viele kreative Köpfe aus dem konzeptionistischen Lager verlieren mit der Zeit ihren Schwung, nicht weil sie alt werden, sondern weil sie aufhören, ihre kognitiven Liegestütze mit Hockstrecksprung zu üben. Sie ruhen sich auf den Lorbeeren aus, die sie in ihren frühen Glanzzeiten geerntet haben. Sie verzichten auf Experimente und gehen Risiken tunlichst aus dem Weg. Sie werden zu Gefangenen des Status quo. Da diese Verengung des eigenen Horizonts keine unabwendbare Nebenwirkung des Alterungsprozesses ist, können wir Schritte unternehmen, um sie zu vermeiden. Wie? Indem wir eine experimentierfreudige Einstellung entwickeln, was bedeutet, unsere Komfortzone zu verlassen, um uns neue Herausforderungen zu suchen und neue Dinge auszuprobieren, vor allem solche, die uns an unsere Grenzen bringen, wie Liegestütz mit Hockstrecksprung. Es gilt, das Altern als einen Prozess zu betrachten, der Türen öffnet statt schließt.

Der heute als Schriftsteller bekannte George Saunders ist ein anschauliches Beispiel dafür. Nachdem er jahrzehntelang als Journalist arbeitete und Kurzgeschichten verfasste, gab er erst kürzlich mit Ende fünfzig sein Debüt als Romanautor. Dabei experimentiert er in *Lincoln im Bardo*, so der Titel des Romans, zugleich mit der Form und erzählt aus der Perspektive von 162 Verstorbenen. 2017 erhielt er dafür den renommierten Man Booker Prize. Wer weiß, welches literarische Neuland Saunders mit siebzig und darüber hinaus noch erschließt, wenn er auch weiterhin seine Liegestütze mit Hockstrecksprung übt?

Die Fähigkeit, aufgeschlossen für Neues zu sein, könnte dafür sorgen, dass wir in Bereichen, in denen der Jugendkult vorherrscht, auch weiterhin ein Wörtchen mitzureden haben. Steve Jobs, mit einundzwanzig Jahren Mitbegründer von Apple und für die konzeptionellen Aufgaben des aufblühenden Unternehmens zuständig, blieb ein unermüdlicher Querdenker, spielte ständig mit neuen Ideen. Mit fünfzig, lange nachdem Zuckerberg ihn abgeschrieben hätte, bildete er mit der Einführung des iPhone und iPad die Speerspitze einer zweiten kreativen Revolution.

Oder nehmen wir die Popmusik. Viele Popstars haben in jungen Jahren die Strahlkraft einer Supernova und verbringen dann den Rest ihres Lebens damit, bis in alle Ewigkeit auf der alten Masche herumzureiten und vom vergangenen Ruhm zu zehren. Mick Jagger, du bist gemeint! Andere nutzen ihr schöpferisches Potenzial dagegen bis zum Ende ihrer Tage. Leonhard Cohen, B. B. King und Johnny Cash gehören dazu, doch der Schutzpatron aller innovativen Spätzünder ist ohne Zweifel David Bowie. Er war risikofreudig bis zum Schluss, experimentierte mit neuen Sounds und Stilrichtungen, erweiterte immer wieder die Grenzen seines eigenen Verständnisses und Talents bei der Suche nach neuen Möglichkeiten, die Welt und sich selbst zu erforschen. Nicht alles, was er schuf, war bewundernswert, doch seine Kreativität war mit Ende sechzig, als er an Krebs starb, noch genauso schillernd wie in der Zeit, als er die Welt mit seinem Alter Ego Ziggy Stardust oder Thin White Duke verzauberte. Sein erstes Musical, *Lazarus*, hatte 2016 Premiere, einen Monat vor seinem Tod. Sein letztes Album, *Blackstar*, war ein meisterhafter Schwanengesang, eine neuartige und verblüffende Mischung aus Jazz, Funk, elektronisch erzeugten Musikelementen und Artrock. Ein Kritiker lobte es als »letzten Schritt in eine grenzenlose, unvorhersehbare Laufbahn«.

Der Cartoonist Mac, der zehn Jahre älter ist als Bowie zum Zeitpunkt seines Todes, verkörpert die gleiche Wesensart. »Selbst nach all den Jahren bin ich immer noch auf der Suche nach dem Goldklumpen, nach der nächsten überraschenden Wendung auf meinem Weg«, sagt er.

Um die eigene Schaffenskraft bis ins hohe Alter zu bewahren, müssen wir bereit sein, ein Leben lang zu lernen – und nach wissenschaftlichen Erkenntnissen ist das durchaus möglich. Ja, die neuronale Plastizität unseres Gehirns ist während der ersten beiden Lebensjahrzehnte am größten. Es bilden sich ständig neue Verbindungen, die bestehenden werden leichter gestärkt oder geschwächt; deshalb saugen Kinder Wissen auf wie ein Schwamm. Doch das bedeutet nicht, dass uns mit zwanzig – oder mit vierzig, sechzig oder achtzig – der Absturz von der Klippe droht. Ganz im Gegenteil. Das größte Hindernis für Lernprozesse im fortgeschrittenen Alter ist nicht das alternde Gehirn, sondern die Tatsache, dass altersfeindliche Klischees unser Selbstvertrauen untergraben und uns davon abhalten, Neues auch nur auszuprobieren. Das alte Sprichwort »Man kann einem alten Hund keine neuen Tricks mehr beibringen« gilt nicht einmal für Hunde. Was den Wortschatz betrifft, so erweitern sich Allgemeinwissen und Expertise bis ins hohe Alter. Und dazu kommt, dass wir in Bereichen, die uns vertraut sind, neue Tricks sogar schneller lernen.

In einer Umfrage der globalen Personalberatungsfirma Buck Consultants erklärten zwei Drittel der Arbeitgeber, dass die älteren Mitarbeiter neue Aufgaben schneller beherrschen als ihre jüngeren Kollegen.[9] Und selbst wenn Lernprozesse in einer ungewohnten Domäne mehr Zeit in Anspruch nehmen, können wir sie meistern – oft mit mehr Disziplin, Selbstreflexion und Analyse, als wir in unserer Jugendzeit investiert hätten. Schauen wir uns nur einmal die Liste mit den Namen derer an, die sich scheinbar auf der »falschen Seite«, sprich jenseits der dreißig, neue Fähigkeiten angeeignet haben: Der italienische Sänger und Produzent Andrea Bocelli wechselte mit vierunddreißig ins Opernfach, und die US-amerikanische Kochbuchautorin Julia Child war fast vierzig, als sie kochen lernte. Vera Wang erfand sich mit vierzig als Modedesignerin neu. Marie Curie lernte mit fünfzig Schwimmen, Tolstoi mit sechzig Radfahren und Jens Skou, der 1997 den Nobelpreis für Chemie gewann, mit siebzig, Computer zu programmieren. Als der Weltklasse-Cellist Pablo Casals mit einundneunzig Jahren von einem Schüler gefragt wurde, warum er immer noch übe, erwiderte er: »Weil ich dann Fortschritte mache.«

Eines meiner Lieblingsbeispiele für Lernprozesse im fortgeschrittenen Alter ist Mary Ho. Mit Anfang sechzig beschloss sie, einen Lebenstraum zu verwirklichen und Gitarre spielen zu lernen. Da sie keine Noten lesen konnte, übte sie Akkorde und Griffe, bis ihre Finger bluteten. Schließlich meisterte sie sowohl die akustische als auch die elektrische Gitarre. Heute ist »Grandma Mary« ein Star in ihrer Heimatstadt Singapur, wo sie bei Wohltätigkeitsveranstaltungen auftritt und ein eigenes Album mit Latino-Musik herausgegeben hat. Ihre Videos auf You-Tube haben mehr als eine Million Zuschauer in ihren Bann gezogen. In ihrem leuchtend rot-grünen Kleid erntete sie 2017 mit ihrem fetzigen Sound Jubelrufe bei der Parade anlässlich des Nationalfeiertags in Singapur. Zu diesem Zeitpunkt war sie einundachtzig Jahre alt.

Natürlich kann – und will nicht – jeder im fortgeschrittenen Alter Jimi Hendrix auf der Bühne nacheifern. Dennoch ist Mary

Hos zupackende und lebensfrohe Art ein leuchtendes Beispiel für uns alle. Sie erinnert uns daran, dass das Lernen wesentlich mehr ist als nur eine Methode, die uns in jüngeren Jahren hilft, Prüfungen zu bestehen oder einen Arbeitsplatz an Land zu ziehen. Wenn wir bestrebt sind, das Beste aus unserem Alter zu machen, muss Lernen zu einem Eckpfeiler der Lebensführung werden. Die Bereitschaft, sich auf Neues einzulassen, bewirkt, dass wir gesund bleiben, uns engagieren, uns erfüllt fühlen. Der Erwerb von neuem Wissen und neuen Fähigkeiten ist außerdem die beste Methode, in der heutigen sich rasant verändernden Gesellschaft nützlich zu bleiben. »Jeder, der aufhört zu lernen, ist alt, gleich ob mit zwanzig oder achtzig«, befand der Automobilmogul Henry Ford. »Wer zeitlebens lernt, bleibt jung.«

Zum Glück findet die Welt allmählich Geschmack am Konzept des lebenslangen Lernens. Singapur ging 2016 mit gutem Beispiel voran: Dort erhielten alle Einwohner über fünfundzwanzig einen Zuschuss in Höhe von 500 Singapur-Dollar für Aus- und Weiterbildungsmaßnahmen, Mentoringprogramme, Universitätsstudium oder Online-Kurse. Das World Wide Web erscheint mittlerweile wie ein unermessliches Büffet für Bildungshungrige, das Menschen aller Altersgruppen eine Unmenge an Kursen in allen nur erdenklichen Bereichen anbietet – vom Management und Marketing bis hin zu Datenwissenschaft und Game-Design, sprich der Entwicklung von Spielwelten. Ein Drittel aller Berufstätigen in den USA, die ihren Collegeabschluss nachholen, ist zwischen dreißig und vierundfünfzig Jahre alt.

Das ist zwar durchaus ein Fortschritt, aber es sind tiefgreifende Veränderungen erforderlich, damit wir in allen Phasen unserer beruflichen Laufbahn imstande sind, Auszeiten für einen längeren Bildungsurlaub zu nehmen. Die Universitäten müssen es uns leichter machen, dem Elfenbeinturm jederzeit und in jedem Lebensabschnitt einen Besuch abzustatten. Eine Revolution in der Frühpädagogik ist ebenfalls längst überfällig: Wir brauchen mehr Schulen, in der intellektuelle Risikobereitschaft die Norm ist, das Scheitern als Basis für ein tieferes Verständnis begrüßt wird und das Lernen selbst als eigenständige Fähigkeit auf dem Lehrplan steht. Und wir müssen erheblich mehr tun, um die körperliche Fitness zu fördern.

Die Überzeugung, dass der Geist profitiert, wenn wir den Körper in Form halten, geht auf die Geburtsstunde der Medizin zurück. Die Redewendung *mens sana in corpore sano* – ein gesunder Geist in einem gesunden Körper – stammt aus dem alten Rom. Heute feiern Forscher Fitnesstraining als »Wundermittel«, nicht nur für den Körper, sondern auch für das Gehirn. In einem Artikel, der im Blog der Harvard Medical School erschien, hieß es: »Aerobe Übungen sind der Schlüssel sowohl zum Kopf als auch zum Herzen.«

Deshalb ist das Bestreben, auch körperlich aktiv zu bleiben, im Alltag vieler kreativer Menschen zu einer Gewohnheit geworden. Steve Jobs war ein leidenschaftlicher Walking-Fan. Bowie hielt sich durch Boxen fit. Schon in seiner Jugend sportbegeistert, macht der Cartoonist Mac noch heute jeden Tag einen flotten Spaziergang durch den Park und spielt regelmäßig Golf. Großmama Mary Ho besucht jeden Tag einen schweißtreibenden Tanzkurs.

Niemand kann genau sagen, warum sportliche Betätigung gut für unser Gehirn ist. Einer Theorie zufolge wird durch die bessere Durchblutung ein Energie- und Sauerstoffschub ausgelöst. Eine andere Hypothese besagt, dass der Stoffwechsel des

Körpers angeheizt wird, was wiederum das neuronale Wachstum befeuert. Aus vielen Studien geht hervor, dass uns regelmäßige aerobe Übungen auf der kognitiven Ebene fit halten.[10] Es ist beispielsweise belegt, dass ein anstrengendes Work-out durch die Produktion neuer Gehirnzellen das Wachstum der weißen und grauen Materie in den Frontal- und Schläfenlappen anregt und den Hippocampus vergrößert – genau wie bei den Vorbereitungen auf The Knowledge, der extrem schwierigen Taxifahrerprüfung in London. »Es ist beeindruckend, in welchem Ausmaß die Funktionsfähigkeit unseres Gehirns durch das beeinflusst wird, was wir tun oder unterlassen«, sagt Ursula Staudinger, Leiterin des Robert N. Butler Columbia Aging Center in New York.

Wie viel körperliche Bewegung ist unerlässlich, um in den Genuss dieser kognitiven Dividende zu gelangen? Auch hier gilt wieder, dass Sie keine Extremsportart ausüben oder an einem Marathon teilnehmen müssen. Experten empfehlen ungefähr eine Dreiviertelstunde moderate sportliche Aktivitäten – Radfahren, Schwimmen, Joggen oder auch nur ein flottes Spazierengehen – mindestens drei Mal pro Woche; dieses Programm scheint bereits seinen Zweck zu erfüllen und die kognitive Leistungskapazität zu fördern. Außerdem deckt sich dieser Vorschlag weitgehend mit dem Rezept für die körperliche Fitness, was bedeutet, dass man zwei Fliegen mit einer Klappe schlagen kann. Es heißt zwar, je früher man damit beginnt, desto besser, aber es ist nie zu spät, den Lohn der Mühen zu ernten: Auch diejenigen, die sechzig, siebzig oder achtzig sind, wenn sie mit dem Fitnesstraining beginnen, stellen bereits nach drei Monaten eine Verbesserung ihrer kognitiven Funktionen und nach einem halben Jahr dauerhafte neuronale Veränderungen fest.

Körperliche Bewegung kann sogar dazu beitragen, eine besonders besorgniserregende Wolke zu vertreiben, die wie ein

Damoklesschwert über dem Altersboom schwebt: die Demenz. Heute sind weltweit ungefähr fünfzig Millionen Menschen davon betroffen, wobei man damit rechnet, dass die Zahl bis zum Jahr 2030 auf fünfundsiebzig Millionen steigt. Demenz führt heute die Liste der Todesursachen bei der weiblichen Bevölkerung von England, Wales und Australien an, und in den Alters- und Pflegeheimen leiden weltweit siebzig Prozent der Bewohner darunter. Demenz ist nicht nur unheilbar, sondern wir wissen nicht einmal genau, welche Ursachen dafür verantwortlich sind. Oft tritt sie erst in späteren Lebensjahren in Erscheinung, aber ich möchte an dieser Stelle darauf hinweisen, dass Demenz kein – ich wiederhole, kein – unvermeidlicher Teil des Alterungsprozesses ist. Ungefähr siebzehn Prozent der über Achtzigjährigen leiden darunter, doch das bedeutet, dass die restlichen dreiundachtzig Prozent verschont bleiben. Aktuelle Daten deuten außerdem darauf hin, dass das Durchschnittsalter für den Ausbruch der Demenz steigt und der Anteil der Demenzkranken in allen Altersgruppen zurückgeht.[11] Experten führen diese Entwicklung auf die wachsende Bereitschaft zurück, den wahrscheinlich besten Empfehlungen zum Erhalt der Funktionsfähigkeit des Gehirns zu folgen: Auf eine gesunde Ernährung achten, Nikotin- und Alkoholkonsum einschränken, körperlich und geistig aktiv bleiben. Da inzwischen mehr finanzielle Mittel in die Demenzforschung fließen, könnten aufgrund aktueller Langzeitstudien möglicherweise schon innerhalb der kommenden zehn Jahre individuelle Vorsorge- und Behandlungsstrategien entwickelt werden. Craig Ritchie, Leiter des Centre for Dementia Prevention an der Universität Edinburgh, gehört mit seinem Forschungsteam zu den Vorreitern im Bereich der Demenzprävention. Er ist überzeugt davon, dass wir auf einem guten Weg sind, um herauszufinden, wie man durch Medikamente und Veränderungen in der Lebensführung einer Demenzerkrankung vorbeugt. »In zehn oder fünfzehn Jahren werden wir imstande sein, einzuschätzen, wie hoch das Risiko ist, und was Sie tun können, um es zu verringern – oder auszuschließen«, sagt er. »Ich blicke mit großer Zuversicht in die Zukunft.«

Der Wettlauf gegen das Vergessen könnte sogar dazu beitragen, die Geheimnisse der Kreativität zu entschlüsseln. Einige Betroffene haben festgestellt, dass die Krankheit ihr schöpferisches Potenzial freisetzt. Niemand weiß, warum das so ist, aber eine Theorie besagt, dass die Abschottung bestimmter Hirnbereiche anderen Regionen ermöglicht, sich freier zu entfalten. Das ist natürlich kein Grund, es darauf anzulegen, an Demenz zu erkranken, aber es sollte uns daran erinnern, dass unser Gehirn ein bemerkenswert anpassungsfähiges, widerstandsfähiges Organ und ein schöpferisches Kraftpaket ist.

Wenn wir dieses Organ pfleglich behandeln, können die meisten von uns davon ausgehen, auch in unserer neu gewonnenen Lebenszeit kreativ, innovativ und lernfreudig zu bleiben. Und damit können wir auch den Funken einer Revolution am Arbeitsplatz entzünden.

4. KAPITEL
ARBEIT:
ALLE MANN AN DECK

Nutze deine Fähigkeiten, hebe dich positiv
von anderen ab, und denke nicht daran,
dich von der Welt zurückzuziehen,
bis die Welt deinen Rückzug bedauern wird.

Samuel Johnson zugeschrieben

Velma Bascome könnte eine strickende Großmutter aus dem Märchenbuch sein, sie wäre eine optimale Besetzung für diese Rolle. Sie ist siebzig Jahre alt. Sie strickt mit Begeisterung ... Aber schon stimmt das Klischee nicht mehr: Velma Bascome ist der Megastar in der Belegschaft von Wooln, einem Unternehmen mit Sitz in New York City, das Strickwaren der Luxusklasse entwirft, herstellt und online verkauft. Sie fertigt in Handarbeit Hüte, Decken und Kapuzenschals aus Kaschmir, Merino- und Alpakawolle, die einige Hundert Dollar kosten.

Als wir uns in einem Café auf der gegenüberliegenden Seite der Firmenzentrale in Manhattan treffen, ist Bascome gerade mit dem Design einer neuen Decke im Fischgrätmuster beschäftigt. In Jeans und blau-weiß gestreiftem T-Shirt ähnelt sie den hippen Influencern auf Instagram und Co., die aufgrund ihrer starken Präsenz in den sozialen Netzwerken für gezielte Werbung und Vermarktung sorgen. Obwohl es an diesem Januartag eisig kalt ist, trägt sie ihre Sandalen barfuß, ein lebenslanger Akt des Protests gegen die strikte Sockenvorschrift der Konfessionsschule, die sie in ihrer Jugend besuchte. Ein iPad, randvoll mit Entwürfen, Mustern und Fotos von ihren Arbeiten, liegt vor ihr auf dem Tisch.

Ich nehme Platz und beobachte Bascome. Ihre schmalen Hände bewegen sich mit atemberaubender Geschwindigkeit über die pinkfarbene Wolle, die Stricknadeln aus Chrom klicken wie Mah-Jongg-Steine. Um das Strickmuster herauszuarbeiten, stellt sie eine Maschenprobe her, die sie ihrer Chefin zeigen möchte. Nach wenigen Minuten hält sie inne und begutachtet das Ergebnis mit starrem Blick und hochkonzentriert. Sie zählt die Maschen zwei Mal. »Da stimmt etwas nicht«, sagt sie. »Das Muster geht nicht auf am Ende der Reihe, keine Ahnung, warum«, sagt sie. »Aber das wird schon noch.«

Da ich in einer Familie mit Hobby-Strickerinnen aufgewachsen bin, erkenne ich ihre Meisterschaft auf den ersten Blick, und wie sich herausstellt, kann Bascome auf ein Prädikatsmerkmal verweisen, das einen Spitzenplatz in ihrem Metier garantiert. Als sie in den 1970er-Jahren für Garnfirmen in New York zu arbeiten begann, entdeckte sie ihre verblüffende Fähigkeit, für jedes beliebige Kleidungsstück, das sie sah, eine Strickanleitung schreiben zu können. »Das ist wie bei einem Musiker, der die Noten nach Gehör aufschreibt«, sagt sie. Später drückte sie noch einmal die Schulbank, erwarb einen Universitätsabschluss und unterrichtete Biologie und Physik an einer Highschool, aber sie ging immer ihrer Lieblingsbeschäftigung Stricken und Häkeln nach. Heute gibt sie Handarbeitskurse an einem College vor Ort, und in ihrer Freizeit strickt sie ihre eigenen Entwürfe, entweder zu Hause im Bett oder draußen, wenn sie in New York unterwegs ist. »Das ist für mich keine Arbeit, weil ich mich entspanne, sobald ich die Nadeln in die Hand nehme«, sagt sie. »Zu Hause liegen haufenweise Garn und angefangene Projekte neben meinem Bett; ich stricke vor dem Einschlafen, und oft wache ich mit Problemlösungen auf«, fügt sie hinzu. »Ich könnte Tag und Nacht stricken, sieben Tage in der Woche, es macht mir einen Riesenspaß, weil es so kreativ ist.« Aha, da haben wir es wieder: Die Kreativität begleitet uns bis ins hohe Alter.

Als ich von Bascome etwas über die Vor- und Nachteile des Alterns erfahren möchte, zuckt sie die Achseln, als wäre ihr die Frage noch nie in den Sinn gekommen. »Darüber habe ich mir nie den Kopf zerbrochen, und ich habe nie einen Hehl aus meinem Alter gemacht«, erwidert sie. »Wenn man einer Tätigkeit nachgeht, die erfüllend ist, spielt das Alter keine große Rolle.«

Sobald die Maschenprobe fertig ist, brechen wir auf, um sie in der Wooln-Zentrale auf der anderen Straßenseite begutachten zu lassen. Sie befindet sich in einem langen weiß gekalkten Raum, in dem sich Wollknäuel, Skizzenbücher, Strickmuster, Reststücke und versandfertige Kleidungsstücke meterhoch türmen. Er dient Bascomes Chefin Faustine Badrichani als Atelier und Wohnung zugleich. Ein Dutzend ihrer Gemälde lehnen an den Wänden und verleihen dem Ambiente eine zusätzliche künstlerische Note. Die beiden Frauen begrüßen sich herzlich und machen sich sofort an die Arbeit.

Badrichani nimmt die pinkfarbene Maschenprobe in Augenschein, zieht sie behutsam in alle Richtungen, hält sie gegen das Licht, drückt sie an ihre Wange. »Gut, gut, das wird was«, sagt sie in einem resoluten, geschäftsmäßigen Tonfall. Bascome verspricht, herauszufinden, warum das Muster nicht aufgeht.

»Kein Problem, ich weiß, du schaffst das«, erwidert Badrichani lächelnd. »Wie immer.«

Nachdem sich Bascome verabschiedet hat, erzählt mir Badrichani, dass sie Bascome eher zufällig entdeckt habe. Um der Firma eine soziale Ausrichtung zu geben, hatten die beiden Gründerinnen ursprünglich geplant, Strickerinnen aus einkommensschwachen Einwanderergemeinden einzustellen. Als das Vorhaben an den Hürden der Bürokratie scheiterte, wandten sie ihre Aufmerksamkeit Frauen älteren Semesters zu. Sie haben die Beschäftigung einer Belegschaft aus Sechzig- und Siebzigjährigen zu einer Marketing-Tugend gemacht, bezeichnen sie scherzhaft als »Omas mit Pep«, posten amüsante Kurzbiografien auf der Firmen-Website und versehen jedes Produkt mit einem Etikett, auf dem Name und Unterschrift der Strickerin steht. Das Wissen, dass die Modekreationen von älteren Frauen handgefertigt wurden, kommt bei den jungen, hippen Kunden gut an. Aber Wooln ist keine Firma, die eine Symbolpolitik betreibt. Die älteren Mitarbeiterinnen liefern den handfesten Nachweis, dass sie genauso geschickt und kreativ sind wie jüngere Rivalinnen auf dem Arbeitsmarkt. Wenn sie aus dem Nähkästchen plaudern, könnten sie den dreißigjährigen Designern noch den einen oder anderen Trick beibringen. Vor nicht allzu langer Zeit entdeckte Bascome eine Methode, die Kanten der Strickwaren noch sauberer abzuschließen, die nun im gesamten Sortiment der Firma Anwendung findet.

Während ich einen üppigen Kapuzenschal aus Alpakawolle anprobiere, frage ich Badrichani, was sie aus dem Erfolg von Wooln gelernt hat. »Das ist schnell gesagt«, erwidert sie. »Wenn man eine Aufgabe aus dem Effeff beherrscht, spielt das Alter keine Rolle.«

Dieses Motto war früher in aller Welt verbreitet – und nicht nur bei Strickerinnen. Von den griechischen und römischen

Landsknechten wurde zwar erwartet, dass sie die Streitkräfte im Alter von sechzig Jahren verließen, aber Beispiele dafür, dass der Geburtstag eine automatische Versetzung in den Ruhestand nach sich zog, sind in historischen Aufzeichnungen selten zu finden. In der prämodernen Welt hatte die Anzahl der Lebensjahre für das Erwerbsleben kaum Bedeutung. Was zählte, war die Qualität der Arbeit. Färber, Eisenschmiede, Dienstboten, Weber, Bauern, Ärzte, Metzger, Bäcker und Kerzenmacher – kurzum alle, die ihr täglich Brot verdienen mussten, arbeiteten, bis sie vom Tod dahingerafft wurden oder die Altersschwäche sie daran hinderte, weiterzumachen. Erfahrung war in dieser Zeit eine Auszeichnung. 1393 wurde der zweiundneunzigjährige Arzt Guillaume de Harcigny an den Hof des französischen Königs Charles VI. beordert, um die Folgen des Komas zu lindern, das von einem Anfall geistiger Umnachtung ausgelöst wurde. Die Dogen, die zwischen 1400 und 1600 in Venedig herrschten, waren im Durchschnitt zweiundsiebzig Jahre alt.

Wie anders die Gepflogenheiten heute doch sind. Der Gedanke, dass jüngere Arbeitskräfte besser sind, fasste während der Industriellen Revolution Fuß. Die moderne Welt der Fließbandarbeit und der stetige Wandel der Technologie belohnten und verherrlichten die Schnelligkeit und Spannkraft der Jugend. 1913 tauchten in den USA die ersten Berichte über zunehmende Altersfeindlichkeit am Arbeitsplatz auf: »Auf der Suche nach Leistungssteigerungen … wird graues Haar als unentschuldbares Zeugnis industrieller Beschränktheit betrachtet; und Erfahrung, die unweigerlich mit vorgerücktem Alter einhergeht, wird nicht etwa geschätzt, wie es der gesunde Menschenverstand gebieten würde, sondern gilt als ein so großes Hindernis, dass es die weitere Beschäftigung ihres Besitzers im Rahmen derjenigen Aufgaben und Pflichten, für die ihn seine lebenslange Tätigkeit gerüstet hat, praktisch ausschließt.«[1] Bis 1965 stellten sechzig Prozent der US-amerikanischen Unternehmen keine Mitarbeiter mehr ein, die älter als fünfundvierzig waren.[2]

Die Altersdiskriminierung am Arbeitsplatz bleibt weitverbreitet, auch wenn die meisten Länder sie per Gesetz verbieten. Dennoch geben viele Arbeitgeber bei der Besetzung freier Stellen jungen Kandidaten den Vorzug – und finden ein Hintertürchen, um Klagen vor Gericht zu umgehen. In einer US-amerikanischen Studie bewarben sich Forscher mit 40 000 frisierten Lebensläufen für niedrig qualifizierte Tätigkeiten.[3] Die Kurzbiografien waren abgesehen vom Alter, das zwischen Ende zwanzig und Ende sechzig rangierte, mehr oder weniger identisch. Dreimal dürfen Sie raten, wer die meisten Rückmeldungen erhielt. Die Neunundzwanzig- bis Einunddreißigjährigen wurden zu neunzehn Prozent häufiger kontaktiert als die Neunundvierzig- bis Einundfünfzigjährigen, und fünfunddreißig Prozent häufiger als die Vierundsechzig- bis Sechsundsechzigjährigen. Die Studie zeigte außerdem, dass die Chancen älterer Anwärterinnen auf einen Arbeitsplatz im Verkauf sechsunddreißig Prozent geringer waren als die ihrer jüngeren Rivalinnen. Andere Forschungsergebnisse belegen, dass die Chancen, zu einem Einstellungsgespräch eingeladen zu werden, für Angehörige beiderlei Geschlechts mit jedem zusätzlichen Lebensjahr um vier bis sieben Prozent sinken.[4]

Altersdiskriminierung ist auch in der Software vorprogrammiert, die bei der Online-Suche nach einem Arbeitsplatz verwendet wird. Ermittler im Justizministerium des US-Bundesstaates Illinois fanden unlängst Arbeitsmarkt-Websites mit Drop-down-Menüs, in denen die Jahreszahlen der Schul- und Studienzeiten nicht weit genug zurückführten, um die Altersgruppe der Siebzig-, Sechzig- und in manchen Fällen sogar Fünfzigjährigen zu erfassen. Eine Recherche der *New York Times* und der Stiftung ProPublica, die den investigativen Journalismus in den USA fördert, enthüllte, dass viele führende Unternehmen Facebook und Google benutzen, um sicherzugehen, dass ihre Stellenanzeigen nur von jüngeren Kandidaten gesehen werden.[5]

Selbst wenn ältere Bewerber einen Fuß in die Tür bekommen, erhalten sie oft eine Abfuhr. Man weist sie freundlicher darauf hin, dass sie »überqualifiziert« sind, dass die Arbeitsplatzbeschreibung »nicht ihrem Niveau entspricht«, dass man für die Aufgabenstellung »im Grunde keinerlei Vorkenntnisse benötigt« oder zu erwarten steht, dass die Tätigkeit sie »schnell zu langweilen beginnt«. All das sind Verklausulierungen, die im Klartext bedeuten: »Wir suchen Mitarbeiter, die jünger sind als Sie.«

An ein und demselben Arbeitsplatz alt zu werden kann gleichermaßen entmutigend sein, wenn Unternehmen tief in die Trickkiste greifen, um reifen Belegschaftsmitgliedern einen kleinen Tritt in Richtung Ausstiegsrampe zu geben, angefangen vom Übergehen bei Beförderungen bis hin zum Abschieben auf einen weniger attraktiven Arbeitsplatz. In einer europäischen Studie wurde festgestellt, dass ältere Arbeitnehmer im Vergleich zu ihren jüngeren Kollegen eher sozial isoliert und von Teamprojekten ausgeschlossen werden, dass sie weniger Weiterbildungschancen und seltener Zugang zur Technologie haben und seltener die Aufforderung erhalten, sich aktiv an der Lösung neuartiger Probleme zu beteiligen.[6] Selbst diejenigen, die im Arbeitsprozess keinerlei Verschleißerscheinungen zeigen, spüren, wie sich die Schlinge der Altersfeindlichkeit um ihren Hals zuzieht. Mac arbeitete über dreißig Jahre lang als Cartoonist für die *Daily Mail*, mit einem Vertrag, der eine beidseitige Kündigungsfrist von drei Jahren vorsah. Als er fünfundsechzig wurde, verkürzte die britische Boulevardzeitung den Kündigungszeitraum auf sechs Wochen. »Für den Fall, dass man irgendwann nicht mehr voll einsatzfähig ist, sprich nicht mehr alle Tassen im Schrank hat«, erklärte er mir trocken. Vielleicht hatte er Glück, überhaupt einen Vertrag zu erhalten, denn laut einer Studie, die von der britischen Regierung in Auftrag gegeben wurde, herrscht in der britischen Unternehmenswelt die stillschweigende Übereinkunft, dass Männer mit Mitte fünfzig nicht mehr beförderungswürdig sind; bei Frauen wird das Karriere-Verfallsdatum ein Jahrzehnt früher angesetzt.

Das ist auf ganzer Linie dumm. Menschen aufgrund ihres Geburtsdatums aus dem Arbeitsmarkt auszuschließen macht keinen Sinn – und nicht nur deshalb, weil wir heute länger fit und gesund bleiben als jemals zuvor, sondern auch, weil sich die Welt gewandelt hat. Die Benachteiligung älterer Beschäftigter mag während der Industriellen Revolution zweckdienlich erschienen sein, weil ihnen die harte körperliche Arbeit in den Fabriken schwerer fiel. Doch im modernen Arbeitsleben zählt die Muskelkraft zunehmend weniger. Was hier ins Gewicht fällt, ist die kognitive Antriebskraft – und die kann das menschliche Gehirn bis ins hohe Alter liefern.

Wir haben bereits gesehen, dass Lernvermögen und Kreativität auch im Alter erhalten bleiben oder sich teilweise sogar noch verbessern. Das gilt auch für den Rest unserer kognitiven Fähigkeiten, sofern wir nicht krank werden. Man mag es als Weisheit, als Gedankengänge höherer Ordnung oder als was auch immer bezeichnen – Studien belegen, dass ältere Menschen sich besser darauf verstehen, das Gesamtbild in Betracht zu ziehen, Kompromisse anzunehmen, verschiedene Standpunkte gegeneinander abzuwägen und zu akzeptieren, dass Wissen seine Grenzen hat. Im gewohnten Umfeld gelingt es dem älteren Gehirn schneller, Muster und Einzelheiten zu erkennen, die der Problemlösung dienen. Wenn Unternehmen einen Kummerkasten beziehungsweise einen Briefkasten für Verbesserungsvorschläge einführen, sind die älteren Belegschaftsmitglieder gewöhnlich aktiver und mit besseren Vorschlägen daran beteiligt als ihre jüngeren Kollegen – und die besten Ideen stammen aus den Reihen derer, die älter als fünfundfünfzig sind.[7] Nachdem sie bergeweise Studienergebnisse gesichtet hatten, gelangten Forscher der Harvard-Universität zu dem Schluss, dass vier Schlüsselkompetenzen erst mit etwa fünfzig voll ausgereift sind: Rechnen, sprachlicher Ausdruck, Allgemeinwissen und eine Vorstellung davon, wie die Welt funktioniert.[8]

Es gibt noch weitere gute Neuigkeiten. Studienergebnisse deuten darauf hin, dass der Alterungsprozess die emotionale Intelligenz fördert.[9] Wir verstehen uns besser darauf, Menschen zu »lesen«. Wir nehmen schon bei der ersten Begegnung mehr Informationen über sie auf – Vorgeschichte, Temperament, Bedürfnisse, verborgene Motive.[10] Der reiche Wortschatz, der sich im Lauf der Zeit angesammelt hat, führt zu einem verbesserten Sprach-, Schreib- und Kommunikationsstil, und auch unsere Fähigkeit, zu kooperieren und zu verhandeln, wächst mit dem Alter. Es gelingt uns eher, uns in die Lage anderer Personen zu versetzen, Kompromisslösungen zu finden und Konflikte zu bereinigen.[11] Studien haben gezeigt, dass vor allem die Angehörigen der Generation 60plus, die aufgefordert waren, die Zuschriften an professionelle »Kummerkastentanten« zu beantworten, mit sinnvolleren Ratschlägen aufwarten konnten als ihre jüngeren Kollegen. Andere Studien deuten darauf hin, dass der Alterungsprozess sogar unseren Humor sozialverträglicher macht.[12] Wir bevorzugen Witze, die uns einen statt spalten, weil sie nicht mehr auf Kosten anderer gehen. Außerdem sind wir seltener hef tigen Stimmungsschwankungen ausgesetzt und besser in der Lage, mit negativen Gefühlen wie Wut, Neid oder Angst umzugehen.[13] Mit anderen Worten: Es fällt uns leicht, einen kühlen Kopf zu bewahren, wenn alle anderen ihn verlieren.

Deshalb ermutigen Busunternehmen in Bangkok ihre älteren Fahrer, auch nach dem sechzigsten Lebensjahr, dem traditionellen Ruhestandsalter, weiterzuarbeiten. Die thailändische Hauptstadt gleicht einem urbanen »Thunderdome«, einer niederländischen Hardcore-Technoveranstaltung, bei dem statt Techno-Beats nun Motorroller, Motorräder, Schrottkarren mit Fehlzündung, SUV mit getönten Scheiben, vorsintflutliche LKW und Busse, Fahrräder, Taxis, Fußgänger, die bei Rot über die Straße gehen, und Tuk Tuks sich ihren Weg durch das Verkehrsgewühl kämpfen und die Geräuschkulisse bilden. Geschwindigkeitsbegrenzungen und andere Verkehrsregeln dürfen ungestraft übertreten werden. Am ersten Abend, den ich dort verbringe, rammt ein Autobus eine Garküche auf Rädern, sodass Woks, Klöße und kochendes Wasser in hohem Bogen auf der Straße landen. Eine Verkäuferin am benachbarten Stand zuckt lediglich mit den Schultern: »Berufsrisiko«, erklärt sie.

Am nächsten Morgen springe ich ein paar Straßen weiter auf einen Bus auf. Es ist einer dieser Tage mit abartiger Hitze und hoher Luftfeuchtigkeit, an denen Geduld und Gutmütigkeit Mangelware sind. Der Name des Fahrers lautet Wichai Boontum. Er ist sechsundfünfzig, hat grau melierte Haare, einen aufmerksamen Blick und eine leutselige Art. Da er seit sechsunddreißig Jahren dieselbe Route fährt, beobachtet er auch im übertragenen Sinn die Stationen im Leben seiner Fahrgäste: Er hat miterlebt, wie sie erwachsen wurden, sich verliebten, Karriere machten oder finanziell Schiffbruch erlitten, Kinder zeugten, starben. Ein Junge, der dazu neigte, auf der Rückbank einzuschlafen, ist heute ein erfolgreicher Lehrer. Am Neujahrstag schenken ihm seine Fahrgäste Kalender und Süßigkeiten.

Während wir darauf warten, dass die Ampel auf Grün umschaltet und der Bus wie ein Drache mit Bauchgrimmen ächzt und bebt, frage ich ihn, wie sich sein Fahrstil im Lauf der Jahre verändert hat. »Oh, ich fahre erheblich besser, seit ich älter bin«, erwidert er. »Meine Reflexe sind noch ganz gut und ich habe den Bus nach wie vor unter Kontrolle, aber ich bin viel ruhiger und umsichtiger geworden, was unerlässlich ist, wenn man den mörderischen Verkehr in Bangkok überleben will.«

Boontum ist kein Einzelfall. Auch er wird, wie viele von uns, irgendwann den Punkt erreichen, an dem sich das Sehvermögen, die Reflexe, die Kraft und die Fähigkeit, Geschwindigkeiten einzuschätzen, so weit verschlechtert haben, dass wir zu einer Bedrohung im Straßenverkehr werden. Daher stammt das Klischee vom tatterigen Fahrer. »Man sollte nie betrunken am Steuer sitzen oder während der Fahrt das Handy benutzen. Das ist fast so gefährlich wie nüchtern Auto fahren, wenn man über sechzig ist«, pflegt man in Bangkok zu scherzen. Doch das Klischee ist irreführend und der Scherz eine boshafte Unterstellung. Wie so viele andere Dinge im Leben gehört das Autofahren zu den Fähigkeiten, die uns auch nach dem sechzigsten Geburtstag erhalten bleiben, weil wir imstande sind, die altersbedingten Einschränkungen zu kompensieren. Hinter dem Steuer werden wir umsichtiger, was unsere Sicherheit im Straßenverkehr erhöht, auch wenn wir ein Ärgernis für einige ungeduldige Autofahrer darstellen. Aus den Akten der britischen Verkehrspolizei geht hervor, dass die Wahrscheinlichkeit, einen Fußgänger anzufahren, bei Fahrern unter fünfundzwanzig doppelt so hoch ist wie bei Veteranen über siebzig.[14] Der Mann, der in Bangkok mit seinem Bus den chinesischen Garküche-Karren rammte, war unter dreißig. Boontum fährt seit mehr als zehn Jahren unfallfrei.

Kurz nach Beginn der Fahrt hält er an einer belebten Straßenkreuzung. Um seine Route fortzusetzen, muss er drei Fahrbahnen mit entgegenkommendem Verkehr kreuzen. In Bangkok sind solche Augenblicke oft der Auftakt zu einem ohrenbetäubenden Hupkonzert, kreischenden Bremsen, rüden Gesten und Zusammenstößen. Als im Verkehr eine kleine Lücke entsteht, schüttelt Boontum den Kopf und sagt: »Ein jüngerer Fahrer würde jetzt vermutlich das Risiko eingehen und vorpreschen, aber ich nicht.« Stattdessen wartet er, der rechte Fuß schwebt geduldig über dem Gaspedal. Als sich eine weitere Lücke im Verkehr auftut, merke ich, dass ich ihn am liebsten angetrieben und gesagt hätte: »Mach schon, du schaffst das!« Aber Boontum lässt sich nicht beirren. Als sich endlich ein größerer Zwischenraum bietet, tritt er aufs Gaspedal und kreuzt souverän drei Fahrbahnen. Ein paar Blocks weiter nimmt ihm ein Taxifahrer die Vorfahrt, aber Boontum lacht stillvergnügt in sich hinein und bedenkt den Übeltäter mit einem ironischen Abwinken. »Die Taxis sind am schlimmsten«, sagt er. Diese Gelassenheit, die ihn davor bewahrt, in Verkehrsunfälle verwickelt zu werden, kommt ihm auch im Umgang mit erzürnten Fahrgästen zugute. Einmal war es ihm gelungen, einen verbalen Schlagabtausch zwischen einem Pärchen zu entschärfen, das in Handgreiflichkeiten auszuarten drohte. »Seit ich älter bin, kann ich mich gut auf andere Menschen einstellen«, sagt er. »Da ich meine eigenen Gefühle auch in der Hitze des Gefechts unter Kontrolle habe, kann ich eher dafür sorgen, dass die Leute friedlich bleiben.«

Als wir in vorgeschriebener Geschwindigkeit eine der breiten Prachtstraßen der Metropole entlanggondeln und von anderen Bussen überholt werden, blicke ich mich um, mustere die übrigen Fahrgäste, um ihre Stimmung einzuschätzen. Reagieren sie frustriert auf die langen Wartezeiten und das gemächliche Tempo? Oder sind sie erleichtert, weil sie sich während der Fahrt nicht am Sitz festkrallen müssen? Sie wirken zufrieden, schauen auf ihr Handy oder aus dem Fenster. Boontum errät, was mir durch den Kopf geht, und liefert mir seine eigene Antwort. »In dieser Stadt sind alle in Eile«, sagt er. »Aber niemand will sterben, weil jemand rücksichtslos fährt.«

Boontums lange berufliche Laufbahn als Busfahrer in Bangkok sollte für uns alle tröstlich sein. Die Geduld, Gelassenheit und Empathie, die er im fortgeschrittenen Alter entwickelt hat, sind ein Gewinn in seinem Metier. Studien belegen, dass die Produktivität in Arbeitsbereichen, in denen soziale Kompetenz unabdingbar ist, mit dem Alter wächst.[15] Als Forscher die Leistungen der Belegschaft in der Telefonreservierungszentrale der amerikanischen Days-Inn-Hotelkette verglichen, stellten sie fest, dass sich die älteren Mitarbeiter länger auf Gespräche mit den Anrufern einließen.[16] Sie machten Bemerkungen über das Wetter, über die Geräusche von Kindern im Hintergrund oder hörten sich, ohne zu unterbrechen, deren Urlaubspläne an. Zeitverschwendung auf Kosten des Unternehmens? Falsch. Die älteren Mitarbeiter konnten mehr Buchungen vorweisen und trugen in stärkerem Maß zu den Einnahmen der Hotelkette bei – was nach Ansicht der Forscher auf ihre Geduld und Kontaktfreudigkeit zurückzuführen war.

Für Barbara Jones aus Prescott, Arizona, ist das eine sinnvolle Strategie. Sie arbeitet von zu Hause, verkauft im Auftrag einer großen Agentur in New York Lebens-, Kranken- und Immobilienversicherungen und betreut die Kunden. Um am Telefon oder per E-Mail einen Vertrag abzuschließen, muss sie in der Lage sein, aufmerksam zuzuhören, zwischen den Zeilen zu lesen, auch einmal Interesse an Dingen vorzugeben, die sie langweilen, eine Beziehung aufzubauen, immer den richtigen Ton zu treffen und gezielt auf die individuellen Kundenbedürfnisse einzugehen. Mit neunundsechzig gelingt ihr das besser als jemals zuvor. »Ich hatte schon immer ein intuitives Gespür für Menschen, doch das ist mit dem Alter noch erheblich besser geworden.«

Jones führt ihre hohe Sensibilität auf zwei Faktoren zurück. Erstens, jahrelange Übung, zweitens, die altersbedingte Entschleunigung; sie hat die Ungeduld ihres jüngeren Selbst gezügelt. »Früher habe ich andere schneller beurteilt und abgeschrieben«, gesteht sie. »Heute bin ich bei jedem Gespräch bestrebt, etwas über die wahren Motive hinter dem Verhalten und der Denkweise eines Menschen herauszufinden. Statt von der Annahme auszugehen, dass ich weiß, was der Kunde braucht oder wünscht, höre ich genau zu und wiederhole den Inhalt der Frage oder Bitte, um abzuklären, ob ich ihn richtig verstanden habe. Wenn man sich Zeit für jemanden nimmt, hat man nicht nur mehr Chancen, einen Abschluss unter Dach und Fach zu bringen, sondern kann den Kunden auch dauerhaft binden, kann mit seinem Vertrauen und seiner Loyalität rechnen.«

Unlängst konnte Jones dank ihrer Arbeitsweise Lorbeeren ernten, eine Ermutigung für ältere Arbeitnehmer in gleich welchem Metier. Es begann damit, dass ihr die Versicherungsgesellschaft einen äußerst schwierigen Kunden zuwies. »Er verlangte alle nur erdenklichen Informationen, aber hörte nicht zu, wenn ich ihm etwas erklärte. Und dann schickte er mir pausenlos kurze, abrupte E-Mails mit endlosen Forderungen. Er war ständig auf dem Sprung, ließ mich nicht zu Wort kommen.« Jones blieb gelassen, genau wie Boontum. Nachdem sie sich Zeit genommen hatte, um in Ruhe nachzudenken, setzte sie eine

E-Mail auf, in der sie klar und präzise auf alle Fragen und Bedenken des Kunden einging. Sie benutzte Abschnitte und ganze Sätze, wählte ihre Formulierungen sorgfältig und schlug einen freundlichen, konzilianten Ton an. Die Mühe zahlte sich aus: Der Kunde unterschrieb auf der gestrichelten Linie, und die Versicherungsgesellschaft empfahl allen Kundendienstmitarbeitern ihre E-Mail als Vorlage.

Die Welt hat großen Bedarf an Menschen mit sozialen Fähigkeiten. Kooperation, Teamwork, kulturübergreifender Austausch, Verhandlungsgeschick, die Kunst der Überzeugung sowie Aufbau und Pflege sozialer Netzwerke sind das Lebenselixier der modernen Arbeitswelt. Seit 1980 haben Wirtschaftssparten, in denen Sozialkompetenz einen hohen Stellenwert besitzt, mehr Arbeitsplätze geschaffen und eine bessere Bezahlung eingeführt.[17] Diese Entwicklung scheint sich fortzusetzen oder sogar noch zu beschleunigen, da Tätigkeiten, die weniger menschliche Interaktionen erfordern, automatisiert oder von Künstlicher Intelligenz erledigt werden können. Das bedeutet, dass sich die Welt in einer Weise verändert, die soziale Fähigkeiten in den Vordergrund rückt; genau diese aber entwickeln sich mit zunehmendem Alter, sodass der Altersboom ein Segen statt eine Bürde für die Gesellschaft sein kann.

Ein weiteres altersfeindliches Ammenmärchen, das ausgedient hat, ist die Behauptung, die Arbeitsmoral lasse mit dem Alter nach und nur die Jungen hätten »Biss«. Towers Perrin, eine professionelle Dienstleistungsfirma, stellte im Rahmen einer Umfrage unter 35 000 Mitarbeitern von mittelständischen und großen US-Unternehmen fest, dass Belegschaftsmitglieder über fünfzig in stärkerem Maß als ihre jüngeren Kollegen motiviert waren, die »Leistungserwartungen zu übertreffen«.[18] L. L. Bean, ein US-amerikanisches Einzelhandelsunternehmen, hält aus zwei Gründen große Stücke auf seine älteren Arbeitnehmer: Erstens trägt ihre Sozialkompetenz dazu bei, den guten Ruf seines Kundenservice zu bewahren, der mit Gold nicht aufzuwiegen ist. Zweitens ist ihre unerschütterliche Arbeitsmoral ein Musterbeispiel für jüngere Belegschaftsmitglieder.[19]

Wenn ältere Menschen eine sinnvolle Arbeit verrichten, lassen sie besonders viel Eigeninitiative erkennen.[20] Mac denkt bis heute nicht daran, sich auf seinen Lorbeeren auszuruhen. Abgesehen von seiner Tätigkeit als Cartoonist verleiht er gerade einem Kinderbuch den letzten Schliff und plant weitere Veröffentlichungen. »Da ich mit einundachtzig immer noch einige unerfüllte Träume habe, gebe ich mir die allergrößte Mühe, sie zu verwirklichen«, sagt er. Statt sich nach einer Piña Colada am Pool zu sehnen, spornt ihn die Arbeit jüngerer Cartoonisten, die nach seinen Fersen schnappen, an. »Ich habe wie eh und je das Bedürfnis, mich im Wettbewerb mit ihnen zu messen«, erklärt er mit einem breiten Grinsen. »Jeden Tag, wenn ich an meinem Schreibtisch sitze, versuche ich, mein Bestes zu geben.« In einer Welt, in der Menschen alle Nase lang ihren Job wechseln, können ältere Mitarbeiter eine kluge langfristige Investition darstellen, weil sie im Gegensatz zu ihren jüngeren Entsprechungen weniger geneigt sind, vorzeitig von Bord zu gehen. Mac zeichnet seit 1971 Cartoons für die *Daily Mail*.

Es ist an der Zeit, das Problem ins Visier zu nehmen, sprich die Arbeitnehmer, für die angeblich keine Verwendung mehr besteht, weil die altersbedingte Einbuße der »Datenverarbeitungsgeschwindigkeit« hohe Folgekosten verursacht. Ist das der Todesstoß? Die Antwort lautet: Nein. Zugegeben, das ältere Gehirn braucht länger, um bestimmte Gedächtnisinhalte abzurufen, Informationen zu speichern und mathematisch geprägte Probleme zu lösen. Das führt zwar zu einer niedrigeren Punktezahl unter Testbedingungen, doch der Schaden, der dadurch in der realen Welt entsteht, ist nicht der Rede wert. Das liegt daran, dass trotz aller Macho-Rhetorik nach dem Motto »Ich bin schneller als du« die Geschwindigkeit in den meisten Tätigkeitsfeldern nicht das A und O ist: Der richtige Weg führt oftmals eher zum Ziel als der kürzeste Weg. Umgekehrt erfordern die meisten Tätigkeiten unterschiedliche kognitive Fähigkeiten, was bedeutet, dass ein älteres Gehirn in der Lage ist, auf seine persönlichen Stärken zurückzugreifen – beispielsweise größere Genauigkeit – um das Geschwindigkeitsdefizit auszugleichen.

Unter Testbedingungen, beispielsweise im Simulator, erinnern sich junge Piloten besser an die Anweisungen bezüglich des Luftverkehrs als ältere.[21] Doch in einem echten Cockpit setzt die alte Garde sie erfolgreicher um. Wie das? Sie halten sich an die schriftlichen Aufzeichnungen und ihre langjährige Flugerfahrung, auf die sie zurückgreifen können. Als Wirtschaftswissenschaftler des Max-Planck-Instituts die Leistungen von 3800 Fließbandarbeitern in einer Produktionsstätte von Mercedes Benz über einen Zeitraum von vier Jahren beobachteten, stellten sie fest, dass die älteren Belegschaftsmitglieder durchaus mit ihren jüngeren Kollegen Schritt halten konnten, weil ihnen weniger schwerwiegende Fehler unterliefen.[22] Eine ähnliche Studie, an der Schreibkräfte zwischen neunzehn und zweiundsiebzig Jahren teilnahmen, ergab, dass die älteren zwar langsamer tippten, aber die Aufgaben in der gleichen Zeit wie ihre jüngeren Kollegen verrichteten. Genau wie ein Sportveteran ein jüngeres, schnelleres Teammitglied in den Schatten stellen kann, indem er die Absichten der Spieler und die typischen Spielverläufe erkennt, blickten die reiferen Jahrgänge unter den Schreibkräften im Text weiter voraus, tippten gleichmäßiger und machten weniger Fehler.[23] Ein altes Sprichwort lautet: Gut Ding will Weile haben. »Das menschliche Gehirn ist ungemein einfallsreich, wenn es gilt, die altersbedingten Veränderungen zu kompensieren«, sagt Ursula Staudinger, Leiterin des Robert N. Butler Columbia Aging Center in New York. »Und das bedeutet, dass wir unsere kognitiven Fähigkeiten bis ins hohe Alter bewahren können.«

Einige Menschen haben sogar das Glück, mit den Jahren noch einen Gang hochschalten zu können. Judith Kerr – Autorin und Illustratorin eines meiner liebsten Kinderbücher über den Kater Mog (*Ein Tiger kommt zum Tee*), das ich meinen Kindern gefühlte tausend Mal vorgelesen habe, ohne dass es etwas von seinem Zauber oder Glanz eingebüßt hätte – arbeitete bis zuletzt an ihrem neuen Buch (*The Curse of the School Rabbit*), als sie im Mai 2019 mit fünfundneunzig Jahren starb.[24] Eine steife Hüfte erschwerte ihr zuletzt das Gehen, aber auf der kognitiven Ebene blieb sie bis zum Ende fit. »Es heißt, dass man mit dem Alter langsamer wird, aber bei mir scheint das Gegenteil der Fall zu sein. Ich werde schneller. Und besser, finde ich.«

Als ich Velma Bascome davon berichte, nickt sie. »Ich habe auch das Gefühl, dass ich besser werde, seit ich mehr über das Stricken weiß«, sagte sie. »Ich konnte die Abgabetermine für meine Strickanleitungen immer einhalten, aber inzwischen bin ich noch schneller geworden.«

Selbst in den Spielcasinos von Las Vegas, wo eine rasche Auffassungsgabe den Unterschied zwischen einem Leben auf großem Fuß und dem Verlust von Haus und Hof bedeuten kann, sind die Best Ager in ihrem Element. 2017 kam der vierundsechzigjährige britische Wohnwagenverkäufer John Hesp in das Eldorado des Glücksspiels, um an einem der berühmtesten Poker-turniere der Welt teilzunehmen, in dem traditionsgemäß die jungen Spieler führend sind. Er besiegte einige Tausend Rivalen, Profis eingeschlossen, landete auf dem vierten Platz und strich ein Preisgeld in Höhe von 2,6 Millionen Dollar ein.

Die Spielcasinos der Stadt sind auch Tummelplatz für Le-gionen ergrauter Angestellter, die als Kartengeber und Croupi-ers ihr Geld verdienen. Der einundfünfzigjährige Michael Bar-low arbeitet seit sechzehn Jahren an den Craps-Tischen in einer der führenden Luxushotelanlagen am »Strip«. Bei unserer ers-ten Begegnung ist er gerade damit beschäftigt, ein Spiel zu be-aufsichtigen. Acht Spieler haben an dem runden Tisch Platz genommen, rauchen, halten einen Drink in den Händen und feuern eine junge Frau an, die würfelt. Im Hintergrund ertönt der hämmernde Sound klassischer Rockmusik. Jedes Mal, wenn der Würfel zum Stillstand kommt, überschlägt Barlow die Wett-einsätze auf dem Tisch, sammelt die Chips der Verlierer ein und schiebt den Gewinnern ihren Anteil zu. Darüber hinaus muss er die Spieler ständig im Auge behalten, um sicherzugehen, dass niemand mehr die Chips bewegt, nachdem die Würfel gefallen sind. »Beim Craps laufen viele Dinge gleichzeitig ab und man muss ständig aufpassen wie ein Schießhund«, sagt er.

Die gute Nachricht für Barlow – und für uns alle – ist, dass die Erfahrung zu erheblichen Leistungssteigerungen führen kann. Solange wir uns nicht allzu weit vom vertrauten Tätigkeitsfeld entfernen, verbessern wir damit unsere Fähigkeit, Abkürzungen zu entdecken, die uns ans Ziel führen, und uns neue Tricks anzu-eignen. Nach einaeinhalb Jahrzehnten am Craps-Tisch ist Barlow imstande, viele Wettkonstellationen im Bruchteil von Sekunden zu verarbeiten, weil er sie so oft gesehen und in seinem Gedächt-nis abgespeichert hat. Seine Erfahrung erleichtert ihm darüber hinaus, auch solche Wetten zu entschlüsseln, die ihm nicht vertraut sind. Und sie hilft ihm bei seiner persönlichen Version vom Liegestütz mit Hockstrecksprung, indem er in seiner Freizeit sämtliche Wettmöglichkeiten, die er sieht, aufzeichnet und hin und wieder einen Blick darauf wirft. Mit seinem ausladenden Bauch erweckt er den Eindruck, der Letzte zu sein, der den Ausgang erreicht, wenn das Casino brennt, aber sein Gehirn reagiert blitzschnell. »Wenn überhaupt, dann bin ich im Kopfrechnen noch ein wenig schneller geworden als in jungen Jahren«, sagt er. »Solange ich gesund bleibe, kann ich meinen Job vermutlich noch weitere zwanzig Jahre machen. Der Gedanke, dass es mit vierzig oder fünfzig bergab geht, ist lächerlich.«

Immer mehr Studien gelangen zu der gleichen Schlussfolgerung, und sie trifft auf die meisten beruflichen Tätigkeiten zu. Peter Cappelli ist Professor für Management an der Wharton School, die der University of Pennsylvania angeschlossen ist, und ein Experte im Bereich Humanressourcen. Während der Recherche zu seinem Buch *Managing the Older Worker* hielt er überall nach Indizien dafür Ausschau, dass der Alterungsprozess die Leistung am Arbeitsplatz untergräbt – und fand keine. »Ich dachte, das Bild sei eher gemischt, aber das ist nicht der Fall«, sagte er. »Jeder Aspekt der beruflichen Leistungsfähigkeit wird mit dem Alter besser.«

Das könnte erklären, warum gerade die älteren Firmengründer in der Welt der Start-ups so oft zum Höhenflug ansetzen. Als ich das erste Mal den Ausdruck »Seniorpreneur« hörte, war meine Reaktion darauf ein spöttisches Lächeln. Schließlich heißt es in der Mainstream-Kultur, dass Unternehmergeist genau wie Lernen und Kreativität den Jungen vorbehalten ist, Erfahrung über-bewertet wird und ältere Menschen von Haus aus allergisch auf Risiken reagieren. Doch das war schon immer blanker Unsinn. Teenager und Youngster unter dreißig, die Powermahlzeiten in Pulverform zu sich nehmen, hatten noch nie ein Monopol auf erfolgreiche Firmengründungen. Jimmy Wales und Jan Khoum galten mit Mitte dreißig in der Szene schon als »alte Hasen«, als sie Wikipedia beziehungsweise WhatsApp ins Leben riefen. Vierzigjährige gründeten den Halbleiterhersteller Intel, den Browserspiele-Hersteller Zynga, die US-amerikanische Anzeigenwebsite Craigslist und den internationalen Carsharing-Anbieter Zipcar; Fünfzigjährige legten einen Senkrechtstart mit Coca-Cola und McDonald's hin. Harland Saunders gründete mit Mitte sechzig die US-amerikanische Fastfood-Kette Kentucky Fried Chicken (KFC).

Der Verdacht, mit zunehmendem Alter verringere sich die Risikobereitschaft, besteht schon seit grauer Vorzeit.[25] Im 4. Jahrhundert erklärte Johannes Chrysostomus, ein Prediger der frühchristlichen Kirche: »Das Alter macht uns feige.« Ist das so? Neuere Forschungen lassen ein facettenreicheres Bild erkennen. Einige Neurowissenschaftler glauben, die Drosselung der Dopamin-Produktion im alternden Gehirn könne bewirken, dass wir vor Aktivitäten zurückschrecken, die große Gewinne versprechen, aber auch große Risiken beinhalten. Eine taiwanesische Studie fand heraus, dass ältere Vorgesetzte dazu neigen, kühne Veränderungen abzulehnen, die einen Bruch mit der Tradition herbeiführen. Andererseits stellte eine französische Studie fest, dass der Alterungsprozess unsere Abneigung gegen Risiken keineswegs verstärkt, weder am Arbeitsplatz noch unter Testbedingungen. Umfragen, die vom Global Entrepreneurship Monitor (GEM) – einem Forschungskonsortium, das Gründungsaktivitäten dokumentiert – in hundertvier Ländern durchgeführt wurden, deuten darauf hin, dass die Firmengründer mit der größten Risikobereitschaft in der Gruppe der Fünfundsechzig- bis Achtzigjährigen zu finden sind.[26] Andere Forschungsergebnisse lassen darauf schließen, dass sich die Risikotoleranz von Person zu Person unterscheidet, aber konstant bleibt, wenn wir altern.[27] Klar ist, dass der Alterungsprozess nicht automatisch jeden in einen Hasenfuß verwandelt. Christopher Columbus war fünfzig, als er zu seiner letzten Atlantiküberquerung aufbrach. Nach der Kernschmelze im Reaktor von Fukushima 2011 meldeten sich Hunderte in die Jahre gekommene Japaner, die bereit waren, die gefährlichen Aufräumarbeiten zu übernehmen. Betty Bromage, die in einem Seniorenheim in der englischen Stadt Cheltenham lebt, ließ den gleichen Wagemut erkennen, als sie Ende achtzig mit dem Wingwalking, also mit Stuntvorführungen auf Flugzeugtragflächen, begann. Von einem Reporter nach dem Risiko befragt, konterte sie: »Und was für eine Rolle spielt das mit achtundachtzig?«

Falls überhaupt, sind die Jungen oft weniger darauf versessen, sich als Freibeuter zu profilieren. Als GEM eine Meinungsumfrage unter Achtzehn- bis Neunundzwanzigjährigen durchführte, die eine unternehmerische Chance entdeckt hatten, gestanden zwei von fünf Befragten, dass die Angst, zu scheitern, sie am nächsten Schritt, der Gründung einer eigenen Firma, hindere.[28] Ob dieser Mangel an Wagemut den hohen Tilgungsraten für Studienkredite, den Nachwehen der Finanzkrise, der dürftigen Altersvorsorge oder dem übermäßig behütenden Elternhaus geschuldet ist, ist unklar. Klar ist, dass ältere Semester die Lücken nun ausfüllen. Die Kauffman Foundation, eine Denkfabrik, die sich der Erforschung von Bildungsprojekten und unternehmerischen Aktivitäten widmet, hat herausgefunden, dass heute die Altersgruppe der Vierzigjährigen die Speerspitze der Firmengründungen in den USA bildet. In Großbritannien wagten die über Fünfzigjährigen schneller den Sprung in die Selbstständigkeit als die Angehörigen aller anderen Altersklassen. In Korea führen Konzerne wie Hyundai Programme ein, die älteren Arbeitnehmern den Weg in die Selbstständigkeit ebnen. Für die reifen Jahrgänge ist die Firmengründung keineswegs eine Pro-forma-Angelegenheit. Überall nutzen sie die Vorteile ihres Alters – Expertise, Sozialkompetenz, Ersparnisse, Verbindungen, Erfahrungen, strategisches Denken oder die Fähigkeit, das große Ganze im Blick zu behalten, schöpferischen Elan, Problemlösungskompetenz –, um blühende Unternehmen aus dem Boden zu stampfen. Eine Studie, an der 2,7 Millionen Firmen teilnahmen, die zwischen 2007 und 2014 in den USA gegründet wurden, kam zu einem Ergebnis, das allen jenseits der vierzig als Ansporn dienen sollte: »Es gab keinen Beleg dafür, dass die Erfolgswahrscheinlichkeit von Firmengründern zwischen dem zwanzigsten und dreißigsten Lebensjahr besonders hoch wäre«, erklärten die Autoren. »Im Gegenteil, alles deutet darauf hin, dass die Erfolgreichsten zum Zeitpunkt der Gründung in mittlerem Alter oder älter waren.«[29] In Australien konnten die Senioren unter den Firmengründern im Vergleich zu ihren jüngeren Entsprechungen mehr als das Doppelte der Gewinne ausweisen.[30]

Ein Beispiel dafür ist Jenny Holten. 2017 begab sie sich mit neunundsechzig Jahren in die australische Version der Reality-Fernsehserie *Die Höhle der Löwen*, einer Serie, die in Deutschland auf Vox läuft und in der sich Unternehmer oder Unternehmensgründer um eine kräftige Finanzspritze bewerben. Jenny Holten brauchte sie für ihre Bäckerei. Die Löwen sahen eine ältere Frau mit einem sanftmütigen Lächeln vor sich und waren entschlossen, nicht zu investieren – bis sie erfuhren, dass der Verkauf ihrer glutenfreien Brote in den Einzelhandelsgeschäften mehr als das Siebenfache der Selbstkosten einbrachte. Holden verließ das Studio mit einer Investition von 350 000 Australischen Dollar im Tausch für einen Firmenanteil von fünfundzwanzig Prozent.

Selbst in der Techno-Welt mit ihrem Jugendkult drehen immer mehr Menschen der Idee, mit vierzig »am Ende« zu sein, eine lange Nase. Ein Beispiel ist Yosi Glick. Im Zuge seiner Tätigkeit als Softwareingenieur einer israelischen Firma, die online TV-Guides erstellte, war er verärgert über die Eingleisigkeit der Video-Suchmaschinen. Gab man den Begriff »alien« ein, erschienen sämtliche Filme oder Fernsehsendungen mit »alien« im Titel – und das wars. Glick träumte von der Entwicklung einer differenzierten Suchmaschine, die Stil, Stimmung, Ton, Handlungsablauf und Struktur des Inhalts berücksichtigte. Mit anderen Worten, man sollte »Sex, Action, Historisch« oder »ähnlich wie Big-Bang-Theorie« eingeben können und Titel angezeigt bekommen, die genau diesen Beschreibungen entsprechen.

Wie viele Firmengründer mit Unternehmergeist und einem Floh im Ohr hängte Glick seinen Job an den Nagel, um ein Jahr an seiner Geschäftsidee zu feilen und ein Team zusammenzustellen, das sie mithilfe der noch zu entwickelnden Technologie zum Leben erwecken sollte. Das Unterfangen erwies sich als mörderische Plackerei. Alle machten Überstunden, und das Budget war unerträglich knapp. Fast jede Woche flog Glick in der Economy-Klasse um die Welt, um Verhandlungen mit potenziellen Investoren und Geschäftspartnern zu führen. Doch schließlich zahlte sich die Schinderei aus. 2011 lüftete Glick den Schleier des Geheimnisses um Jinni, die weltweit erste Such- und Empfehlungsmaschine, »die sich an den individuellen Vorlieben orientiert« und heute von Content-Königen wie dem US-Kabelnetzbetreiber Comcast, Spielkonsolen wie Xbox und Telekommunikationsunternehmen wie Telus und Telefónica verwendet wird.

Als er seinen Heureka-Moment hatte, war Glick alles andere als der typische Firmengründer. Statt zwanzig mit Flip-Flops war er neunundvierzig mit Bauch, einer fünfköpfigen Familie und einer Vorliebe für dunkle Anzüge. Außerdem holte er keine Jungspunde ins Team, die weder Tod noch Teufel fürchteten: Keiner seiner Mitarbeiter war unter dreißig und der Chefkonstrukteur war 50plus. »Wir waren ein Unternehmen, das aus übergewichtigen alten Leuten bestand«, sagte Glick lachend. Inzwischen ist er neunundfünfzig und verspürt das Bedürfnis, noch einmal in den Start-up-Pool zu springen – das Alter ist das Letzte, was ihn davon abhalten würde. Sein Rat an alle, die sich von der Zuckerberg-Doktrin entmutigt fühlen: »Das Alter ist keine Barriere für den unternehmerischen Erfolg.«

Auf meine Frage, was ihm einen Vorteil gegenüber jüngeren Firmengründern verschafft hat, antwortet er mit einem einzigen Wort: Erfahrung. In den vielen Jahren der Arbeit für Unternehmen, die TV-Guides herstellen, hat er das Geschäft von der Pike auf gelernt. Er wusste, wie Video-Content-Datenbanken funktionieren, kannte ihre Stärken und Schwächen, hatte miterlebt, wie frühere Verbesserungsversuche abgeschnitten hatten. Er besaß die Kontakte und das Selbstvertrauen, die sich aus dem Knowhow in seinem Fachbereich herleiteten. »Es reicht nicht aus, eines Morgens aufzuwachen und sich zu sagen: ›Ich würde gerne eine Firma gründen‹«, erklärt er. »Mit einem Unternehmen, das Fischkutter herstellt, könnte ich nichts anfangen, weil ich noch nie auf einem Fischerkutter war.«

Bedeutet das, dass das Alter ein Vorteil ist?, frage ich. »Absolut«, erwidert Glick. »Ich bin der Meinung, dass es einige Probleme im Unternehmen gibt, die man nur dann lösen kann, wenn man über fundiertes Wissen und Expertise in seinem Fachbereich verfügt – Fähigkeiten, die auf Erfahrung beruhen und die man erst dann gesammelt hat, wenn man älter und klüger geworden ist.«

Erfahrung veraltet nie. In einer Krise ist sie oft für den Unterschied zwischen der richtigen und der falschen Entscheidung verantwortlich, die im Bruchteil von Sekunden getroffen werden muss. 2009 geriet eine Maschine von US Airways kurz nach dem Start vom LaGuardia-Flughafen in New York in einen Schwarm kanadischer Wildgänse. Bei dem Zusammenprall wurden beide Triebwerke beschädigt. Da sich keine Landebahn in Reichweite befand, blieb der Cockpitcrew keine andere Wahl als eine Notlandung mitten auf dem Hudson River. »Die spektakulärste Notwasserung in der Geschichte der Luftfahrt«, hieß es von offizieller Seite. Chesley Burnett Sullenberger III, der Pilot, war kein junger Draufgänger frisch aus der Flugschule: Er war achtundfünfzig Jahre alt. Im Abschlussbericht der Untersuchungskommission der Luftfahrtbehörde galt das »Wunder auf dem Hudson« als Beleg für den Wert der Erfahrung. Sechs Jahre später hob Japan das Höchstalter für die Piloten von kommerziellen Fluggesellschaften auf siebenundsechzig Jahre an.

Die Anhebung des Renteneintrittsalters mag für diejenigen gut sein, die länger arbeiten möchten oder müssen, aber was ist mit den anderen? Ist der Altersboom eine Hiobsbotschaft für die jungen Menschen, die einen Arbeitsplatz suchen? Zum Glück nicht. Die gängige Meinung, dass ältere Arbeitnehmer den jüngeren die Jobs wegnehmen, ist falsch. Beschäftigung ist kein

Nullsummenspiel, weil die Anzahl der Arbeitsplätze in der Wirtschaft nicht festgeschrieben ist. Wenn Menschen – welcher Altersgruppe auch immer – in Brot und Lohn stehen, geben sie ihre Einkünfte aus und schaffen somit Arbeitsplätze für andere. Die zuvor geschilderte Präsentation im Londoner Shoreditch ist nur ein Beispiel für den wachsenden Pool älterer Konsumenten, die Innovationen in der Technologie und im Produkt- und Dienstleistungssektor ankurbeln. Die Organisation für wirtschaftliche Zusammenarbeit und Entwicklung (OECD) hat darauf hingewiesen, dass es in Ländern mit einem hohen Prozentsatz älterer Arbeitnehmer auch eine höhere Anzahl junger Leute gibt, die einen Arbeitsplatz haben.[31]

Die meisten von uns müssen länger arbeiten als unsere Eltern und Großeltern, aber um wie viel länger, das ist nicht klar. Warum? Weil es so viele veränderliche Größen gibt, die Entwicklung unserer Gesundheit, Produktivität und Sparkultur eingeschlossen. Aber die aktuellen Schätzwerte sind keineswegs so alarmierend, wie Sie vielleicht denken. Im Rahmen des National-Transfer-Accounts-Projekts versuchen Wissenschaftler aus mehr als fünfzig Ländern, die Auswirkungen einer alternden Bevölkerung auf die öffentlichen Finanzen vorherzusagen. Eine Prognose lautet, dass die Industriestaaten die Kosten der Revolution der Lebensdauer decken können, wenn sie das Renteneintrittsalter bis 2050 in jedem Jahrzehnt um jeweils zwei bis zweieinhalb Jahre anheben. Angesichts dessen, dass sich die durchschnittliche Lebenserwartung der Fünfundsechzigjährigen in den reichen Ländern der Welt auf Mitte achtzig erhöht hat, sind die Aussichten demnach schlecht, bis zum letzten Atemzug Frondienste wie die Anhänger der Stachanow-Bewegung zu leisten, die der Steigerung der Arbeitsproduktivität dienten.

Um die Anhebung des Renteneintrittsalters so schmerzlos

wie möglich zu gestalten, muss die Arbeitswelt Senioren willkommen heißen – und die ersten Anzeichen dieses Sinneswandels zeichnen sich bereits ab. Zukunftsorientierte Firmen sind bemüht, Altersdiskriminierung bei der Einstellung neuer Mitarbeiter zu vermeiden. Einige verwenden Algorithmen, um Vorurteile herauszufiltern; andere führen Einstellungsgespräche per Telefon statt von Angesicht zu Angesicht, um Vorurteilsfreiheit zu gewährleisten. Credit Suisse, Morgan Stanley, JPMorgan Chase, Goldman Sachs und andere Finanzunternehmen haben Umschulungen oder Berufspraktika für diejenigen eingeführt, deren Zeiger auf der Karriereuhr schon ein Stück vorgerückt sind. Barclays hat seine Ausbildungsprogramme für Kandidaten über fünfzig geöffnet; man geht davon aus, dass ältere Mitarbeiter, die ihre Lebenserfahrung und Sozialkompetenz einbringen, hervorragende Kreditberater abgeben. Die Bank hat außerdem wie andere führende britische Unternehmen, beispielsweise Co-op und Boots, eine von der Regierung unterstützte Petition unterschrieben und sich damit verpflichtet, Daten über das Alter ihrer Mitarbeiter zu veröffentlichen und die Anzahl der Belegschaftsmitglieder über fünfzig bis zum Jahr 2022 um zwölf Prozent zu erhöhen.

Seit sich das Blatt zugunsten älterer Mitarbeiter zu wenden beginnt, locken Unternehmen überall auf der Welt mit einfallsreichen Angeboten, um ihnen die Arbeit im fortgeschrittenen Alter schmackhaft zu machen. Banken wie Santander, Heritage und Westpac gestatten ihren Mitarbeitern, unbezahlten Urlaub zu nehmen, um Enkelkinder und betagte Angehörige zu betreuen. In den USA hat der Pharmakonzern CVS das »Schneevogel-Programm« eingeführt, das älteren Belegschaftsmitgliedern aus den kälteren Staaten im Norden des Landes ermöglicht, während der Wintermonate in einer der Niederlassungen in den wärmeren Südstaaten zu arbeiten. Die Marriott-Hotelkette ermutigt ihre älteren Mitarbeiter, regelmäßig in Aufgabenbereiche überzuwechseln, die körperlich weniger belastend sind: Techniker, die schwer heben müssen, können beispielsweise einen Tag pro Woche im Innendienst verbringen. Atlantic Health Systems, ein gemeinnütziges privates Gesundheitsunternehmen mit Sitz in Morristown, New Jersey, hat einen Ehemaligen-Club ins Leben gerufen, der Ruheständlern die Möglichkeit bietet, für maximal tausend Stunden im Jahr wieder in den Schoß der »Familie« zurückzukehren. In Japan haben immer mehr Firmen, unter anderem auch Daiwa House Industry, die größte Wohnungsbaugesellschaft des Landes, das vorgeschriebene Renteneintrittsalter angehoben oder ganz aufgehoben. »Wir halten es für die Pflicht unseres Unternehmens, die Lebens- und Zukunftsplanung unserer Mitarbeiter zu berücksichtigen«, sagt Yoshio Saeki, Personalchef des Unternehmens. »Wir bemühen uns, die Optionen für unsere Mitarbeiter zu erweitern.«

Neue Arbeitskonzepte, die auf die individuellen Stärken und Bestrebungen älterer Arbeitnehmer abgestimmt sind, tauchen ebenfalls auf. Die Gig-Economy, ein Teil des Arbeitsmarktes, bei dem kleine Aufträge kurzfristig an unabhängige Freiberufler und geringfügig Beschäftigte vergeben werden, bietet genau das, wonach viele Menschen im fortgeschrittenen Alter Ausschau halten: flexible Teilzeitarbeit, bei der Karrierefortschritte keine Priorität haben und die Auftragnehmer das verdiente Geld beispielsweise für den Kauf eines Autos oder Eigenheims sparen.[32] Ein Viertel aller Uber-Fahrer ist inzwischen über fünfzig, und die am schnellsten wachsende Gruppe der Anbieter von Übernachtungsmöglichkeiten bei Airbnb ist älter als sechzig. In den USA ist jeder vierte, der nach eigenen Angaben in der sogenannten »Sharing Economy« tätig ist, das heißt, die geteilte

Nutzung von ganz oder teilweise ungenutzten Ressourcen ermöglicht, älter als fünfundfünfzig.³³ Viele Gig-Teilnehmer erhalten einen viel zu kleinen Anteil vom Kuchen, aber wenn eine gerechtere Verteilung angestrebt würde, könnte sich dieses Arbeitsmodell als echte Wohltat für Interessenten aller Altersgruppen erweisen.

Eine weitere willkommene Veränderung ist die Anhebung des »Vorruhestandsalters«. Noch vor einem Jahrzehnt stellte Sharon Emek eine Abwanderung von hoch qualifizierten Arbeitskräften in ihrer Versicherungsmaklerfirma fest, die in den USA beheimatet ist. Die Anzahl der Berufseinsteiger war in ihrer Branche rückläufig; die Jüngeren zogen es vor, ihr Glück an der Wall Street oder in Silicon Valley zu suchen. Gleichzeitig sahen sich viele Arbeitnehmer aufgrund der starren Arbeitsstättenverordnungen genötigt, früher als erwünscht in den Ruhestand zu gehen, wobei sie ihre Expertise, ihre Erfahrungen und ihren Elan mitnahmen. Emeks Lösung: Belegschaftsmitgliedern über fünfzig die Möglichkeit bieten, freiberuflich oder von zu Hause aus zu arbeiten.

Deshalb gründete sie 2010 die Initiative Work At Home Vintage Experts (WAHVE). Heute können Versicherungsunternehmen, die einen Experten in Teilzeit brauchen, auf ihre Liste zugreifen, die über 1800 Berater mit mehr als fünfundzwanzig Jahren Berufserfahrung in so unterschiedlichen Geschäftsfeldern wie Versicherungspolicen-Rating bis hin zu Haftungsausschluss-Erklärungen und Schadenregulierung umfasst. Eine Situation, von der alle profitieren. Die WAHVEr verabschieden sich vom Stress des Pendlerdaseins und der Bürointrigen und können überall ihrer Beratertätigkeit nachgehen – zu Hause, am Strand, auf einer Parkbank. Sie haben die Möglichkeit, fünfzig Stunden in der Woche oder hier und da ein paar Stunden zu arbeiten. Obwohl in jedem Alter willkommen, ist diese Flexibilität insbesondere für diejenigen reizvoll, die in späteren Jahren feststellen, dass sich ihr Lebensmittelpunkt von der Welt der Arbeit entfernt. Viele kombinieren die WAHVE-Tätigkeit mit der Betreuung von Angehörigen, dem Umzug in wärmere Klimazonen oder der Investition von mehr Zeit in eigene Projekte.

Unternehmen stellen gerne WAHVEr ein, weil sie wenig oder gar keine Ausbildung oder Einarbeitung benötigen. Als Freiberufler stellen sie einen kleineren Posten auf der Gehaltsliste dar, sind aber genauso produktiv und effizient wie ihre jüngeren, bürogebundenen Kollegen oder legen sich oft noch stärker ins Zeug. WAHVEr haben auch ein Händchen für innovative Lösungen. »Sie sind einfallsreicher, wenn es gilt, Probleme aus der Welt zu schaffen, weil sie über ein erheblich größeres Wissens- und Erfahrungsreservoir verfügen, aus dem sie schöpfen können«, sagt Emek, die einundsiebzig Jahre alt ist. »Außerdem haben sie erstaunlich viele Kontakte aufgebaut und scheuen sich nicht, sich mit den Leuten in Verbindung zu setzen, wenn sie Informationen brauchen oder ein Problem von allen Seiten beleuchten wollen.« WAHVE expandiert inzwischen branchenübergreifend und rundet die Liste der Berater mit Experten aus dem Rechnungswesen ab, auch die sind älter als fünfzig.

Statt ältere Belegschaftsangehörige aufs Abstellgleis zu schieben, rüsten andere Firmen ihre Arbeitsplätze entsprechend ihren Bedürfnissen um. BMW ist ein hervorragendes Beispiel.[34] 2007 schickte sich der Autohersteller an, seine Fertigungsstraßen in der Flaggschiff-Produktionsstätte in Dingolfing altersgerechter zu gestalten. Das Ergebnis waren siebzig innovative Veränderungen an den Arbeitsstationen. BMW führte ergonomische Stühle ein, damit einige Tätigkeiten im Sitzen ausgeführt werden konnten; höhenverstellbare Tische, die Rückenproblemen vorbeugen sollten; Holzfußböden und gewichtsangepasstes Schuhwerk, um Gelenkschäden zu vermeiden; und flexible Vergrößerungsgläser, um den Arbeitern mit schwächerem Sehvermögen den Umgang mit den kleinen Bauteilen zu erleichtern. Das Unternehmen änderte darüber hinaus seine Arbeitspraktiken, führte ein Rotationsverfahren quer durch alle Arbeitsstationen ein, um einem Burn out entgegenzuwirken, und bot auch die Teilnahme an einem Fitnesstraining an, um die Kraft und Flexibilität zu erhalten, die im Alter häufig schwinden.

Zuerst rief das Experiment bei den jüngeren Belegschaftsmitgliedern Spott hervor, die Witze über die »Rentnertruppe« machten. Doch BMW tat genau das, was erforderlich ist, um die Altersdiskriminierung am Arbeitsplatz auszuhebeln: Der Konzern setzte seinen Kurs unverdrossen fort und überzeugte die Skeptiker schließlich anhand der Ergebnisse. Innerhalb von drei Monaten erreichten die altersgerechten Arbeitsstationen das Qualitätsziel von zehn Fehlern pro Million. Später sank die Zahl auf null. Die Fehlzeiten aus gesundheitlichen Gründen fielen unter den Werksdurchschnitt, und die Produktivität stieg. Selbst die jungen, anfangs skeptischen Werksangehörigen wollten an der neuen Fertigungsstraße arbeiten und BMW führte auch in seinen anderen Produktionsstätten in Deutschland, Österreich und den USA ähnliche ergonomische Veränderungen ein.

Doch es bedarf noch etlicher Umbaumaßnahmen, um die Arbeitswelt in einen besseren Ort für ältere Arbeitnehmer zu verwandeln. Wir müssen die Arbeitsgesetze, Ruhestandsregelungen und Sozialleistungssysteme neu gestalten – in den meisten Ländern sind sie auf ein Ruhestandseintrittsalter von 60plus ausgerichtet. Dank der Veränderungen in den Vergütungs- und Sozialleistungspaketen werden die Unterschiede zwischen den Einstellungskosten älterer und jüngerer Mitarbeiter geringer, doch das reicht nicht aus. Ein guter Start wäre die Abschaffung von Vergünstigungen, die mit dem Alter verbunden sind, wie die Vergütung und Beförderung nach Betriebszugehörigkeit, die zur Folge hat, dass sich der Lohn der Mühen nicht nach der Arbeitsleistung, sondern nach der Anzahl der Arbeitsjahre richtet. Wir müssen des Weiteren das lebenslange Lernen zur Norm machen, um einen Arbeitsplatzwechsel in gleich welchem Alter zu erleichtern. Die Unternehmen müssen lernen, Mitarbeiterinnen in der Menopause oder Mitarbeitern mit chronischen Erkrankungen, die sich im fortgeschrittenen Alter häufiger entwickeln, einfühlsamer zu begegnen.

Außerdem sollten wir uns aus der Zwangsjacke der Fünf-Tage-Woche befreien. Carlos Slim, mexikanischer Milliardär aus der Telekommunikationsbranche, und Richard Branson, Gründer des britischen Mischkonzerns Virgin Group, plädieren für eine Drei-Tage-Arbeitswoche im späteren Leben, um Mitarbeitern einen allmählichen Übergang in den Ruhestand zu ermöglichen. Das ist sinnvoll, aber warum auf das Alter beschränken? Warum folgen wir nicht dem guten Beispiel von Island, wo Teilzeitarbeit in jedem Alter eine Option ist?

Da einige Experten die Automatisierung von ungefähr einem Drittel aller manuellen Arbeiten bis zum Jahr 2030 voraussagen,[35] ist die Zeit reif, um den Stellenwert, den bezahlte Arbeit in unserem Leben einnimmt, grundlegend zu überdenken. Abgesehen davon, dass sie das Essen auf dem Tisch und das Dach über dem Kopf sichert, hat sie noch einige weitere, nicht zu unterschätzende Vorteile zu bieten. Studien belegen, dass Tätigkeiten, die das richtige Maß an Herausforderung und Stimulation bieten, Gesundheit und Wohlbefinden merklich steigern. Nach dem achtundfünfzigsten Lebensjahr entlassen zu werden reduziert die Lebenserwartung rein statistisch um drei Jahre.[36] Sigmund Freud stellte die Arbeit als Stützpfeiler der mentalen Gesundheit auf die gleiche Stufe wie die Liebe.[37] Viele Menschen, mich selbst eingeschlossen, ziehen aus ihrer Arbeit Erfüllung und Lebenssinn. »Ich kann nicht alt werden; ich arbeite«, erklärte der Comedian George Burns, der noch mit weit über neunzig auf der Bühne stand. »Mit einundzwanzig war ich arbeitslos und alt. Solange man arbeitet, bleibt man jung.«

Wenn es nur so einfach wäre! Nicht alle Jobs wurden gleich geschaffen. Viele Tätigkeiten sind weniger erfüllend als Witze erzählen oder Bücher schreiben. Wann haben Sie das letzte Mal gehört, dass jemand von seiner Arbeit in einem Amazon-Logistikzentrum geschwärmt hätte? Viele Tätigkeiten sind zu anstrengend, um sie im Alter auszuüben, deshalb findet man in der Welt der Fronarbeiter vermutlich nicht viele Menschen vom Schlag eines George Burns.

In diesem Sinne stellt die Arbeit heute ein zweifelhaftes Vergnügen dar. Zum einen ist sie ungerecht verteilt: Manche haben zu viel, andere zu wenig, und ein und dieselbe Person kann an einem Tag überlastet und am nächsten unausgelastet sein. Selbst diejenigen, die ihre Arbeit lieben, empfinden sie manchmal als beschwerlich. Die moderne Arbeitskultur mit ihren langen Arbeitszeiten, dem Stress, der Unsicherheit, den Ablenkungen durch die Technologie und den Sitzmarathons macht viele von uns krank und unglücklich.

Die schlimmste Anklage hinsichtlich der Arbeit in modernen Zeiten lautet jedoch, dass sie nicht mehr ihr Grundversprechen erfüllt, genug Geld damit zu verdienen, um den Lebensunterhalt zu bestreiten. Die Produktivitätsraten sind weltweit zum

Stillstand gekommen, trotz der gewaltigen Anstrengungen, den Beschäftigten mehr und mehr Leistung abzupressen, und in vielen Ländern haben die Durchschnittslöhne die Nulllinie erreicht. Fast zwei Drittel aller Kinder, die in Großbritannien unterhalb der Armutsgrenze leben, stammt aus einem Haushalt, in dem zumindest ein Mitglied Arbeit hat. Arbeit ist nicht mehr die Zugmaschine der sozialen Mobilität, die sie früher einmal war. Heute fällt es Hochschulabsolventen überall auf der Welt schwer, einen Job zu finden, der ihrem Ausbildungsgrad entspricht, und Millionen junger Erwachsener leben bei ihren Eltern oder warten damit, eine eigene Familie zu gründen, weil sie mit der einzigen Arbeit, die sie finden, nicht genug verdienen, um sich auf eigene Füße zu stellen. Laut Benjamin Hunnicutt, Professor für Freizeitwissenschaften an der Universität von Iowa, verliert die junge Generation inzwischen vollends den Glauben an den Wert der Arbeit: »Sie leiten ihre Befriedigung oder ihren sozialen Aufstieg nicht mehr aus ihrer beruflichen Tätigkeit her.«

Das ist auf der Insel Okinawa kein Problem, einer Blauen Zone vor der Ostküste Japans. In diesem Eldorado der Langlebigkeit haben die Einheimischen kein Wort für den »Ruhestand«, weil sie im fortgeschrittenen Alter nicht auf einen Schlag vom produktiven in den unproduktiven oder vom aktiven in den passiven Zustand überwechseln. Sie beziehen ihre lebenslange Antriebskraft aus dem *ikigai*, was so viel wie »ein Grund, um morgens aufzustehen« bedeutet. Dieser Daseinszweck kann alles nur Erdenkliche sein – Arbeit, Kunst, Familie – und sich in den verschiedenen Lebensphasen ändern.

Wir sollten uns ein Beispiel an Okinawa nehmen und nach unserem ureigenen ikigai Ausschau halten. Wie? Indem wir uns die Freiheit zugestehen, die vielfältigen Aspekte eines erfüllten Lebens wie Arbeit, ehrenamtliche Tätigkeit, Lernen, Ruhezeiten, Kindererziehung, Freizeit, Kreativität, Mentoring und Betreuung von Angehörigen in einer Weise miteinander zu verbinden, die unserem Bedürfnis im jeweiligen Alter entspricht. Stellen Sie sich vor, wie sich unser Leben dadurch von Grund auf verändern würde. Wie sich der Druck verringert, sich für einen bestimmten Beruf oder einen bestimmten Lebenspartner zu entscheiden, bevor die ersten Falten oder grauen Haare auftauchen. Wie sich das Potenzial in jeder Generation optimal ausschöpfen ließe.

Und nicht zu vergessen: Das Bild, das wir uns vom Alterungsprozess machen, würde sich vollständig wandeln.

5. KAPITEL

IMAGE: NEUER STYLE FÜRS ÄLTERWERDEN

Wer die Medien, die Bilder, prägt,
prägt die Kultur.

Allen Ginsberg zugeschrieben

Es gibt ein Video von einem Streich, der mit versteckter Kamera aufgenommen wurde und sich in der arabischen Welt viral verbreitet hat. Vielleicht kennen Sie es.

Eine gebrechliche alte Frau im Blümchenkittel betritt in Beirut, Libanons Hauptstadt, mit schlurfenden Schritten eine Apotheke, in der sich bereits einige Kunden befinden. Sie begibt sich an die Verkaufstheke im hinteren Eck und verlangt eine Packung Viagra. Der Apotheker, der in das Komplott eingeweiht ist, schaut sie mit vorgetäuschter Entgeisterung an. »Viagra?«, wiederholt er.

»Ja, Viagra«, bestätigt die Frau in einem so sachlich-nüchternen Tonfall wie eine Kundin, die eine Tube Zahnpasta kaufen möchte.

»Und für wen ist das Mittel?«, hakt der Apotheker nach.

»Für meinen Freund. Er ist älter als ich.«

Der Apotheker wirkt belustigt und gleichzeitig ein wenig besorgt. Er erkundigt sich vorsichtshalber, ob ihr Verehrer Gesundheitsprobleme hat oder andere Medikamente einnimmt. »Aber nein«, entgegnet die Frau. »Er ist fit wie Tarzan.« Sie verlangt das Viagra-Präparat mit der höchsten Wirkstoffdosierung und erkundigt sich, ob ihr Liebster vier von den kleinen blauen Pillen auf einmal nehmen darf. »Keinesfalls! Wollen Sie ihn umbringen?«, ruft der Apotheker entsetzt aus. »Umbringen? Wieso? Er ist doch noch ganz gut im Bett«, lautet die todernste Antwort.

Wenn man den Videoclip anschaut, wird einem auch ohne Kenntnis der arabischen Sprache klar, warum er Millionen Mal in den sozialen Medien des Libanon und darüber hinaus angeklickt wurde. Die Reaktionen der Kunden in der Apotheke sind urkomisch. Sie können sich das Lachen kaum verkneifen, grinsen, kichern oder brechen in schallendes Gelächter aus. Sie tauschen ungläubige, missbilligende, angewiderte Blicke. Ein Mann kneift die Augen zusammen, als wollte er das Bild von zwei über Achtzigjährigen, die Sex mit chemischer Unterstützung haben, aus seinem Kopf vertreiben. Eine Frau bekreuzigt sich und murmelt: »Gott steh uns bei!« Als die alte Dame von einem jungen Mann wissen möchte, ob Viagra wirklich hält, was es verspricht, lacht er. »Woher soll ich das wissen? Ich bin zwanzig«, lautet die Antwort.

Der Clip stammt aus einer libanesischen TV-Satireshow namens *Ich Ktir* oder *Lange leben*, die sagenhafte Einschaltquoten hat. Sie basiert auf einem einfachen Prinzip: heimlich amüsante Situationen mit siebzig- bis achtzigjährigen Laiendarstellern filmen, die mit Altersstereotypen spielen. In den dreißig Episoden, die seit der Erstsendung im Jahre 2016 ausgestrahlt wurden, waren beispielsweise ältere Menschen zu sehen, die Schwangerschaftstests kaufen, Informationen über Laptops der Luxusklasse einholen oder als Arzthelfer mit zittrigen Händen den entsetzten Patienten Blut abnehmen sollen. Oder ein altes Pärchen, das in einem Park Reizwäsche in Augenschein nimmt. Solche Szenen sind Sprengstoff in einem Land, in dem Schönheitsoperationen ein absolutes Muss sind und frische junge Gesichter den Bildschirm beherrschen.

Die Produzentin von *Ich Ktir* ist die dreiundvierzigjährige Libanesin May Nassour mit einer Vorliebe für verspiegelte Sonnenbrillen und High Heels. Als wir uns in einem Café in Beirut treffen und Limonade mit Minzgeschmack trinken, erzählt sie mir, dass die Sendung einen doppelten Zweck verfolgt: Sie soll die Leute zum Lachen bringen und das Stigma des Alterns torpedieren. »Viele denken, dass ältere Menschen in der Gesellschaft keine Rolle mehr spielen – dass sie leistungsschwach sind, nichts zu sagen oder beizutragen haben, dass sie langweilig, bedauernswert und unattraktiv sind«, sagte sie. »Zum ersten Mal haben wir im libanesischen Fernsehen gezeigt, dass Siebzig- und Achtzigjährige Spaß haben und anderen Streiche spielen können, dass es Situationen gibt, die ihnen Macht über andere verleihen – und das verändert die Wahrnehmung.«

Veränderung, das ist genau das, was der Arzt verordnet. Der Alterungsprozess hat ein ernstzunehmendes Imageproblem, und nicht nur im Libanon. In einer Welt alt zu werden, die dem Jugendwahn verfallen ist, bedeutet, unsichtbar zu werden, in der Versenkung zu verschwinden. Faltenlose Gesichter und knackige Körper nehmen eine Monopolstellung in der visuellen Landschaft ein, angefangen bei der Werbung und den sozialen Medien bis hin zu Film und Fernsehen. Und um dem Ganzen die Krone aufzusetzen, werden ältere Menschen, wenn man ihnen überhaupt Sendezeit einräumt, in die Schablone der Langweiler gepresst. Vielschichtige, differenziert dargestellte Charaktere in einer späteren Lebensphase, insbesondere Frauen, waren in Hollywood-Produktionen selten auf der Leinwand zu sehen. Die englische Schauspielerin Juliet Stevenson, Anfang sechzig, die auf ein reiches Lebenswerk zurückblicken kann, hat festgestellt, dass sich der Weg, der vor ihr liegt, mehr und mehr verengt:»Das Leben wird mit zunehmendem Alter immer interessanter und komplexer, aber die Rollen, die man angeboten bekommt, werden immer seichter und eingleisiger.«[1] 2016, als Getty Images, eine führende US-amerikanische Bildagentur, das World Wide Web mithilfe der Webcrawler-Technologie nach Aufnahmen von älteren Menschen durchforstete, stellte sie fest, dass sie auf den Fotos in der Regel einen einsamen und unglücklichen Eindruck machten und überwiegend im Sitzen abgelichtet waren. Oder mit alterssterotypen Aktivitäten beschäftigt waren, wie Stricken, mit einem Enkelkind kuscheln oder im Bett Tee trinken. Rebecca Swift, Leiterin der Sparte Creative Insight von Getty Images, machte diese Entdeckung nachdenklich.»Offenbar sind wir nicht imstande, uns vorzustellen, dass alte Menschen ein ebenso facettenreiches und vielfältiges Leben führen können wie junge«, sagt sie.»Statt das Altern authentisch darzustellen, verstärken wir Stereotype.«

Das ist nicht nur für Image-Kuratoren wie Rebecca Swift von Belang. Was wir in Kinofilmen und in der Werbung, im Fernsehen und online immer wieder zu Gesicht bekommen, hat prägende Auswirkungen darauf, wie wir uns selbst und unseren Platz in der Welt wahrnehmen. Wenn ältere Menschen ignoriert oder als Karikatur gezeichnet werden, wird der Alterungsprozess für uns alle ein Gräuel und demütigt jene Menschen, die sich bereits in einer späteren Lebensphase befinden. Wenn sie miterleben müssen, dass eine ganze Generation ständig auf negative Stereotype reduziert wird, schwindet die Lust, das Beste aus dem eigenen Alter zu machen. Bungee-Jumping, Firma gründen, sich verlieben, mit dem Rucksack Asien bereisen oder einfach nur nach eigener Fasson glücklich sein – alles, was nicht im Drehbuch für Senioren geschrieben steht, fühlt sich nicht wirklich wie eine Option an.

Altersfeindliche Stereotype und Klischeevorstellungen können sogar zu einer sich selbst erfüllenden Prophezeiung werden. Dass rassistische und sexistische Unterstellungen dazu führen, dass ethnische Minderheiten und Frauen in Tests schlechter abschneiden, ist hinlänglich belegt. Altersfeindlichkeit und Altersdiskriminierung können eine ähnliche Auswirkung haben. Studien haben gezeigt, dass ältere Menschen, die mit wenig schmeichelhaften Klischees konfrontiert werden, plötzlich langsamer gehen, sprechen und denken. In einem Experiment der School of Kinesiology and Health Science, die der York University in Toronto angeschlossen ist, bat die Leiterin des Forschungsteams Rachael Stone ältere Probanden, eine Treppe hinaufzugehen. Dann, nachdem sie ihnen einen Artikel vorgelegt hatte, der scheinbar belegte, dass das Treppensteigen im Alter schwerfällt, wurde der Test wiederholt. Gleich welche Kriterien man auch zugrunde legte, sei es Schnelligkeit, Trittsicherheit oder Gleichgewichtssinn, die Leistungen der Teilnehmer verschlechterten sich.

Auf ähnliche Weise kann auch das Erinnerungsvermögen in Mitleidenschaft gezogen werden. Die Botschaft, die von allen Seiten auf uns einprasselt, lautet, dass das menschliche Gedächtnis im Alter nur noch aus einer Aneinanderreihung unscharfer verwirrender »Momentaufnahmen« besteht. Die Folge: Wir gehen automatisch davon aus, dass sich unser Erinnerungsvermögen im Alter verschlechtert.[2] Und das führt dazu, dass wir uns auf Gedächtnisstützen verlassen, beispielsweise ein Kochbuch, obwohl wir unser Lieblingsgericht schon tausend Mal zubereitet haben, oder auf das Navigationssystem, auch wenn wir die Route wie unsere Westentasche kennen. Das ist ein doppelter Rückschlag: Erstens bremsen wir uns unnötig aus und tragen unser Scherflein zu dem Ammenmärchen bei, der Alterungsprozess sei unabdingbar mit einem Nachlassen der kognitiven Fähigkeiten verbunden. Und zweitens laufen wir Gefahr, dass unser Gehirn infolge mangelnden Gebrauchs tatsächlich einrostet.

Zum Glück kann dieser ›Geist-triumphiert-über-Materie-Effekt‹ auch umgekehrt werden. Forschungsergebnisse belegen, dass allein die Überzeugung, gut geschlafen zu haben, zur Folge hat, dass wir uns ausgeruhter und kognitiv in Form fühlen. Experten bezeichnen das als ›Placebo-Schlaf‹.[3] Eine ähnliche Wirkung kann auch im Alterungsprozess eintreten. Studien deuten darauf hin, dass Menschen mit einem positiven Vorstellungsbild vom Älterwerden zu mehr Selbstfürsorge neigen. Sie schneiden in Tests, in denen es um Gedächtnisleistung und motorische Kontrolle geht, besser ab. Sie haben einen schnelleren Gang und bessere Genesungschancen nach einer Krankheit. Außerdem leben sie rein statistisch im Durchschnitt siebeneinhalb Jahre länger.[4] »Wenn wir die Leute dazu bringen können, positiver über den Alterungsprozess zu denken und ihn nicht als unvermeidlichen, allmählichen Verfall zu betrachten, könnten wir damit beginnen, auch die beeindruckenden Leistungen älterer Menschen wahrzunehmen. Sie stellen keineswegs eine Ausnahme von der Regel dar, sondern tun einfach nur das, was ältere Leute heute tun«, sagt Joe Baker, der Kinesiologe, dem wir schon an früherer Stelle begegnet sind.

Der springende Punkt ist, dass wir uns dann auch bis zu einem gewissen Grad besser in den Alterungsprozess hineinversetzen können. Das gilt möglicherweise auch für die Abwehr von Krankheiten, die uns Angst machen. Wissenschaftler der Yale

University führten eine Studie durch, an der Probanden mit einer Genvariante teilnahmen, die mit Demenz in Verbindung gebracht wird; sie stellten fest, dass die Wahrscheinlichkeit eines Ausbruchs oder Fortschreitens der Erkrankung um fünfzig Prozent geringer war, wenn die Betroffenen kein düsteres, sondern ein positives Bild vom Altern hatten. Für Becca Levy, Professorin für Epidemiologie und Psychologie sowie federführende Autorin der Studie, stellen die Ergebnisse einen Weckruf dar: »Sie untermauern die Forderung, im Gesundheitswesen eine Kampagne gegen die Altersfeindlichkeit und Altersdiskriminierung auf den Weg zu bringen.«[5]

Wie können wir das Image des Alterns verbessern? Indem wir die visuelle Landschaft gleichmäßiger unter den Generationen aufteilen. Indem wir das Alter mit all seinen Nuancen, seinem Facettenreichtum und seiner Vielfalt darstellen. Indem wir den Scheinwerfer auf diejenigen richten, die mit beiden Händen die Chancen des Immer-Älter-Werdens ergreifen und das Bild des »älteren Menschen« neu definieren. Die gute Neuigkeit ist, dass dieser Wandel bereits weltweit begonnen hat.

Die Sendung *Ich Ktir, Lange leben,* hat das Image des Alterungsprozesses im Libanon verbessert. Nach zwei Staffeln, die wie eine Bombe eingeschlagen haben, sind die Mitwirkenden inzwischen so bekannt, dass es ihnen schwerfällt, bei den Dreharbeiten unerkannt zu bleiben. »Die Leute kommen dauernd an und wollen ein Autogramm oder ein Selfie mit ihnen machen«, sagt die Produzentin Nassour. »Viele Fans erklären, dass sich ihre Einstellung zum Altern dadurch geändert hat.« Um diesen Trend zu nutzen, durchforsten heute Firmen den Libanon nach Best-Ager-Models für ihre Markenwerbung, und Produktionsgesellschaften begeben sich auf die Jagd nach Senioren, die TV-Sendungen moderieren, gleich ob Comedy oder Kochshow. Die Mustervorlage, die sie dabei im Kopf haben, ist die sechsundachtzigjährige Hauptdarstellerin im Viagra-Sketch. Ihr Name lautete Jeanne d'Arc Zarazir, aber im Libanon ist sie als Jaco bekannt. Sie war eine begnadete Komödiantin, die ihre ausdruckslose Miene auch dann beibehielt, wenn sich alle rundum das Lachen nicht mehr verkneifen konnten. Die Zuschauer erlebten sie in den unterschiedlichsten Rollen, von der Rapperin bis zur Angehörigen eines Einsatzkommandos, die mit einer Kalaschnikow herumfuchtelt. Ihre Visitenkarte war die Lebensfreude, und sie hatte den Dreh heraus, den Zuschauern den Lebensabend schmackhaft zu machen. Als sie 2017 starb, zollten ihr die Medien in ihrer Berichterstattung liebevoll Tribut und wiederholten noch einmal die Highlights der Serie. In einem Nachruf wurde sie als »die witzigste Frau im Libanon« tituliert.

Zufälligerweise war ich die letzte Person, die vor ihrem Tod ein Interview mit Jaco führte. Als ich sie in ihrem Haus in Beirut aufsuchte, wirkte sie zerbrechlicher als in der Sendung. Ihre Haut war fast durchsichtig, die Beine von Schorf übersät, und sie ging am Stock. Aber sie begrüßte mich mit demselben Lächeln – trocken, schelmisch, gespielt naiv, sichtbare Zahnlücke in der Mitte –, das sie zu einem Fernsehstar machte. An diesem Tag herrschte lähmende Hitze und ihre drei Katzen dösten im schattigen Innenhof. Wir nahmen draußen auf einem Sofa Platz, und auf meine erste Frage, nach ihrem Alter, reagierte sie mit der ebenso koketten wie schlagfertigen Gegenfrage: »Was denken Sie denn, wie alt ich bin?« Nach ungefähr der Hälfte des Gesprächs traf ein Arzt ein, um die entzündeten Stellen an ihren Beinen zu begutachten. Als er sie laut aufzählte – eins, zwei, drei –, lachte sie leise und sagte: »Was zählen Sie da eigentlich, meine Krusten oder meine Katzen?«

Jaco erlangte erst mit achtzig Jahren Ruhm, nach einem unspektakulären Leben. Abgesehen von einem kurzen Arbeits-Intermezzo Anfang der 1960er-Jahre als Kammerfrau einer libanesischen Präsidentengattin verdiente sie ihren Lebensunterhalt mit der Vermietung des obersten Stockwerks ihres Hauses. Kein Ehemann, keine Kinder, keine Karriere. Doch die Keimzelle des Lange-Leben-Konzepts war stets vorhanden: Jaco hatte sich ihr Leben lang geweigert, sich vom Alter einschränken zu lassen. »Das wäre mir nie in den Sinn gekommen, gleich ob in jungen Jahren oder später«, sagte sie. »Ich war zeitlebens zufrieden, weil ich immer das Beste aus dem Alter gemacht habe, in dem ich mich gerade befand.« Diese Botschaft erzeugte einen Widerhall, der über den kleinen Fernsehbildschirm hinausreichte. Während ihrer kurzen TV-Karriere traf Fanpost aus allen Regionen der arabischen Welt bei ihr ein. Eine junge Frau aus Tripolis im Norden des Libanon schrieb: »Sie haben mich angespornt, mir nicht mehr den Kopf über mein Alter zu zerbrechen. Ich werde das Älterwerden von nun an genießen. Vielen Dank!« Als ich von Jaco wissen wollte, ob sie ein Vorbild sei, huschte ein ironisches Lächeln über ihr Gesicht. »Wenn ich das tatsächlich sein sollte, dann rein zufällig«, erwiderte sie. Wie dem auch sei, sie verstand zweifellos, wie heimtückisch der harte Griff der Altersfeindlichkeit sein kann – und die Macht von Fernsehsendungen wie *Lange Leben*, die ihn lösen können. »Wenn man sich junge Leute anschaut, die ihr Leben in vollen Zügen auskosten, könnte man vermuten, dass Älterwerden schrecklich sein muss – und das wird es dann auch«, erklärte sie. »Wir haben gut daran getan, zu zeigen, dass es auch eine andere Möglichkeit gibt, zu altern.«

Nicht nur Serien wie *Lange Leben* sind bemüht, rosigere Aussichten auf spätere Lebensabschnitte zu präsentieren. Unter der Leitung von Rebecca Swift zeigt Getty Images heute Fotografien von älteren Menschen, die über das Klischee von weisen Großvätern und strickenden Großmüttern hinausgehen. Sie möchte mehr Fotos in ihr Archiv aufnehmen, die zeigen, dass sie neue Technologien ausprobieren, eigene Firmen gründen, Fitnesstraining machen und sportlichen Aktivitäten nachgehen, tanzen und flirten und lachen. Sie wünscht sich mehr Fotos von Frauen in mittleren Jahren, die sich nicht darauf beschränken, ihre Kinder großzuziehen. »Auf Unternehmensebene wird uns gerade erst bewusst, dass wir über eine mächtige Stimme verfügen und sie nutzen sollten, um die verblüffende Vielfalt und die ganze Bandbreite der Möglichkeiten aufzuzeigen, die der Alterungsprozess bietet«, sagt Swift. »Wir brauchen Bilder mit mehr Farbe, mehr Dynamik und mehr Aktivität, um die althergebrachten Stereotype infrage zu stellen und Menschen Mut zu machen, nach eigenem Gutdünken zu altern.«

Fotografen, die diese Lücke zu füllen hoffen, täten gut daran, ihren Blick auf Paulina Braun zu richten. Nach einem Jahrzehnt der Arbeit an sozialen sowie künstlerischen Projekten entwickelte sich die Vierunddreißigjährige zu einer Vorkämpferin gegen die Altersdiskriminierung in Polen. Wie Nassour im Libanon, sieht sie ihre Mission darin, Jungen und Alten dabei zu helfen, die längere Lebenszeit bestmöglich zu nutzen. »Ich möchte die Idee auf den Prüfstand stellen, Altern sei ein Problem und gleichbedeutend mit Nutzlosigkeit und Unsichtbarkeit«, vertraut sie mir an. »Eine Möglichkeit besteht darin, ältere Menschen bei Aktivitäten zu zeigen, die man normalerweise nicht auf Anhieb mit ihnen in Verbindung bringt.«

Um mir ein Bild zu machen, was das bedeutet, besteige ich

ein Flugzeug nach Warschau, wo Braun gerade ein Musikfestival am Ufer des Sees im Wilanów-Park veranstaltet. Gegen Ende des Abends liefern vier polnische Rapper eine Show ab, die in den sozialen Medien später als »gigantisch« beschrieben wird. Die Mikrofone dicht vor dem Mund, heizen sie die Stimmung in der kleinen Zuschauermenge mit ihrer Hip-Hop-Prahlerei an, feuern ihren abgehackten Sprechgesang wie Kanonenkugeln ab. Die Fans, angefeuert von Bier und Wodka-Shots, fügen sich zu einem einzigen ekstatischen Monster zusammen, die Arme schießen im Einklang hoch, während sie die Texte auf die Rapper zurückfeuern. Da der Regen durch das undichte Dach tropft, sind alle klatschnass, was aber niemanden zu stören scheint.

Wenn Sie sich jetzt ein Publikum vorstellen, das noch nicht trocken hinter den Ohren ist, befinden Sie sich auf dem Holzweg. Der Typ, der es schafft, alle Mann an Deck zu holen, hat den achtzigsten Geburtstag bereits hinter sich, und viele Fans tragen Silberfäden im Haar. An vorderster Front, nahe genug, um von der feuchten Aussprache der Rapper getroffen zu werden, wiegen sich drei ältere Frauen im Gleichtakt mit den Teens und Twens, lachen, recken die Fäuste in die Luft und singen die rüden Worte aus voller Kehle mit.

Ein surreales Bild, das mich aus dem Gleichgewicht bringt. Mein erster Gedanke ist ein waffentauglicher Anflug von Altersfeindlichkeit: Was zum Teufel haben die Oldies in dieser tosenden entfesselten Menge zu suchen? Was ist, wenn sie überrannt werden und sich beim Sturz die Hüfte brechen? Doch mein nächster Gedanke rückt die Szene in die richtige Perspektive: Sie haben Spaß wie alle anderen, warum sollten sie also nicht hier sein! Ich kann mir problemlos Jaco inmitten dieses brodelnden Hexenkessels vorstellen. Als ich Braun diese Gedankenabfolge schildere, nickt sie zustimmend. »Genau das ist die Reaktion, auf die ich abziele«, sagt sie. »Den altersfeindlichen Reflex, der sich oft als Erstes einstellt, hinterfragen.«

Braun entdeckt immer neue Mittel und Möglichkeiten, ältere Menschen in den Blickpunkt der Öffentlichkeit zu rücken. Sie organisiert generationenübergreifende Veranstaltungen nicht nur im Wilanów-Park, sondern auch in Schulen, Sterbekliniken, Nachtclubs und auf den Marktplätzen polnischer Kleinstädte. Sie hat Speeddatings für Senioren und eine Akademie für DJs im reifen Alter ins Leben gerufen. Sie gründete außerdem Polens erste Casting-Agentur, die Darsteller, Komparsen usw. über sechzig vermittelt. Ihre Events werden ausnahmslos in den sozialen Medien und der traditionellen Presse angekündigt. Am Morgen nach der Wilanów-Party erscheint eine der Achtzigjährigen aus dem Hexenkessel in einer überregionalen Fernsehsendung, in der sie von den erstaunlichen Aktivitäten berichtet, denen ältere Menschen im Sommer nachgehen. Dank Brauns Casting-Agentur tauchen nun häufiger Gesichter von Senioren in polnischen Videos, Werbeanzeigen, Filmen und YouTube-Clips auf – und nicht als Karikaturen, sondern als beeindruckende Persönlichkeiten. In einem Werbespot für Redd's Beer ist eine über Achtzigjährige zu sehen, der es mit einem dreisten Trick gelingt, die lange Schlange an einer Strandbar zu umgehen: Sie täuscht einen Schwächeanfall vor, sodass sich alle um sie scharen und ihr schließlich den Vortritt lassen. Am Ende sitzt sie mit triumphierender Miene im Liegestuhl und nippt an ihrem eiskalten Getränk. Jaco würde ihr Verhalten vermutlich gutheißen. In einem anderen Werbespot, der an einen anspruchsvollen Kunstkino-Filmstreifen erinnert, gelingt es einem alten Paar mithilfe von Pinseln und Farben der Firma Allegro, einem führenden polnischen Online-Einzelhändler, den Sensenmann zu überlisten.

Zu Brauns Gefolge gehört auch ein achtzigjähriger Lebenskünstler namens Eryk Mroczek, der die Statur eines Preisboxers hat. Er spielt den Bodyguard bei ihren Interviews, nimmt an allen Tanzveranstaltungen teil, die sie organisiert, und trägt oft eine dunkle Sonnenbrille à la Jack Nicholson. Ihre Casting-Agentur zog unlängst eine Traumrolle in einem polnischen Film für ihn an Land. Obwohl er sich im Rampenlicht sichtbar wohlfühlt, betrachtet er sich als einer der vielen Fußsoldaten im Kampf gegen die Altersfeindlichkeit. »Wenn die Leute sehen, wie viel Spaß ich habe, ändert sich das Bild, das sie sich vom Alter machen«, sagt er. »Ich möchte sie anregen, das Beste aus ihrem Leben zu machen, in welchem Alter auch immer.«

Dank Braun öffnen sich Berufsfelder, die früher der Jugend vorbehalten waren, nun auch zunehmend für ältere Semester. Eine siebzigjährige Absolventin ihrer DJ-Akademie für Senioren ist inzwischen eine feste Größe in der Warschauer Clubszene. In meiner Jugendzeit hätte ich schleunigst das Weite gesucht, wenn jemand im Postpensionsalter die Musikauswahl getroffen hätte, aber die Clubbesucher scheinen heute aufgeschlossener zu sein – und nicht nur in Polen. Ruth Flowers, eine englische Ladeninhaberin im Ruhestand, lernte mit achtundsechzig, wie man auflegt, nannte sich DJane Mamy Rock und trat vor ihrem Tod 2014 in den angesagten Clubs und bei Großveranstaltungen in ganz Europa auf, das Glastonbury Festival eingeschlossen. Und Sumiko Iwamuro alias DJane Sumirock führt einmal pro Woche das Regiment über einen trendigen Club im Rotlichtviertel von Tokio. Sie ist zweiundachtzig.

Bei Festivals im Wilanów-Park wird DJ Roman engagiert, ein Elektroingenieur im Ruhestand, der die achtzig überschritten hat. Wenn er auflegt, füllt sich die Tanzfläche mit Leuten aller Altersgruppen, zu »Boys, Boys, Boys« von Lady Gaga und Klassikern aus den 1980er- und 1990er- Jahren. Die Szene erinnert mich an das Velodrom von Roubaix, wo es mir schwerfiel, das Alter der Fahrer auf der Radrennbahn zu schätzen. Was auf der Tanzfläche bei Brauns Veranstaltungen als Erstes ins Auge fällt, ist nicht das Alter, sondern die Kleidung der Besucher, ihr Stil, die Art, wie sie lachen und sich bewegen, Dinge, mit denen sie bei den jüngeren Partygängern großen Eindruck machen. Beata, eine zweiundzwanzigjährige Studentin, kam wegen der Rapper in den Wilanów-Park, aber die älteren Zuschauer haben sie umgehauen. »Ich dachte immer, alt sei gleichbedeutend mit langweilig, aber die Frauen hier sind total elegant, und alle haben irre viel Spaß«, sagt sie. »Ich bin zu der Überzeugung gelangt, das Wort ›alt‹ sollte nicht so abwertend gebraucht werden.«

Selbst die Rapper stimmen ihr zu. Nach der letzten Zugabe, als sich die Zuschauermenge – Junge, Alte, mittlere Semester – in alle Winde zerstreut, komme ich mit einem von ihnen ins Gespräch. Er heißt Ero, und heute trägt er Hip-Hop-Kluft, bestehend aus Beanie-Mütze und ausgebeulter Baggy-Hose, deren Schritt bis in die Kniekehlen hängt. Er ist sechsunddreißig Jahre alt.

»Findet ihr es nicht unpassend, unflätige Rap-Texte auf Zuschauer loszulassen, von denen die meisten eure Großeltern sein könnten?«, möchte ich wissen. »Übermittelt ihr euren Fans damit nicht die falsche Botschaft, die euer Image als junge Band zunichtemacht?«

Er nimmt einen Schluck aus der Bierflasche und denkt kurz nach. Dann schüttelt er den Kopf. »Überhaupt nicht, weil Alter eine Zahl ist, die heute immer weniger Menschen interessiert. Egal ob man achtzehn oder achtzig ist – was wirklich zählt, ist das, was jemand einbringt, wenn er solche Veranstaltungen besucht.«

Eine nicht zu unterschätzende Tatsache ist der Umstand, dass die Senioren, die heute mitmischen wollen, Geld mitbringen. Dank ihrer Ersparnisse, stabiler Renten und steigender Immobilienpreise können viele von ihnen es darüber hinaus unbedenklich ausgeben. Nicht alle, versteht sich: Viele halten sich mit knapper Not über Wasser oder leben unterhalb der Armutsgrenze. Doch im Ganzen betrachtet ist die Generation 50plus gut betucht. In Großbritannien repräsentiert sie ein Drittel der Bevölkerung, verfügt aber über achtzig Prozent der Vermögenswerte.[6] Man schätzt, dass im Jahr 2020 Haushalte mit einem Vorstand, der das sechzigste Lebensjahr überschritten hat, weltweit fünfzehn Billionen Dollar ausgeben können.[7] Auch wenn die finanziellen Aussichten für künftige Generationen weniger rosig erscheinen, ist dieser Augenblick in der Geschichte wie geschaffen, um den Alterungsprozess in einem neuen, positiveren Licht darzustellen. Warum? Weil Geld Beachtung findet. Macht verleiht. Seine eigene Sprache spricht.

Und die Welt hört zu. Wohin man auch schaut. In der Popkultur finden sich immer mehr Darstellungen des Alters, die nicht mehr den Stereotypen gehorchen: Die Parade anlässlich des Nationalfeiertags in Singapur hat inzwischen eine »Silbersektion« für Mitwirkende über sechzig eingerichtet. Das Video zu *Younger Now* von Miley Cyrus gleicht einem Event, das Braun veranstaltet haben könnte, weil es bei Paaren aller Altersgruppen einen Sturm der Begeisterung entfesselt und zum Tanzen animiert. Ein Fernsehsender in den Niederlanden plant die Veröffentlichung der weltweit ersten Gesangs-Castingshow für über Sechzigjährige, basierend auf dem Erfolgskonzept von *The Voice of Holland*.

Auch im Film ändert sich das Bild älterer Darsteller und geht über das Klischee des Strickjacken-Opas hinaus. Vom Europäischen Filmfestival der Generationen bis zum Legacy Film Festival on Aging in den USA erleben Filmfestivals mit Beiträgen über alle Aspekte des Alterns eine Blütezeit. 2018 wurde der französische Film *Madame Aurora und der Duft von Frühling* rund um die Welt zur Ikone für das Porträt einer Frau Mitte fünfzig, die sich tapfer und humorvoll mit dem Alterungsprozess, Sexismus und den Wechseljahren herumschlägt. Im gleichen Jahr feierte *Girlfriends* im britischen Fernsehen Premiere, mit drei sechzigjährigen Schauspielerinnen in gewagten Rollen, nach denen die britische Schauspielerin Juliet Stevenson lechzt. Auch ihre männlichen Kollegen in fortgeschrittenem Alter ergattern inzwischen Heldenrollen in Actionfilmen. *Storm, Wolverine* und *Black Lightning* wurden mit Männern über vierzig besetzt; Tom Cruise übernimmt noch mit fünfzig Spezialaufträge in Agententhrillern wie *Mission: Impossible*; und Liam Neeson bringt mit sechzig seine ganz spezielle Schlagkraft ein. Auch einige Actionfilm-Serien zeugen von der Anziehungskraft, die ältere Darsteller auf die Zuschauer ausüben, Stars wie Helen Mirren, Bruce Willis, Sylvester Stallone und Arnold Schwarzenegger, die ihren Kampf gegen die Bösewichte in den verschiedenen Fortsetzungsfolgen von *R.E.D. – Älter. Besser. Härter* oder in *The Expendables* ausfechten.

Im Verlauf der letzten zehn Jahre ist das Durchschnittsalter der Oscar-Preisträger in sämtlichen Kategorien gestiegen. 2018 waren die Gewinner der Kategorien Bester Hauptdarsteller/Beste Hauptdarstellerin und die Besten Nebendarsteller ausnahmslos zwischen neunundvierzig und sechzig Jahre alt. Frances McDormand räumte den Oscar für ihre düstere Rolle als fluchende, trauernde Mutter in *Three Billboards Outside Ebbing, Missouri* ab. Sie erklärte, sie habe ihr Gesicht, das Gesicht einer Sechzigjährigen ohne Botox, im Interesse der Öffentlichkeit ungeschminkt auf die Leinwand gebracht. »Ich finde es spannend, jemanden in meinem Alter zu spielen«, sagte sie. »Ich mag mein Alter. Für mich ist damit auch ein politisches Anliegen verbunden.« Während derselben Oscar-Verleihung lobte Lesley Manville, damals einundsechzig Jahre alt und für ihre Rolle in *Der seidene Faden* in der Kategorie Beste Nebendarstellerin nominiert, den grundlegenden Wandel der Popkultur bei der Darstellung der späteren Lebensphasen. »Man kann mit sechzig einen Geliebten haben. Wir müssen uns nicht in die Ecke drängen lassen und Wolljacken stricken«, sagte sie. »Film- und Fernsehschaffende haben inzwischen erkannt, dass es zahlreiche weibliche Zuschauer gibt, die ins Kino gehen oder das Fernsehgerät einschalten und etwas sehen möchten, was sie nicht befremdet, sondern mit einbezieht, bei dem es nicht um glamouröse Zwanzig- oder Dreißigjährige geht, die ihre Lebenssituation schildern.«

Um diese gereifte Zielgruppe als Einkommensquelle zu gewinnen, müssen Unternehmen und Dienstleister mit starken Marken neue Möglichkeiten finden, sie anzusprechen und darzustellen. Eine gewaltige Aufgabe. Im Bereich Werbung und Marketing geben Zwanzig- und Dreißigjährige den Ton an, und viele Vorstände halten an der Überzeugung fest, der einzige Markt, den es ins Visier zu nehmen lohne, sei die Jugend. Außerdem steht immer noch der Verdacht im Raum – den Studien als falsch entlarvt haben –, dass ältere Konsumenten in ihren Kaufgewohnheiten festgefahren und gegen Werbekampagnen immun seien. Laut der Boston Consulting Group, einer der größten weltweiten Unternehmensberatungen, haben weniger als fünfzehn Prozent der Firmen eine spezifische Geschäftsstrategie für die Gruppe der über Sechzigjährigen entwickelt.[8] Annähernd siebzig Prozent lassen bei der Planung ihrer Verkaufs- und Marketingaktivitäten den Altersboom außer Acht.[9]

Das hat zur Folge, dass ein Großteil der Werbung Konsumenten, die über vierzig sind, ignoriert oder gönnerhaft behandelt. Selbst in Werbekampagnen, die auf ältere Semester abzielen, sind die jüngeren Models und Schauspieler in der Überzahl. Unter den Autokäufern ist die Generation 50plus wesentlich stärker als alle anderen Gruppen vertreten – denken Sie an die Alterssimulationsanzüge –, aber wann haben Sie in der Autowerbung zuletzt jemanden mit grauen Haaren gesehen? Diese Form der Altersdiskriminierung kann sich als Bumerang für die Unternehmen erweisen. Jedes Mal, wenn Models im Teenageralter für Kleidung werben, die unverkennbar auf meine Altersgruppe abzielt, reagiere ich darauf mit einem Anflug von Verärgerung. Als sich die Zahnpasta für über Fünfzigjährige als Reinfall erwies, musste Procter & Gamble entdeckten, dass es nichts gibt, was ältere Verbraucher mehr frustriert, als ausgegrenzt zu werden. Eine ähnliche Lektion wurde Bridgestone erteilt, als das Unternehmen Golfclubs exklusiv für Rentner einführte.[10]

Zum Glück sind die namhaften Unternehmen und Dienstleister lernfähig und beginnen, mit der Zeit zu gehen. Amazon und Netflix erstellen die Kundenprofile inzwischen auf der Grundlage individueller Vorlieben statt nach Lebensalter. Eine Werbekampagne der international tätigen US-amerikanischen Kosmetikfirma Kiehl machte Front gegen das Konzept, Kunden nach dem Alter auf dem Papier zu definieren. Ihr Slogan lautet: »Act Any Age«, und im Video waren Angehörige aller Generationen zu sehen, die ausgelassen vor purpurroten Luftballons tanzten und damit demonstrierten, dass man so alt ist, wie man sich fühlt.

Die Saga Group, die sich in Großbritannien auf die Bedürfnisse der über Fünfzigjährigen konzentriert, hat ihren Kurs geändert. Lange dümpelte sie vor sich hin und war vor allem Zielscheibe wenig schmeichelhafter Witze über das Altern. 2017 legte sie ihre Flaggschiff-Zeitschrift neu auf und positionierte sich mit dem Slogan: »Wir sind keine Marke für alte Leute, sondern für Leute, die ihr Leben nach fünfzig in die Hand nehmen.« Die Werbeanzeigen für Breinahrung und Treppenlifte wurden über Bord geworfen, in einem Faltblatt untergebracht und durch Inhalte ersetzt, die den tatsächlichen Interessen und Belangen der Zielgruppe entsprechen. Die redaktionellen Beiträge sind heute zeitgemäßer ausgerichtet, man findet Artikel über sportliche Aktivitäten, Reisen, Karriere, Modetrends, Romantik und Sex. Der Mann, der den Kurswechsel einleitete, war Matt Atkinson, 50plus und topfit, der an den beinharten Ironman-Wettbewerben teilnimmt und jede Woche rund hundert Kilometer Lauftraining absolviert. »Früher haben wir negative Altersstereotype bestätigt«, erklärte er. »Wir mussten umdenken, und nun besteht unser Ziel darin, unsere Leser mit unseren Beiträgen über das Altern anzuspornen, sich selber aufzuwerten, statt abzuwerten.«

Selbst Kosmetik- und Modemarken, die mit ihrem Faible für die Jugend oft den Eindruck erwecken, genetisch vorprogrammiert zu sein, sind inzwischen dazu übergegangen, die fremden Wesen von einem Planeten jenseits ihrer Galaxis willkommen zu heißen. Viele setzen ältere Frauen ein, um ihre Produkte in Umlauf zu bringen, überfluten die Bildwelten mit Gesichtern, die von einem gelebten Leben zeugen, wie das von Charlotte Rampling, Helen Mirren, Twiggy, Jane Fonda, Ellen DeGeneres oder Diane Keaton. Die Senioren-Models gehören mittlerweile zur festen Einrichtung in Modekatalogen und auf den Laufstegen der Modenschauen. Der globale Bekleidungsgigant H&M engagierte eine Sechzigjährige als Werbeträgerin für Badeanzüge. Das Gesicht der spanischen Modekette Mango ist ebenfalls Mitte sechzig. Die Hauptattraktion bei der London Fashion Week 2017 war eine Zweiundsiebzigjährige mit einem silbernen Bob. Die US-amerikanische Journalistin und Schriftstellerin Joan Didion, zehn Jahre älter als sie, hat für das Pariser Modeunternehmen Céline gemodelt. Und es sind nicht nur Frauen reiferen Jahrgangs, die im Rampenlicht stehen. Mein Lieblingsbeispiel für den Trend zu Senioren-Models ist der chinesische Schauspieler und Performancekünstler Deshun Wang. Im Alter von neunundsiebzig Jahren brach er 2015 wie eine Naturgewalt über das Internet herein und galt als »heißester Großvater der Welt«, als er auf der Chinese Fashion Week mit nacktem Oberkörper über den Laufsteg stolzierte. In seinen YouTube-Clips wirkt er selbstbewusst und sexy, und er sieht aus, als würde er gerade die beste Zeit seines Lebens genießen – alles, was ich mir mit neunundsiebzig erhoffe.

Diese älteren Models haben, abgesehen von ihrem fantastischen Aussehen, auch noch etwas anderes gemein: Sie verzichten darauf, Jugend vorzutäuschen. Sie haben kein Problem damit, älter zu sein und zu ihrem Alter zu stehen, was bedeutet, dass sie sowohl für ihre eigene als auch für die jüngere Generation als Vorbild dienen können.

Wenn es darum geht, das Image des Älterwerdens zu verbessern, sind die sozialen Medien ein echter Glücksfall. Im Netz findet man inzwischen zahllose Darstellungen vom sogenannten Herbst des Lebens, entwickelt, kuratiert und gesteuert von denjenigen, die diesen tatsächlich gerade erleben. Mary, Josie und Teresa – die *Golden Sisters* – haben Millionen Aufrufe für ihre urkomischen YouTube-Videos bekommen, in denen sie beim Mittagessen über die Popkultur plaudern. Helen Ruth Van Winkle, die es mit ihrer Vorliebe für Raver-Kluft im Alter von fünfundachtzig Jahren zu Starruhm im Netz brachte, hat mehr als drei Millionen Follower auf Instagram, war Frontfrau einer Werbeanzeige für Smirnoff-Wodka und wurde zur Muse der Make-up-Marke Urban Decay. In Asien werden die sozialen Medien genutzt, um die traditionelle Ansicht aus den Angeln zu heben, das Alter sei die Lebensphase, in der man zu seinen Kindern zieht und rund um die Uhr die Enkelkinder betreut. Ms. Q, eine siebzigjährige pensionierte Lehrerin, erkundet als Rucksacktouristin ihre Heimat China. »Warum verlangt man in China von älteren Menschen, dass sie sich um den Haushalt, ihre Kinder und ihre Enkelkinder kümmern?«, sagt sie. »Uns steht ein eigenes Leben zu.« Mit der Technologie genauso vertraut wie die junge Generation, die damit aufgewachsen ist, stellt sie ihre Reiseberichte in den sozialen Medien ein und hält über Videoanrufe den Kontakt zu ihrer Familie. Ihr Kurzfilm über Quanzhou, eine Großstadt im Südosten Chinas, zog mehr als 11 Millionen Zuschauer in seinen Bann und trug dazu bei, eine landesweite Debatte über das Altern auszulösen. Viele Chinesen wandten sich an die sozialen Medien, um Ms. Q als Vorbild für das spätere Leben zu würdigen. »Eine unabhängige, hinreißende Frau ... ihr Alter ist kein Thema«, hieß es in einem Kommentar. »Ich hoffe, dass ich so sein werde wie sie, wenn ich alt bin«, schrieb eine andere Userin.

Im benachbarten Japan nutzen Bon und Pon, ein Ehepaar in den Sechzigern mit den Klarnamen Tsuyoshi und Tomi Seki, die Instagram-Plattform, um frischen Wind in das Bild vom Lebensabend zu bringen. Über 700 000 Follower aller Altersgruppen laden die skurrilen Fotos hoch, auf denen die beiden einfache Kleidung im Partnerlook tragen. Angespornt von ihrem Online-Starruhm, der sich mit Hashtags wie #greyhair und #over60 schmückt, haben sie Bücher über die Freuden des Alters geschrieben und eine eigene Kollektion – selbst entworfene Kleidung und Accessoires – auf den Markt gebracht. Ohne kommerziellen Hintergedanken bringt auch Kimiko Nishimoto die japanische Einstellung zum Alter mit Slapstick-Selfies ins Wanken, die sich viral im Netz verbreiten. Meine Lieblingsaufnahme zeigt die über Achtzigjährige, wie sie zum Trocknen an der Wäscheleine hängt. In ihren Videos sieht man, wie sie ein Rad zu Schrott fährt; wie sie in einen Müllsack eingewickelt wird; wie sie Zeitung liest und dabei von einem rücksichtslosen Autofahrer um ein Haar über den Haufen gefahren wird und wie sie, als Gorilla verkleidet, lächelnd durch die Gitterstäbe eines Käfigs blickt.

Aber werden hier nicht alte Menschen einfach nur zur Belustigung der jüngeren missbraucht? Möglich wäre es, manchmal zumindest. Die meisten dieser YouTube-Videos von Senioren, die zum ersten Mal Gras rauchen oder herumrätseln, wie Sexspielzeug benutzt wird, werden von jüngeren moderiert, die außer Schussweite Schlüsselfragen stellen – und dabei einen gönnerhaft-herablassenden Ton anschlagen. Aber so sind nicht alle. Menschen wie Nishimoto, Ms. Q und die Golden Sisters geben eindeutig für niemanden den Einfaltspinsel. Sie amüsieren sich königlich – und ganz so, wie es ihnen gefällt.

Gleichzeitig füllen ältere Menschen mit Null-Prominentenstatus die sozialen Medien mit Selbstdarstellungen, die ewig gestrige altersfeindliche Stereotype auf den Abfallhaufen der Geschichte verbannen. Sie stapfen bei Hindernisläufen durch den Schlamm; tragen coole Klamotten; machen sich als Foodtrucker mit ihren rollenden Imbissständen auf den Weg; reparieren Motorräder; legen sich Xbox-Spielkonsolen zu; arbeiten ehrenamtlich an Projekten in Afrika mit; büffeln für wichtige Prüfungen; tanzen bis zum Morgengrauen. Die Bilder, die sie vermitteln, werden vielleicht nur von einer Handvoll Follower wahrgenommen, aber Zahlen sind irrelevant. Was wirklich zählt, ist, dass jedes einzelne Bild – auch das traditionelle von der strickenden oder mit den Enkelkindern kuschelnden Oma – dem Porträt vom Herbst des Lebens einen weiteren Pinselstrich hinzufügt, es facettenreicher, strukturierter und deutlicher macht – und daher auch ein würdevolleres Porträt entsteht, das besagt: »Jünger ist nicht zwangsläufig besser, und auf meine ureigene Weise alt zu werden kann eine wunderbare Erfahrung sein.«

Inzwischen wedelt der Schwanz mit dem Hund. Als ich von Rebecca Swift wissen möchte, was den Anstoß zum Umdenken bei Getty Images gegeben hat, antwortet sie mit einem einzigen Wort: Instagram. »Heute nehmen ältere Menschen ihre visuelle Sprache auf eine Weise in die Hand, die es früher für sie nicht gab«, sagt sie. »Wir sehen, wie sie visuell wahrgenommen werden möchten, wie sie sich selbst wahrnehmen, und daraus leiten wir einige gute Hinweise ab, wie wir unsere eigene Bildersprache gestalten sollten.«

Wenn wir dem Image des Alterns ein neues Profil verleihen wollen, tun wir gut daran, uns an die Worte der Feministin Germaine Greer zu erinnern: Jeder altert auf seine Weise. Nicht jedem ist es gegeben, wie Wang oder Jaco zu werden. Vielleicht verfügen wir nicht über das Aussehen, das Talent, das Temperament, die Verbindungen oder die robuste Gesundheit, um ihrem Beispiel zu folgen. Um zu vermeiden, den Alterungsprozess als ein Spiel darzustellen, indem es nur Gewinner und Verlierer gibt, müssen wir ihn mit all seinen Schattierungen anschaulich machen. Das bedeutet, einen Toast auf die Superager auszubringen, ohne sie auf einen unerreichbaren Sockel zu heben. Diejenigen, die an einer neuen Definition des Begriffs »alt« arbeiten, haben das begriffen. Auch wenn Frau Braun eine Bresche durch die polnische Medienlandschaft schlägt, ist ihr bewusst, dass marktschreierische Floskeln wie »älter ist besser« oder »es ist cool, alt zu sein« eine Falle darstellen. »Es gibt nicht nur gute Seiten, sondern auch Verlust, Krankheit, Tod, Geschichten, die von einem harten Leben erzählen«, sagt sie. »Altern besteht nicht nur aus Tanzen und Feiern.«

Ein authentisches, umfassendes Bild vom Alterungsprozess zu zeichnen bedeutet, Verfall, Gebrechlichkeit und Leiden auf eine Weise darzustellen, die von den Betroffenen als empathisch und würdevoll – und nicht als schändlich – empfunden wird. Es bedeutet, den Blick auch auf die ganz alltäglichen Momente zu richten, die in jeder Lebensphase vorkommen. Altern ist schließlich keine binäre Entscheidung zwischen schillernd und sabbernd, zwischen Superstar-Status auf Instagram und Siechtum im Pflegeheim. »Was wir wirklich brauchen, sind wesentlich mehr Darstellungen von ganz gewöhnlichen Menschen, die zwischen diesen beiden Extremen verortet sind«, sagt Lorna Warren, Soziologin und Expertin auf dem Gebiet der Alternsforschung an der Universität von Sheffield. »Die meisten von uns sind überwiegend mit völlig banalen Dingen beschäftigt, und das sollten wir begrüßen. Manchmal wäre ich gerne nichts weiter als eine völlig banale Lorna, die mit 50plus in ihren Jogginghosen abhängt. Das ist weder langweilig noch eine Schande, sondern der Stoff, aus dem der Großteil unseres Lebens besteht. Wir sollten uns den Freiraum zugestehen, banal zu sein, wenn wir älter werden.«

Fakt ist, dass wir gerade erst beginnen, dem Alterungsprozess ein neues Image zu verleihen. In jeder Episode von *Lebe lang* halten Jaco und ihre Lockvogel-Freunde alle Karten in der Hand und lachen als Letzte, ein begrüßenswerter Schritt vorwärts. Doch selbst wenn sie sich über altersfeindliche Klischees lustig machen, bedienen sie damit eine Nachfrage. Mit anderen Worten: Durch das Spiel mit den negativen Stereotypen – dass ältere Menschen geschlechtlos, Techno-Analphabeten oder Greise mit zitternden Hände sind – ruft die Sendung eben jene Stereotype immer wieder in Erinnerung. In einer altersfeindlichen Welt bleibt die Trennlinie zwischen lachen *mit* und lachen *über* hauchdünn.

Dennoch befinden wir uns auf dem richtigen Weg, nicht zuletzt deshalb, weil viele, die das Bild vom Älterwerden verändern wollen, Sinn für Humor haben. Lachen ist ein wirkmächtiges Werkzeug, um ein Umdenken herbeizuführen, Stereotype auszuhebeln und den Status quo ins Schwanken zu bringen; deshalb hassen autoritäre Menschen und Diktatoren auch den Humor, wenn sie zur Zielscheibe des Spotts werden. Manchmal nervt das Älterwerden, dann hilft die Fähigkeit, den dunklen Augenblicken des Lebens eine helle, aufheiternde Seite abzugewinnen. Wenn die US-amerikanische Komikerin Phyllis Diller schlagfertig erklärt: »Ich bin in einem Alter, in dem mein Rücken häufiger sein Letztes gibt als ich«, können wir alle lachen – und uns vielleicht ein paar Sorgen weniger über das Älterwerden machen.

Deshalb treibt die Revolution des Lebensalters eine Entwicklung voran, die sich auf den Humor der reifen Generation stützt. Einer der Vorreiter dieses Trends ist der sechsundsechzigjährige Yoshihiro Kariya, der bei seinen temporeichen Comedy-Kurzauftritten einen roten Frack und einen flotten Pferdeschwanz trägt.[11] Seine Fans, überwiegend in den Sechzigern und Siebzigern, lieben seine gnadenlosen Scherze, mit denen er Tabuthemen wie Tod, Krankheit und Verlust der Libido aufs Korn nimmt.

Mein absoluter Favorit dieser Galgenhumor-Nummern aber stammt von Diane Hill. Gemeinsam mit einem Künstler aus Coventry, England, entwickelte die Sechsundfünfzigjährige eine Reihe von Emojis, die eher unangenehme Aspekte des Alterns zeigen. Auf einem der Emojis krümmt sich eine Frau vor Rückenschmerzen. Auf einem anderen ist eine Frau in Form einer Flasche mit Pillen zur Stärkung der Gedächtnisleistung dargestellt. Oder als Figur aus der Bling-Bling-Fraktion, die »das Erbe der Kinder« verprasst. Die Piktogramme, »EmOldjis« genannt, könnten bald auch auf Ihrem Smartphone auftauchen.

Der Sinn für Humor hilft uns, besser zu altern. Lachen stärkt das Immunsystem, lindert Schmerzen und bekämpft Stress.[12] Eine Studie unter der Leitung von Psychologen der University of Akron in Ohio belegt, dass humorvolle Menschen acht Jahre länger leben als ihre griesgrämigen Brüder und Schwestern.[13] Wie der irische Dramatiker George Bernard Shaw sagte: »Man hört nicht auf zu lachen, wenn man alt ist; man wird alt, wenn man aufhört zu lachen.«

Was Jaco so unwiderstehlich machte, war, dass sie nie das Lachen verlernte. Sie machte das Beste aus dem Altern, indem sie die Vorteile begrüßte und die Nachteile mit Gleichmut, Humor und einem messerscharfen Verstand hinnahm, der zu ihrem Markenzeichen wurde. Selbst der von Shakespeare heraufbeschworene Verfall in der Endphase des Lebens konnte die Leichtigkeit ihres Seins nicht beeinträchtigen. Auch wenn der menschliche Körper am Ende des Lebens einen bemitleidenswerten Anblick bietet – und die persönliche, hautnahe Begegnung mit Jaco setzte mir mehr zu, als ich erwartet hatte –, fühlte ich mich in ihrer Gesellschaft rundum wohl, weder genervt noch abgestoßen von ihrem physischen Zustand. Gegen Ende unseres Gesprächs ertappte sie mich dabei, wie ich einen verstohlenen Blick auf eine ihrer verschorften Hautstellen warf. Sie hielt meinem Blick stand, mit gelöster Miene, versöhnlich. Sie legte ihre Hand auf meine. »Alt werden gehört dazu, c'est la vie. Man muss sich darüber hinwegsetzen und an all das Gute denken, das uns das Leben in jedem Alter beschert«, sagte sie. Und plötzlich tauchte das Lächeln wieder auf, das sie berühmt gemacht hatte: »Und wenn das nicht hilft, besorg dir eine Großpackung Viagra, hochdosiert.«

Ich wünsche mir, diese Welt so verlassen zu dürfen wie Jaco: lachen zu können, wenn das Scheinwerferlicht erlischt. Immer mehr Menschen zu sehen, gleich ob im Film, im Fernsehen, in den sozialen Medien oder in der Werbung, die den Lebensabend in vollen Zügen genießen, macht den Abgang im letzten Akt leichter.

Als ich meine Siebensachen zusammenpackte, um den sonnenüberfluteten Innenhof in Beirut zu verlassen, schickte sich Jaco an, gemeinsam mit ihren Katzen eine Siesta zu halten. Ich stellte ihr eine letzte Frage: Gibt es irgendwelche Neuerungen in der modernen Welt, die den Alterungsprozess für sie persönlich verbessert haben? Sie dachte einen Moment nach. »Die Antwort liegt auf der Hand«, erwiderte sie. »Ich würde hier nicht mit Ihnen zusammensitzen, wenn es all diese neuen Medien nicht gäbe.«

Das gibt zu denken in einer Welt, die uns weismachen will, dass die neuen Technologien eine Domäne der Jugend seien.

6. KAPITEL

TECHNOLOGIE: AKTIV IM INFORMATIONSZEITALTER

Technologie ist das Lagerfeuer, um das wir uns scharen, um unsere Geschichten zu erzählen.

Laurie Anderson

Für Shirley Curry beginnt jeder Morgen gleich: Sie macht sich schnurstracks auf den Weg vom Bett ins Wohnzimmer. Dort hat sie, in einer Ecke ihres kleinen Apartments in Rocky Mount, Virginia, einen Schrein für ihre Computerspiele errichtet. Das Handwerkszeug ist nicht zu übersehen: Tastatur, zwei Monitore, externe Festplatte und Router, Headset-Mikrofon und Videokamera, ein Online-Timer, der zum Messen bestimmter Zeitintervalle verwendet wird, und ein Smartphone. Zwischen all dem technischen Schnickschnack ist analoger Kleinkram verstaut – ein Jupiter-Globus, ein kleines Keramikhaus, ein pinkfarbener Plüschhund, um die Bildschirme abzustauben. Auf roten und weißen Post-it-Haftnotizen, verstreut wie bunte Wimpel bei einem Sommerfest, sind Nachrichten von ihren Fans vermerkt. Nachdem sie alle Geräte eingeschaltet hat, nimmt sie Platz für eine interaktive Sitzung, die bis zu achtzehn Stunden dauern kann.

Ihre erste Anlaufstation ist YouTube. Um sich auf den neusten Stand zu bringen, schaut sie sich Videos von anderen gerade aktiven Gamern an, gefolgt von ihren eigenen Aktivitäten am Vortag. Und dann legt sie los. Ihr Lieblingsspiel ist *Skyrim*, der Schauplatz eine reich bebilderte Welt der Kriegermönche mit Schriftrollen voller Weissagungen auf einem Planeten namens Nirn. Ihr Avatar ist ein junger Handlungsreisender namens Katamet. Curry geriet gleich beim ersten Mal in den Bann des Rollenspiels. »Als wäre man die Hauptperson in einem Film, in dem man tun und lassen kann, was man will, und überall hinreisen kann«, sagt sie. »Das ist so fantastisch, dass ich mich auf Anhieb in das Spiel verliebt habe.«

Am Anfang spielte sie Skyrim bis zu zwölf Stunden am Stück, völlig losgelöst von der Außenwelt. »Ich war wie ein Zombie«, sagt sie. Heute hat sie ihre Gaming-Sitzungen erheblich besser unter Kontrolle, weil die Außenwelt tatsächlich auf ihre neuesten Nachrichten aus Nirn wartet: Sie spielt in Zeitfenstern von vierzig Minuten oder einer Stunde (deshalb der Timer), dokumentiert jedes Scharmützel mit feindlichen Mächten und jeden Raubzug, jede entdeckte Schatzkiste, jeden Marsch durch das Unterholz und ihre eigenen Kommentare in Realzeit. Dann komprimiert sie alles und lädt es für ihre 250 000 Abonnenten auf YouTube hoch. Obwohl sie gelegentlich aufsteht, um ins Bad zu gehen oder Hausarbeit zu verrichten, hockt sie den größten Teil des Tages auf ihrem Stuhl. Sie nimmt sogar ihre Mahlzeiten am Keyboard ein. Jemandem wie mir, der mit Videospielen nichts anfangen kann, muss ihr Tagesablauf wie ein neuer Kreis in Dantes Hölle erscheinen. Für Menschen wie Curry sind sie gleichwohl Manna vom Himmel. »Ich finde es wunderbar. Ich bin total süchtig danach«, gesteht sie.

Zeit für ein kleines Gedankenexperiment: Was für ein Bild haben Sie sich von Shirley Curry gemacht? Stellen Sie sich einen Teenager mit Gesichtspiercing vor? Eine Zwanzigjährige, die ihre Sorgen wegen der Rückzahlung des Studiendarlehens auszublenden versucht? Eine dreißigjährige Programmiererin auf Abwegen? Nichts von alldem ist richtig. Curry hat keine Gesichtspiercings, kein Studiendarlehen und keine Ahnung vom Programmieren. Und sie ist einundachtzig Jahre alt.

Sie war sechzig, als sie mit den interaktiven Computerspielen begann, und wurde seither mit einem gerüttelt Maß an Altersfeindlichkeit konfrontiert. Als sie sich online das erste Mal als ältere Mitbürgerin zu erkennen gab, erhielt sie unverzüglich und gnadenlos die Quittung. Andere Gamer beschuldigten sie, eine Hochstaplerin im Teenageralter zu sein. Ein Toningenieur behauptete, sie würde einen Voice Changer benutzen, um ihre Stimme zu verändern. Als endlich klar wurde, dass sie tatsächlich älter war, feuerten die Trolle, wie immer auf emotionale Provokation im Netz bedacht, ihre Giftpfeile auf sie ab. »Es kamen viele vulgäre boshafte Kommentare über mein Alter«, sagt Curry und zuckt angesichts der Erinnerung zusammen. »Die Leute meinten: Hau ab, du gehörst nicht hierher, dafür bist du zu alt!«

Im Lauf der Zeit verschwanden die Hater jedoch von der Bildfläche und ihr Alter wurde zu ihrem Markenzeichen. Ihre Fans tauften sie »Gamer-Grandma« und bezeichneten sich selbst als ihre »Grandkids«, ihre Enkelkinder. Die Medien standen Schlange, um die »zockende Großmutter« zu interviewen. Curry, die über den Witz und die Wärme einer Rundfunkmoderatorin verfügt, die auch zu nachtschlafender Zeit munter plaudert und Musik auflegt, spielte bereitwillig mit und kann sich heute einer Online-Gefolgschaft rühmen, für die manche ihr letztes Hemd hergeben würden. Ein Fan postete eine Botschaft, die vielen aus der Seele spricht: »Danke, Grandma! Deine Videos sind klasse und jeden Tag wie ein Geschenk.«

Currys Aufstieg zum YouTube-Star weist einmal mehr darauf hin, dass das Goldene Zeitalter des Alterns angebrochen ist. Die Technologie ist ein fantastischer Gleichmacher, nicht zuletzt, weil die einzige physische Fähigkeit, die erforderlich ist, darin besteht, vor dem Bildschirm zu sitzen und den Umgang mit einem Keyboard oder einem Gamepad, einem Eingabegerät für die Steuerung von Computerspielen, zu beherrschen. Obwohl ein jugendliches Erscheinungsbild in denjenigen Web-Regionen, die in hohem Maß von Selfies angetrieben werden, noch immer eine harte Währung darstellt, sind inzwischen viele Online-Interaktionen textbasiert, was bedeutet, dass man hier Wert auf eben jene Eigenschaften legt, die ihren Feinschliff erst mit zunehmendem Alter erhalten: Wissen, Sozialkompetenz, Wortgewandtheit. Die Online-Welt bietet die Chance, uns neu zu erfinden, auf eine Weise, die es vorher nicht gab; sie entspricht dem Bedürfnis, unsere Flügel auszubreiten oder einen Neustart zu wagen, ein Bedürfnis, das uns häufig erst in späteren Jahren überkommt. Katamet ist nicht nur fünfzig Jahre jünger als Curry, sondern auch ein männlicher Avatar.

Die Entschleunigung, die mit dem Älterwerden einhergeht, kann online eine Geheimwaffe sein, auch in der Gaming-Welt. Currys Alter hat zwar den Reiz des Neuen, doch ihr Prominentenstatus auf YouTube leitet sich in erster Linie aus ihrer unaufgeregten Spielweise her. Sie führt ihre Fans durch die verlassenen Festungen und brodelnden Märkte von Nirn wie ein weiser, genialer Vergil, der Dichter der römischen Antike, dessen Lebensstationen sich über ganz Italien erstreckten. Verglichen mit den atemberaubend schnellen Videos, die an *The Fast and the Furious* erinnern und von Jüngeren hochgeladen werden, sind ihre Clips lang und gemächlich. »Ich spiele langsam, nehme jede Kleinigkeit wahr, und ich erwähne, wie schön dies oder das ist;

den Leuten gefallen meine Kommentare, weil ich authentisch bin«, sagt sie. »Ich könnte mir vorstellen, dass meine Langsamkeit für viele wie eine frische Brise ist.«

Curry stellt lediglich die Spitze eines wachsenden Eisbergs dar. Während die Technologie eine immer größere Rolle im modernen Leben einnimmt, altert der Cyberspace, die virtuelle Welt, im Gleichtakt mit der Bevölkerung. Die Angehörigen meiner Generation verbringen, obwohl sie im Zeitalter vor dem Internet aufgewachsen sind, inzwischen fast genauso viel Zeit online wie ihre Kinder. Seit 2010 hat sich der Anteil der US-amerikanischen Bevölkerung über fünfundsechzig, die in den sozialen Medien aktiv sind, mehr als verdreifacht, wobei viele sich nicht nur Familienfotos auf Pinterest anschauen.[1] Sie spielen Videospiele, geben und besuchen Kurse im Netz, gehen auf Partnersuche, nehmen an Crowdsourcing-Aktivitäten teil, sind federführend bei Kampagnen für soziale Reformen, bringen als Lobbyisten Fachwissen in die Politik, gründen Firmen, spekulieren an der Börse, schreiben Blogs und verkaufen oder präsentieren ihre Kunstwerke. Meine siebenundsiebzigjährige Mutter nimmt ihr iPad überallhin mit.

Weil das Alter online sogar irrelevanter ist als im realen Leben, verbindet Junge und Alte auch dieselbe Hassliebe zur Technologie. Eine Umfrage in Großbritannien ergab, dass neunundachtzig Prozent der Achtzehn- bis Vierundzwanzigjährigen das Internet für einen unverzichtbaren Bestandteil ihres Lebens halten.[2] Das überrascht wohl kaum, aber dreimal dürfen Sie raten, wie viele der Befragten über fünfundsechzig der gleichen Meinung waren: vierundachtzig Prozent. Wenn meine Mutter zu Besuch kommt, nimmt sie den Bildschirm häufiger in Beschlag als meine Tochter im Teenageralter. In derselben Umfrage wurde auch festgestellt, dass sich Junge und Alte durch die rasante

Entwicklung immer neuer Technologien gleichermaßen überfordert fühlen.

So bekommt Curry selbstverständlich auch die Schattenseiten eines Lebens als Online-Ikone zu spüren, genau wie die Generation, die um die Jahrtausendwende geboren wurde. Inzwischen verbringt sie mehr Zeit im Austausch mit Fans als mit ihrem heißgeliebten Skyrim. »Früher habe ich losgelegt und Stunde um Stunde gespielt«, sagt sie wehmutsvoll. »Ich habe keine Zeit mehr, nur für mich alleine zu spielen, und das vermisse ich sehr.« Die Online-Plackerei hat auch das Fitnesstraining verdrängt. Kein Laufband mehr im Fitnessstudio gegenüber. Keine Spaziergänge mehr durch die Nachbarschaft. An manchen Tagen schafft Curry es nicht einmal, ihre Wohnung zu verlassen. »Ich bin in die gleiche Falle getappt wie viele Leute«, gesteht sie. »Das kann in jedem Alter passieren.«

Die Klischeevorstellung von einem älteren Menschen, der von der Technologie am Arbeitsplatz überrollt wird, ist ebenfalls ein Auslaufmodell. Bei einer Umfrage von Dropbox, an der über 4 000 IT-Spezialisten teilnahmen, stellte man das genaue Gegenteil fest: Die über Fünfundfünfzigjährigen waren durch die Technologie weniger gestresst als ihre jüngeren Kollegen.[3] Forscher der North Carolina State University wiesen nach, dass Programmierer ihre Kenntnisse und Fähigkeiten im Lauf der Zeit verbessern, unabhängig vom Alter – und dass die Fünfzigjährigen oft genauso viel (oder mehr) über die neuesten Software-Plattformen wissen als ihre zwanzigjährigen Kollegen.[4] Als Jean Pralong, Professor für Personalwirtschaft an der Ecole de Management de Normandie, die Arbeitsleistung von 400 Beschäftigten mit ähnli-

chem Bildungsprofil im Alter von zwanzig bis vierzig Jahren ana-
lysierte, stellte er fest, dass die älteren Arbeitnehmer die neuen
Technologien genauso schnell wie die jüngeren beherrschten.[5]
Der Ingenieur Ron Ayers ist ein anschauliches Fallbeispiel.
Nach einer langen beruflichen Laufbahn als Konstrukteur von
Bombenflugzeugen und Raketen leitete er sein Wissen zielge-
richtet in den aerodynamischen Bereich um und baute unvorstellbar schnelle Autos. Eine seiner straßenzugelassenen Die-
selkreationen stellte 2006 mit 560 Stundenkilometern den
Geschwindigkeitsrekord auf. Derzeit arbeitet er am Entwurf eines Supermodells, das auf 1600 Stundenkilometer beschleunigen kann. Die Präsentation soll 2019 erfolgen, dann ist Ayers siebenundachtzig Jahre alt. Auf die Frage, wie er mit all den
neuen Wissenschaften und technischen Spielereien Schritt halten kann, erwidert er:»Ganz einfach, ich habe mich im Gleich-
schritt mit der Technologie weiterentwickelt.«

Barbara Jones, die Versicherungsmaklerin, der wir bereits an
früherer Stelle begegnet sind, würde ihm zustimmen. Mit neunundsechzig fühlt sie sich in der digitalen Welt heimisch, ist auf
Facebook aktiv und zögert nicht, sich mit Fragen, die in ihrem
Alltag auftauchen, an Google zu wenden. Ihr iPhone ist mit Apps
zugepflastert und liefert ihr ständig die aktuellen Ergebnisse in
ihrer Lieblingssportart, dem US College Football. Sie hat über
die US-Anzeigenwebsite Craigslist einen Doppelschreibtisch er-
standen, der nun in ihrem Apartment in Arizona als »Arbeits-
station« mit Arbeitsplatzrechner und Dual-Monitor dient. Und
es macht ihr Spaß, sich mit ihren Gamer-Enkeln über Technologie auszutauschen. »Ich habe keinen blassen Schimmer von Videospielen«, sagt sie. »Aber ich weiß genug, um mich mit ihnen
über Computer zu unterhalten, was wir daran mögen und was
uns missfällt.«

Um Aufträge in der beinharten Welt der Beratungstätigkeiten an Land zu ziehen, muss Jones dafür sorgen, dass sie stets auf dem neuesten Stand der Technologie in der Versicherungsbranche bleibt. Bei unserer ersten Begegnung ist sie gerade damit beschäftigt, sich in eine komplexe neue Gesundheitssoftware der Firma Epic Systems Corporation einzuarbeiten. »Eine erstaunliche Software, technisch ausgeklügelt, aber das ist kein Problem für mich«, sagt sie. »Der Technikexperte von Epic kann bestätigen, dass ich der Lernkurve schon ein Stück voraus bin und schneller damit zurechtkomme als meine jüngeren Kollegen.«

Jones hat den Vorteil, dass sie etliche Jahre mit Technologie-Freaks in engem Kontakt stand. Mit zwanzig schleppte ihr damaliger Ehemann ein Sammelsurium technischer Geräte an, darunter einen der ersten Macintosh-Computer von Apple. Durch die jahrelange Tätigkeit im Vertrieb und Einzelhandel kam sie hautnah mit einer Technologiewelle nach der anderen in Berührung. Wie wir schon gesehen haben, reagiert das menschliche Gehirn hervorragend auf die Forderung, im späteren Leben neue Fähigkeiten in einem ähnlichen Bereich zu erlernen. Aber wie kommt man mit der Technologie zurecht, wenn man keine langjährige Erfahrung wie Jones vorweisen kann? Steht man dann auf verlorenem Posten?

Mitnichten. Arianna Huffington war Anfang fünfzig, als sie erstmals davon träumte, sich das Web zunutze zu machen, um Nachrichten und Anmerkungen zum Tagesgeschehen zu verbreiten. Damals war sie Sachbuchautorin und Journalistin mit begrenztem Technologicverständnis, doch das war ihr egal. Sie erwarb die nötigen Fachkenntnisse und glich die Lücken aus, indem sie Computerfreaks einstellte. Im Alter von fünfundfünfzig Jahren gründete sie 2005 die *Huffington Post*, heute eine der weltweit erfolgreichsten Online-Zeitungen.

Schön und gut. Vielleicht denken Sie jetzt, dass man mit Anfang fünfzig nicht so alt ist, dass man vor der Technologie kapitulieren müsste. Schließlich war Steve Jobs bei der Einführung des iPhone im gleichen Alter wie Arianna Huffington, als sie ihren weltbesten Blog ins Leben rief. Aber was ist mit den älteren Semestern?

Um das herauszufinden, statte ich Senior Planet im New Yorker Stadtviertel Upper West Side einen Besuch ab. Senior Planet ist das erste eigenständige Gemeindezentrum, das sich auf die Fahnen geschrieben hat, die Macht der Technologie zu nutzen, um den Alterungsprozess zu verbessern, wie es in der Werbung heißt, es bietet Online-Informationen und Ratschläge in allen nur erdenklichen Bereichen, vom Gesundheitswesen bis hin zur Partnersuche, zu Reisen und Mode. Außerdem bringt es Einsteigern den Umgang mit dem Computer bei. Als ich abends dort auftauche, findet gerade ein Anfängerkurs statt; die Szene, die sich mir bietet, ist in den Archiven von Getty Images selten zu entdecken: Ein Dutzend Kursteilnehmer zwischen zweiundsechzig und dreiundachtzig sitzen am iMac und bauen Websites. Im Unterrichtsraum herrscht ein Geräuschpegel wie in einem Bienenstock. Hin und wieder ruft jemand »Psst!«, doch die Mühe ist vergebens: Die Aufregung ist zu groß. Eine Kursteilnehmerin hat Lust, eine Website mit eigenen Designelementen zu entwickeln, ohne die Vorlagen verwenden zu müssen. Eine andere plant, mithilfe der Website Schmuck im Netz zu verkaufen. Eine dritte hat sich zum Ziel gesetzt, eine Nachrichten-Website mit dem Schwerpunkt Landwirtschaft in Afrika zu entwickeln. Die Frau am iMac neben mir ist achtzig und möchte ihre Beratungstätigkeit online präsentieren und ausweiten. »In meinem Alter halte ich nach der besten Möglichkeit Ausschau, meine Aktivitäten weltweit bekannt zu machen, und das bedeutet, ich muss die Technologie beherrschen, die damit verbunden ist«, vertraut sie mir an. »Und abgesehen davon macht es Spaß, etwas Neues zu lernen – das ist so, als würde man noch einmal die Schulbank drücken!«

Abgesehen von mir ist die einzige Person unter sechzig in diesem Raum der Kursleiter, Kin Chan. Er ist sechsundzwanzig und trägt ein rotes T-Shirt mit dem Aufdruck des Senior-Planet-Slogans »Aging with Attitude« – mit Haltung altern. Obwohl er alles gut verständlich und ohne den geringsten Hauch von Herablassung erklärt, lässt die Umsetzung seiner Anweisungen zunächst zu wünschen übrig. Es hapert an den Grundkenntnissen. Eine Teilnehmerin kann den Einschaltknopf nicht finden. Eine andere doppelklickt die Maus, wenn ein Einzelklick erforderlich ist. Als es darum geht, die Accounts auf einer Online-Plattform zu öffnen, stellt ein Dritter fest, dass er sich nicht einloggen kann. »Bitte notieren Sie Ihr Passwort in Ihren Begleitbüchern«, sagt Chan mit einem Anflug von Verzweiflung in seiner Stimme.

Es dauert jedoch nicht lange, bis alle Fortschritte machen. Mir kommt der Gedanke, dass die Rückschläge der Kursteilnehmer zu Beginn des Abends vielleicht nicht der lähmenden Wirkung des Alters, sondern der unbekannten Technologie geschuldet sind. Neulich sah ich eine Fernsehsendung, in der Teenager aufgefordert wurden, Geräte auszuprobieren, die früher einmal gang und gäbe waren; sie hatten keine Ahnung, wie sie funktionieren. Einige schafften es nicht einmal, herauszufinden, wie man eine Schallplatte auf einem Drehteller abspielt; sie hoben die Nadel an und inspizierten sie, als handelte es sich um den Stiel einer exotischen Pflanze. Andere erbleichten, als sie manuell Radiosender suchen sollten. Der Tenor der TV-Sendung war locker und skurril, nach dem Motto: »Ist das nicht lustig, mit anzusehen, wie digitale Experten vor der analogen Technologie kapitulieren?« Niemand rang die Hände angesichts der kognitiven Misserfolge einer ganzen Altersgruppe. Doch wenn über Fünfzigjährige Mühe haben, technische Spielereien gleich welcher Art in den Griff zu bekommen, erhebt die Altersfeindlichkeit ihr hässliches Haupt. Wir mokieren uns über sie, tauschen wissende Blicke aus und machen das fortgeschrittene Alter dafür verantwortlich.

Das ist ein Denkfehler. Jeder macht am Anfang Fehler, wenn er mit einer Technologie konfrontiert wird, die ihm nicht vertraut ist. Wie schnell man Fortschritte macht, hängt in stärkerem Maß von der inneren Einstellung, den Fähigkeiten, Fertigkeiten und Talenten als von der Alterszugehörigkeit ab. Das belegen Lernstudien. Und genau das hat Chan in den zwei Jahren als Kursleiter bei Senior Planet beobachtet. »Den Umgang mit einer neuen Technologie zu lernen ist nicht vom Alter abhängig, das ist nur eine Zahl«, sagt er. »Persönlichkeitsmerkmale und Intelligenz, das Ausmaß des Interesses an Computern, solche Dinge sind wichtiger als die Lebensjahre.«

Erinnern Sie sich an die Japanerin Kimiko Nishimoto, die Königin der Slapstick-Selfies? Sie hatte im Alter von zweiundsiebzig Jahren zum ersten Mal eine Kamera in der Hand. Ihre Landsfrau Masako Wakamiya, eine Bankkauffrau im Ruhestand, begann erst mit sechzig, einen Computer zu benutzen, und brachte sich später mithilfe von Online-Tutorials bei, Quelltexte für Computerprogramme zu schreiben. Frustriert über den Mangel an Videospielen für mobile Geräte, entwickelte sie schließlich Hinadan. In der Entwicklung ihrer Spiele-App ließ sie sich vom traditionellen japanischen Puppenfest inspirieren, vereinfachte jedoch die Bedienung und verlangsamte den Handlungsablauf. Das kam so gut an, dass sie zu Apples legendärer alljährlicher Entwicklerkonferenz eingeladen wurde, mit zweiundachtzig. Wakamiya ist eine glühende Verfechterin des Standpunkts, dass man auch im Alter technisch topfit sein kann, und bereist die ganze Welt, um Interviews zu geben und Vorträge zu halten. Auf ihre Website stellt sie Video-Blogs von ihren Reisen und Online-Schnellkurse ein, um mithilfe von Excel Fotos in Kunstwerke zu verwandeln.

Von Menschen wie Wakamiya zu hören und Zeit im Senior Planet zu verbringen stimmt mich optimistisch, was meinen eigenen Alterungsprozess in einer Welt des fortwährenden technologischen Wandels betrifft. Chan hat das gleiche Gefühl. »Ich habe die wichtige Lektion gelernt, dass es keine Rolle spielt, wie weit man auf einem bestimmten Gebiet dem Rest der Welt ›hinterherhinkt‹, man kann das Versäumte nachholen, solange man es versucht«, sagt er. »Das ist beruhigend.«

Doch es braucht Zeit, bis man die Botschaft verinnerlicht hat. Selbst bei Senior Planet – wo jedes Plakat, jede E-Mail und jede Broschüre daran erinnert, dass man den Alterungsprozess willkommen heißen sollte – machen manche Kursteilnehmer ihr fortgeschrittenes Alter dafür verantwortlich, dass Lernprozesse bisweilen länger dauern, als ihnen lieb ist. Statt diese selbst zugefügte Altersdiskriminierung unkommentiert hinzunehmen, holt Chan zum Gegenschlag aus, indem er auf eine zweiundneunzigjährige, an Parkinson erkrankte Kursteilnehmerin hinweist, die sowohl seine Computerkurse für Anfänger als auch für Fortgeschrittene mit Bravour abschloss: »Ich war sprachlos, was sie alles gelernt hat!«

Die Technologie kann uns im späteren Leben Flügel verleihen und uns mit der Welt in einer Art und Weise verbinden, die über den alternden Körper hinausreicht. Jaco war bis zu ihrem Tod auf

Facebook und YouTube aktiv, um Fangemeinden in der gesamten arabischen Welt aufzubauen. Im Nightingale House, einem Altersheim in London, hält der dreiundneunzigjährige John Rich mit den globalen Ereignissen Schritt, indem er auf seinem iPad die Nachrichten-Websites besucht. Außerdem unternimmt er im Cyberspace Ausflüge in weit entfernte Regionen. Mithilfe von Google Earth ist er nach Steglitz zurückgekehrt, einen Stadtteil von Berlin, in dem er aufwuchs, und über die Landstraßen von Somerset gewandert, eine Grafschaft im Südwesten Englands, wo er viele Jahre gewohnt hat. Ganz oben auf seiner aktuellen Reiseliste: die Seychellen, die Karibik und die USA, wo er diverse Golfplätze ins Auge gefasst hat. »Google Earth ist unglaublich«, sagt er. »Ich kann hier in meinem Sessel sitzen und die ganze Welt bereisen.«

Ida White nutzt die Möglichkeiten der neuen Technologie, um anderen zu helfen. In New York geboren, hat sie den größten Teil ihres Lebens auf den US-amerikanischen Jungferninseln verbracht, wo sie als Lehrerin, Berufsberaterin, Radiomoderatorin und politische Aktivistin tätig war. Die über Achtzigjährige verbringt ihren Lebensabend in Orlando, Florida, hält aber den Kontakt zu ihrer Wahlheimat über die sozialen Medien aufrecht. Auf Facebook steht sie annähernd 700 Freunden mit ihren Ratschlägen zur Seite, viele von ihnen sind ehemalige Schüler, die sie noch immer »Frau Lehrerin« oder »Miss White« nennen. Als die Inseln 2017 durch Hurrikans verwüstet wurden, nutzte sie ihre Erfahrung im Katastrophenmanagement und versuchte, online zu helfen. »Alter ist nicht das Erste, worauf die Leute bei Facebook achten, und das kann befreiend sein«, sagt sie. »Statt mir Sorgen wegen meines Alters zu machen, kann ich einfach ich selbst sein.«

Die Online-Welt ist dennoch weit von einem Utopia entfernt, in dem das Alter keine Rolle spielt. Genau wie Sexismus, Homophobie und Rassismus schwelt auch die Altersfeindlichkeit im Cyberspace dicht unter der Oberfläche. Manchmal lösen Paulina Brauns Posts auf Facebook und YouTube boshafte Bemerkungen über Senioren aus. Viele ältere Gamer verstecken sich noch hinter gefälschten Profilen, um altersfeindlicher Häme zu entgehen. Curry beschloss erst, ihre wahre Identität preiszugeben, als sie feststellte, dass die Chats mit ihren Fans intensiver wurden. »Ich wollte, dass sie mich kennenlernen, weil ich sie kennenlernen wollte«, sagt sie. »Es hat keinen Sinn, sich mit anderen auszutauschen, von denen man nicht weiß, wer und wie sie sind – das ist einfach töricht.« Sie hat recht. Experimente mit Online-Identitäten können Spaß machen und befreiend sein, aber nicht, wenn man ständig vorgeben muss, jünger zu sein, als man ist. Das Potenzial des Cyberspace lässt sich nur dann voll nutzen, wenn sich dort alle gleichermaßen willkommen fühlen.

Nach meiner Unterhaltung mit Curry stolpere ich über eine weitere überraschende Entdeckung, wie die Technologie unsere Lebensqualität im Alter verbessern kann. Wir können heute ein künstlich gealtertes Selbstporträt auf einem Smartphone erstellen oder mit einem überzeugenden Avatar unseres älteren Selbst und einem Virtual Reality Simulator in die virtuelle Realität eintauchen. Das macht Spaß, kann aber auch ernsthaft dazu beitragen, »die grundlegende emotionale Kluft zwischen unserem gegenwärtigen und unserem zukünftigen Selbst zu verringern«, wie Studien belegen. Und uns inspirieren, das spätere Leben besser vorauszuplanen, körperlich und geistig aktiver zu werden, weniger auf die lange Bank zu schieben und sogar unser ethisches Verhalten zu überdenken.

Als ich Curry frage, ob sie gerne Zeit mit einer virtuellen Version ihres zukünftigen Selbst verbringen möchte, lacht sie. »Ich bin bereits mein zukünftiges Selbst. Ich bin glücklich und zufrieden damit, wer ich heute bin und was ich bisher erreicht habe.« Solche Worte von einem anderen Menschen zu hören, gleich ob jung oder alt, ist ermutigend. Doch aus Currys Mund, die mir dreißig Jahre voraushat, werfen sie eine Frage auf, die mir schon seit dem Hockey-Turnier in Gateshead im Hinterkopf herumspukt: Sie hat Glück und Zufriedenheit gefunden, wegen – oder trotz – ihres Alters?

7. KAPITEL
GLÜCK: SELBSTBESTIMMT STATT FREMDGESTEUERT

Werde mit mir alt! Das Beste kommt erst noch ...

Robert Browning

Es ist ein strahlender Sonntagmorgen, der Frühling hat gerade erst begonnen und ein Dutzend Frauen bahnt sich den Weg durch die Straßen von Sagunto, einem verschlafenen kleinen Hafenstädtchen an der Ostküste Spaniens. Noch vor einer Generation wären ihre Mütter um diese Zeit zur Kirche geeilt, um in Gesellschaft von Priestern und Bildnissen der Jungfrau Maria an der Messe teilzunehmen. Doch die Frauen heute und hier, alle zwischen fünfzig und siebzig, sind zu einem Ritual ganz anderer Art unterwegs: Sie werden den Tag damit verbringen, Graffiti auf Mauern im Stadtzentrum zu sprühen.

Die Expedition, zu der sie aufgebrochen sind, mutet wie ein Junggesellinnenabschied an – lärmend, fröhlich, ausgelassen. »Was ist, wenn Bekannte zufällig vorbeikommen und sehen, was wir da treiben?«, ruft eine der Grafiteras mit gespielter Besorgnis. »Die Polizei macht mir mehr Kopfzerbrechen, weil ich zu alt bin, um eine Nacht im Gefängnis zu verbringen«, wirft eine andere ein. Als eine dritte verkündet, dass ihre Familie sie »Graffiti-Großmutter« nennt, brechen alle in schallendes Gelächter aus.

Die Frauen nehmen an einem Streetart-Workshop für Senioren teil, und ich habe mich der Gruppe angeschlossen. Gestern haben wir etwas über die internationale Geschichte des Graffitis erfahren und Fotos von Arbeiten namhafter Künstler der Szene wie Banksy, ROA und Escif angeschaut. Danach haben wir unsere eigenen Signaturkürzel oder Tags entworfen. Außerdem haben wir Stencils, sprich Sprühschablonen, von Blumen, Katzen, Burgen, Kleidungsstücken und Trinkbechern gefertigt.

In Kitteln, Overalls und alten abgetragenen Klamotten, die nicht zueinander passen, gelangen wir schließlich an unser Ziel, eine Mauer am Ufer des ausgetrockneten Palancia. Riesig, leer und cremefarben, stellt sie einen traumhaften Untergrund für jeden Grafitero dar. Mit Abdeckklebeband stecken wir rechteckige Rahmen auf dem glatten Beton ab. Dann legen wir Gesichtsmasken an und beginnen, ein buntes Kaleidoskop von Farben aufzusprühen – pink, blaugrün, hellbraun, kobaltblau, grün, gelb, orange, weiß, rot, schwarz. Wir sprayen Farbe auf unsere Hände, auf Signaturkürzel, Schablonen und Slogans wie »Viva Sagunto«. Binnen kürzester Zeit gleichen unsere Wandgemälde einem chaotischen Gemeinschaftswerk des abstrakten Expressionisten Jackson Pollock und des Neoexpressionisten Jean-Michel Basquiat mit seinem Sammelsurium an Motiven und Techniken. »Das macht mehr Spaß als der Gottesdienst«, erklärt eine Kursteilnehmerin, womit sie begeisterte Zustimmung und weiteres Gelächter erntet.

Ganz Sagunto ist, wie viele Kleinstädte in Spanien, mit Graffiti zugepflastert, viele mit politischer Aussage, andere vulgär, und zahlreiche Einheimische finden sich ein, um unsere archaischen Wandmalereien in Augenschein zu nehmen. Zwei junge Frauen, die gemeinsam eine überdimensionierte Paellapfanne tragen, bleiben stehen, um Fotos zu machen, desgleichen ein

Radfahrer in Funktionskleidung. »Wir sollten Oma mal vorschlagen, bei so was mitzumachen«, sagt ein Vater zu seinem Sprössling. »Sieht so aus, als würde das mehr Spaß machen als Seifenopern im Fernsehen anschauen.« Eine ältere Dame im Sonntagsstaat, offenbar auf dem Heimweg von der Messe, marschiert auf dem Gehsteig hin und her, begutachtet das Kunstwerk, stellt Fragen, tippt mit dem Finger auf die Pieces, wie sie im Szenejargon genannt werden, und nimmt unbeaufsichtigte Spraydosen in die Hand, um ihr Gewicht zu prüfen. »Das ist eine wunderbare Sache, vor allem, wenn die Sonne scheint«, sagt sie. »Ich dachte immer, die Sprüherei wäre nur etwas für junge Leute, aber wenn ich mir das anschaue, bekomme ich Lust, es selber auszuprobieren.«

Der Workshop ist das geistige Kind von Lara Seixo Rodrigues, einer portugiesischen Architektin über dreißig. Als sie im Rahmen eines Streetart-Festivals in ihrer Heimat feststellte, wie fasziniert ältere Menschen von dieser Straßenkunst waren, beschloss sie, ihnen beizubringen, wie man – mit behördlicher Genehmigung – Graffiti auf Mauern und leere Flächen der Stadt sprüht. Seither veranstaltet sie überall auf der Welt Graffiti-Workshops für Senioren, von Portugal bis Spanien, Brasilien und USA. Viele Teilnehmer leiden unter physischen Beeinträchtigungen. Einige kommen mit dem Rollator. Andere sind an Demenz erkrankt. Der bisher älteste Teilnehmer war hundertzwei Jahre alt.

Während wir Farbe auf die Mauer in Sagunto sprühen, erzählt mir Seixo Rodrigues von ihrem Ziel, einen silberhaarigen Banksy zu entdecken, einen der ganz großen Stars der Sprayer-Szene. »Es geht vor allem darum, altersfeindliche Klischees zu sprengen, indem wir alte Menschen in den öffentlichen Raum bringen, wo sie sich oft unwillkommen fühlen. Es geht darum, das Leben voll auszukosten und sich nicht den Kopf darüber zu zerbrechen, was andere denken könnten.«

Wir haben bereits gesehen, dass der Alterungsprozess unsere soziale Kompetenz verbessern kann, sodass uns der Umgang mit anderen Menschen leichter fällt. Und hier folgt noch eine weitere gute Nachricht: Er kann auch den Umgang mit uns selbst verbessern. Wenn wir älter werden, neigen wir dazu, uns in unserer eigenen Haut wohler zu fühlen, uns mit unseren Stärken und Schwächen auszusöhnen und haarsträubende Missgeschicke gelassener hinzunehmen.[1] Wir gelangen schlussendlich zu der Erkenntnis, dass wir es niemals aufs Siegertreppchen in Wimbledon schaffen, in einer Raumfähre das All erkunden oder mit einem Rhodes-Stipendium in Oxford studieren – und ja, alles gut, wir werden es überleben. Die Angst, etwas Falsches zu sagen oder zu tun, die in jungen Jahren so weit verbreitet und so lähmend ist, beginnt zu verblassen. Was andere von uns halten, fällt weniger ins Gewicht als die Freiheit, unser Leben nach unseren eigenen Vorstellungen zu gestalten. Ann Landers, eine fiktive, aber deshalb nicht weniger legendäre »Kummerkastentante«, beschrieb diese Wandlung folgendermaßen: »Mit zwanzig machen wir uns Sorgen, was andere von uns denken könnten. Mit vierzig ist es uns egal, was sie von uns denken. Mit sechzig entdecken wir, dass sie überhaupt nicht an uns gedacht haben.«

Nicht jeder lebt nach diesem Schema. Einige können dieses Joch schon früh im Leben abschütteln. John Lydon teilte beispielsweise mit Anfang zwanzig schon als Frontmann der Punk-Band Sex Pistols gegen alles und jeden aus, von der Monarchie über die Medien bis hin zu seinen eigenen Weggefährten. Im Gegensatz dazu hören einige von uns ungeachtet ihres Alters nie damit auf, sich den Kopf darüber zu zerbrechen, was andere von uns denken. Wenn wir es zulassen, kann uns das Älterwerden die subtile und erfüllende Kunst lehren, dem Urteil anderer weniger Bedeutung beizumessen, ein selbstbestimmtes und kein fremdgesteuertes Leben zu führen.

Die Umsetzung dieser Kunst führt manchmal zu Reibungen. Vor fünfundzwanzig Jahren war ich nicht immer begeistert, wenn meine Großmutter meine Kleidung, meine Haare und meine anfänglichen beruflichen Entscheidungen unverblümt kritisierte. Heute zucken meine Kinder zusammen, wenn ihr alter Herr Witze erzählt oder tanzt. Doch das ist ein geringer Preis, den wir zahlen, verglichen mit der unendlichen Freiheit, uns von der Meinung anderer unabhängig zu machen.

Echte Philosophen haben das schon immer erkannt. Zweieinhalbtausend Jahre, bevor Facebook den Like-Button erfand, erklärte der chinesische Philosoph Laotse, der Begründer des Taoismus: »Wenn dir die Zustimmung anderer wichtig ist, wirst du immer ihr Gefangener sein.« Die britische Schriftstellerin Virginia Woolf machte zu Beginn des 20. Jahrhunderts eine ähnliche Beobachtung: »Die Augen der anderen sind unser Gefängnis; ihre Gedanken unsere Käfige.« Selbst der amerikanische Kinderbuchautor Dr. Seuss stimmte in den Chor ein: »Sei der Mensch, der du bist, und sage, was du empfindest, denn diejenigen, die Anstoß daran nehmen, zählen nicht, und diejenigen, die zählen, nehmen keinen Anstoß daran.« Ein großer Teil der Selbsthilfebranche basiert auf dem gleichen Prinzip.

Ein selbstbestimmtes Leben, unabhängig von der Meinung anderer, befreit uns davon, uns den Kopf über Lappalien zu zerbrechen. Das verlieh Albert Einstein den Mut, sich so zu kleiden, wie es ihm gefiel. »Ich habe ein Alter erreicht, in dem ich keine Socken tragen muss, wenn mir jemand sagt, ich müsste.« Das kann uns wichtige Entscheidungen erleichtern, beispielsweise einen Schlussstrich unter eine zerrüttete Ehe zu ziehen, einen prestigereichen Job aufzugeben oder eine Freundschaft zu beenden, die uns nicht guttut. Die damals siebzigjährige Schriftstellerin Isabel Allende schwärmte in ihrer Rede, die als Video auf der TED-Talks-Website ins Netz gestellt wurde, dass sie sich nicht mehr verpflichtet fühle, ständig auf Zehenspitzen um die Erwartungen anderer herumzuschleichen. »Ich muss nichts mehr beweisen«, sagte sie. »Ich stecke nicht mehr in der Vorstellung fest, wer ich war, wer ich sein will oder wie ich nach Ansicht anderer sein sollte. Ich fühle mich leichter.«

Diese Leichtigkeit des Seins trägt mit Sicherheit dazu bei, einem Cartoonisten wie Mac das Leben angenehmer zu machen. Einige seiner Arbeiten, die mit der redaktionellen Grundeinstellung der Zeitung konform gehen, ecken bei manchen Leuten an, und gelegentlich wird er in den sozialen Medien dafür abgestraft. Doch inzwischen prallt die harsche Kritik an ihm ab. »Früher wollte ich es allen recht machen, und wenn ich Leserzuschriften bekam, in denen es hieß: ›Zum Teufel noch mal, dass sich die Zeitung mit Ihnen abgibt, ist reine Zeitverschwendung; warum holen die nicht Ihren Vorgänger zurück, der um Klassen besser war, bla, bla, bla …‹, habe ich es persönlich genommen und mich furchtbar verletzt gefühlt«, gesteht er. »Heute gestalte ich mein Leben nach meinem eigenen Gusto, weil ich weiß, ich kann es nicht jedem recht machen, und das ist in Ordnung.«

Natürlich kann die Neigung, das Leben nach eigenem Gusto zu gestalten, zu weit gehen. Sich überhaupt nicht darum scheren, was andere denken, kann zu egozentrischen, verletzenden Verhaltensweisen führen. Wenn die Impulskontrolle eines Menschen beeinträchtigt ist, beispielsweise durch Demenz oder andere schwere kognitive Störungen, können die Ergebnisse demütigend sein. Doch in der richtigen Dosierung ist die Unabhängigkeit von der Meinung anderer ein Freifahrtschein für ein Leben, wie wir es uns wünschen. Auf die Frage, was das Beste am Altern sei, erwiderte die US-amerikanische Talkshow-Moderatorin Oprah Winfrey: »Die Freiheit, zu sein, wie wir sein möchten, und zu tun, was uns gefällt.«

Diese Freiheit kann ein Geschenk des Himmels sein, besonders in Kulturen, die großen Wert darauf legen, das »Gesicht zu wahren« und sich in eine Gruppe einzufügen. Das kann Park Dae-Hyun bestätigen, der dreißig Jahre lang in einer Wirtschaftsprüfungsgesellschaft in Seoul tätig war, obwohl er seiner Tätigkeit nicht das Geringste abgewinnen konnte. Als wir uns zum Mittagessen in einem Lokal in der südkoreanischen Hauptstadt treffen, hebt er sich meilenweit von den geschniegelten Gehaltsempfängern im dunklen Anzug ab. In seinen grauen Chino-Hosen, dem offenen Hemd und den strubbeligen Haaren sieht er aus, als hätte er sich seit Tagen nicht mehr gekämmt. Als wir Platz nehmen und uns über die Schalen mit Bibimbap hermachen, ein beliebtes koreanisches Gericht mit Reis, Gemüse und Fleisch, erzählt er mir, warum er so lange in dem verhassten Job ausgeharrt hat.

Als Erster in seiner Familie, der eine Universität besuchte, fühlte er sich verpflichtet, seinen Kindheitstraum von einem Restaurant zugunsten eines geregelten Einkommens zu begraben. Was ihn antrieb, Monat für Monat und Jahr für Jahr ins Büro zu gehen, war die Befürchtung, andere zu verärgern – eine Angst, die in vielen asiatischen Kulturen verbreitet ist. In Korea ist Nonkonformismus dermaßen verpönt, dass Begriffe wie »unser« und »wir« oft als Synonym für »mein« und »ich« verwendet werden. Park Dae-Hyun wurde regelrecht schlecht bei der Vorstellung, wie andere reagieren könnten, wenn er seine

Rechenmaschine gegen ein Schneidbrett eintauschen würde. »Ich war wie gelähmt vor Angst, Missfallen zu erregen«, sagt er. »Bei meinen Eltern, meiner Frau, meinem Sohn, meinen Freunden, meinen Kollegen, ja sogar bei den Nachbarn – ich zerbrach mir ständig den Kopf darüber, was sie von mir denken würden.« Doch wie Ann Landers sagte, begann die Angst mit vierzig, allmählich kleiner zu werden. Der Tag, an dem er an seinem Schreibtisch saß und eine Schale mit zweitklassigem geschmacklosem Bibimbap vor sich stehen hatte, wurde zum Wendepunkt in seinem Leben. »Plötzlich dachte ich, ist mir egal, was die anderen denken«, sagt er. »Ich weigere mich, für den Rest meines Lebens eine Arbeit zu verrichten, die mich langweilt, und schlechtes Essen in mich hineinzustopfen.« Einige Monate später, kurz nach seinem einundfünfzigsten Geburtstag, kündigte er und lernte in einer Kochschule vor Ort, ein erstklassiges Bibimbap zuzubereiten.

Eine berufliche Neuorientierung im späteren Leben ist selten ein Zuckerschlecken. Park Dae-Hyun übernimmt nach wie vor Buchhaltungsarbeiten als Freiberufler, um über die Runden zu kommen. Obwohl seine Familie die Ausgaben zurückgeschraubt haben, mussten sie von Seoul in eine kleinere Stadt umziehen, um Geld für ein eigenes Restaurant zu sparen. »Man muss Opfer bringen, aber das ist in Ordnung, wenn man den Wunsch hat, seinen Traum zu verwirklichen«, sagt Park. »Ich rate jedem, der einen Berufswechsel in Erwägung zieht: Mach es! Man findet immer einen Weg, um diesen Schritt zu bewerkstelligen.«

Auf meine Frage, ob das Älterwerden eine Persönlichkeitsveränderung bei ihm bewirkt hat, legt Park seine metallenen Essstäbchen einen Moment beiseite und denkt nach, wobei er mit dem Finger über eine frische Schnittwunde auf dem linken Daumen streicht. »Nein, wenn überhaupt, bin ich heute mehr ich selbst als jemals zuvor. Das Älterwerden hat mir das Selbstvertrauen verliehen, für mich und nicht für andere Leute zu leben.«

Wer ein selbstbestimmtes Leben führt, unabhängig von der Meinung anderer, kann damit auch dem übergeordneten Wohl der Gemeinschaft dienen. Einige Menschen haben den Lauf der Geschichte verändert, indem sie in fortgeschrittenem Alter aufgestanden sind, um zu sagen oder zu tun, was man nach landläufiger Ansicht nicht sagt oder tut. Rosa Parks war zweiundvierzig Jahre alt, als sie sich weigerte, ihren Sitzplatz im Bus für einen weißen Fahrgast zu räumen. Heute mehr denn je brauchen wir alle die Bereitschaft, Unruhe zu stiften und für die Wahrheit einzustehen. Warum? Weil wir in einer Welt leben, in der Aberwitz und Ausgrenzung an der Tagesordnung sind, in der die Meinungsmache über die Meinungsvielfalt triumphiert, in der ein gnadenloser Leistungsdruck herrscht, in der uns die Echokammern im Netz den Zugang zu Überzeugungen versperren, die von unseren eigenen abweichen, in der Twitter-Mobs Meinungen, Witze und Sprache überwachen, Fake News nicht hinterfragt und die Schlüssel zum Königreich denjenigen überlassen werden, die am werbewirksamsten sagen, was alle anderen hören wollen. Ein Heilmittel für diese Kultur der Konformität besteht darin, Menschen darin zu bestärken, auch zu sagen, was sie denken, egal, was andere über sie denken – und genau diesen Mut, wir selbst zu sein, kann der Altersboom unterstützen. Wie der britische Psychologe und Psychotherapeut Oliver James erklärte: »Diese Unverblümtheit, diese erfrischende Authentizität, die man bei älteren Menschen findet, ist ungeheuer wertvoll.«

Sagunto ist ein konservativer Ort, und die Grafiteras genießen es sichtlich, missbilligende Blicke und Unmut hervorzurufen. Graffitis gelten vielerorts als Domäne junger Rabauken, die zu nachtschlafender Zeit mit der Polizei Katz und Maus spielen. Einige Wochen vor dem Workshop wurde ein Teenager, der einen Güterwaggon mit seinen Tags versehen hatte, zu einer Geldstrafe verurteilt. Obwohl der Stadtrat unsere Aktivitäten abgesegnet hat, stellt der Anblick von Senioren, die am helllichten Tag Banksy nacheifern, für manche einen Tabubruch, ein No-Go dar. »Es ist gut, wenn die Leute sehen, dass wir Spaß haben und Dinge tun, die normalerweise nicht ganz gesetzeskonform sind«, sagt eine Grafitera. »Damit laufen wir Sturm gegen das Klischee, dass Senioren jenseits von Gut und Böse oder vom Radarschirm der Gesellschaft verschwunden sind.« Eine andere Frau freut sich diebisch über die Begegnung mit einem Kollegen, der nicht erraten hat, wer sich hinter der Maske verbirgt. »Er kennt mich seit sechsundzwanzig Jahren und ist total geschockt«, sagt sie. Eine dritte genießt es, die heimische Front aufzumischen. »Ich wollte meinen Enkel mitnehmen, zum Zuschauen, aber seine Mutter fand, das sei kein gutes Beispiel für ihn.«

Ich möchte von ihr wissen, ob sie in Erwägung gezogen hat, auf den Workshop, um des lieben Friedens willen, zu verzichten. Sie schüttelt den Kopf. »Um ehrlich zu sein, es ist mir egal, was die Schwiegertochter davon hält. Soll sie doch zu Hause hocken und sich Sorgen machen, was die Nachbarn denken könnten, während ich Spaß habe.«

Gegen Ende des Workshops taucht ein Ehemann auf, bleibt mit finsterer Miene am Rande der Zuschauermenge stehen. »Ich halte überhaupt nichts davon«, sagt er zu mir. »Zugegeben, was meine Frau da treibt, mag ja gut und schön sein, aber man könnte es auch als Provokation und als Einladung an andere betrachten, Wände zu beschmieren, und das ist hirnloser Vandalismus.« Er deutet auf eine Mauer in der Nähe, auf der in schwarzer Farbe das Wort »Penis« prangt. Dann gesellt er sich zu seiner Frau, die sich bemüht, die Schablone an Ort und Stelle zu halten, und teilt ihr mit, es sei Zeit, nach Hause zu kommen, die Paella sei fertig. Ohne sich zu ihm umzudrehen, kontert sie mit einer Antwort, die die unbekümmerte Stimmung des Workshops zusammenfasst: »Die Paella kann warten!«

Spanien ist gleichermaßen berühmt für seine Fiestas wie für seine Paella, und die Grafiteras sind in absoluter Partylaune: Unabhängig von der Meinung anderer zu sein macht eindeutig viel Spaß. Ich kann mir problemlos vorstellen, wie sich Jaco eine Dose mit Sprühfarbe schnappt und mitmacht. Doch das Gelächter in Sagunto wirft eine ernstere Frage auf: Sind diese Frauen immer so vergnügt wie an diesem sonnigen Sonntagmorgen, an dem sie Rollenklischees in Brand setzen, oder ist der Workshop nur eine kurze Auszeit in einem bedauernswerten Leben? Jede Grafitera, der ich diese Frage stellte, stimmt mit Shirley Curry überein: Ich bin zufrieden mit meinem Leben. Die älteren Kursteilnehmerinnen sagen sogar, dass ihr Leben erfüllter sei als jemals zuvor.

Meine erste Reaktion ist: Haben sie zu viel Sprühfarbe eingeatmet? Schließlich geht der Alterungsprozess oft mit Veränderungen einher, die gegen Glück und Zufriedenheit zu sprechen scheinen: Verlust von Vitalität, Fruchtbarkeit und jugendlichem Erscheinungsbild; Verlangsamung der kognitiven Funktionen; Tod von nahestehenden Menschen; Krankheit; die Zeit, die viel zu schnell vergeht und den geflügelten Streitwagen näherbringt, gelenkt vom Tod. Die Popkultur verstärkt allemal die

Vorstellung, dass alt und bedauernswert gleichbedeutend sind. Denken Sie an die zahlreichen Archivfotos von mürrisch dreinblickenden alten Leuten in den Datenbanken von Getty Images. Oder an die übellaunigen Senioren, von denen es in den Fernseh-Sitcoms nur so wimmelt. Auch die Sprache ist mit Bezeichnungen für sauertöpfische alte Menschen durchsetzt, von der alten Xanthippe bis zum alten Griesgram, aber für diejenigen, die glücklich und zufrieden sind, gibt es keine. In der Welt der Medizin bietet man älteren Menschen, die sich in einem Stimmungstief befinden, selten eine Psychotherapie an, weil Depressionen oft als natürlicher Bestandteil des Alters gelten. In einer Erhebung der AARP, einer Lobbyorganisation in den USA, die sich für die Interessen und Belange älterer Menschen einsetzt, erklärten siebenundvierzig Prozent der Befragten zwischen achtzehn und neununddreißig Jahren, es sei ganz »normal«, dass jemand im Alter unter Depressionen leidet.[2]

Ist das so?

Wir alle kennen vermutlich jemanden, der alt und unglücklich ist. Vielleicht sogar mehrere Personen. Aber entsprechen sie der Norm? Und ist ihre Unzufriedenheit eine unvermeidliche Begleiterscheinung des Alterungsprozesses? Zum Glück lautet die Antwort auf beide Fragen NEIN. Altern ist keine Einbahnstraße zum Planeten Trübsinn. In der zuvor erwähnten AARP-Studie beschrieben nur zehn Prozent der über Sechzigjährigen das Alter als deprimierende Lebensphase.

Während der Alterungsprozess seinen körperlichen Tribut fordert, nimmt die mentale Gesundheit häufig sogar zu. Ängste, depressive Verstimmungen und als belastend wahrgenommener Stress nehmen ab und wir verstehen uns zunehmend besser darauf, im Hier und Jetzt zu leben,[3] Eigenschaften, die mit größerem Wohlbefinden auf allen Ebenen in Verbindung gebracht werden. Obwohl sich die Sterbewahrscheinlichkeit mit dem Alter erhöht, wird die Angst vor dem Tod geringer – und das gilt bis zum Ende des Lebens.[4] Als Forscher Blog-Einträge von unheilbar Kranken mit denjenigen von Gesunden verglichen, die sich vorstellen sollten, ihr Tod stünde unmittelbar bevor, reagierten Erstere gelassener.[5] »Die meisten Leute glauben, das Alter sei das reinste Untergangsszenario«, sagt Dilip Jeste, Professor für Psychiatrie und Neurowissenschaften an der University of California in San Diego. »Doch das ist ein Trugschluss.«

Forscher der Universität von Chicago fanden heraus, dass die Chancen, »rundum glücklich« zu sein, alle zehn Jahre um fünf Prozent steigen.[6] In landesweiten Umfragen gaben Erwachsene in Großbritannien an, das höchste Glück und die größte Zufriedenheit nach dem sechzigsten Lebensjahr gefunden zu haben.[7] Selbst Pete Townshend, britischer Musiker und Kopf der Band *The Who*, gab zu, mit sechzig glücklicher zu sein als in der Zeit, als er eine der altersfeindlichsten Zeilen der Popmusik schrieb: »Hope I die before I grow old«, hoffentlich sterbe ich, bevor ich alt werde. In allen Regionen der Welt deuten Verlaufsstudien darauf hin, dass Glück und Zufriedenheit einer U-förmigen Kurve folgen, die in den mittleren Lebensjahren an ihren Tiefpunkt gelangt und ab dem fünfzigsten Lebensjahr wieder ansteigt.[8] Selbst bei Menschen, die unter einer schlechten Gesundheit und unter Armut leiden, lässt sich häufig das gleiche Muster beobachten. Darüber hinaus haben Forscher bei Schimpansen und Orang-Utans eine ähnliche U-förmige Kurve entdeckt, woraus man schließen könnte, dass Glück und Zufriedenheit im fortgeschrittenen Alter in den Genen der Primaten, wir Menschen eingeschlossen, festgeschrieben sind. »Das scheint ein tief verwurzeltes Phänomen zu sein«, sagt Andrew Oswald, Professor für Wirtschafts- und Verhaltenswissenschaften an der Universität

Warwick in Großbritannien. »Eines der größten Rätsel der Sozialwissenschaften.«

In Anbetracht der Hartnäckigkeit stereotyp negativer Zuschreibungen wie »alt = bedauernswert« stellt diese Erkenntnis für viele von uns eine Überraschung auf ganzer Linie dar. Goethe, in jungen Jahren ein radikaler Feind des Alters, musste später erstaunt zur Kenntnis nehmen: »Was man in der Jugend wünscht, hat man im Alter die Fülle.«[9] Auch Tolstoi entdeckte erst spät, dass das Alter meilenweit von dem gefürchteten »Massaker« entfernt war, das Philip Roth heraufbeschwor. »Beklagt euch nicht über das Alter«, schrieb er. »Wie viel unerwartete Wohltaten hat es mir gebracht. Daraus schloss ich, dass auch das Ende des Alters und des Lebens eine gleichermaßen unerwartete Wohltat sein wird.« Die Pulitzer-Preisträgerin von 1942 Ellen Glasgow war völlig verblüfft angesichts des wachsenden Wohlbefindens, das mit dem Alter verbunden sein kann. »In den vergangenen Jahren habe ich eine aufregende Entdeckung gemacht …, dass man das Geheimnis des Lebens nie wirklich zu ergründen vermag, bis man die sechzig überschritten hat«, schrieb sie. »Erst dann kann man zu leben beginnen, nicht nur mit jenem gefühlstiefen Teil des Selbst, sondern mit seinem ganzen Sein.« Frank Lloyd Wright, der einundneunzig Jahre alt wurde, sagte einmal: »Je länger man lebt, desto schöner wird das Leben.«

Lim Kyoung Sook kennt dieses Gefühl. Sie ist Mitte sechzig und arbeitet seit elf Jahren als Fremdenführerin im Hanok Village, ein traditionelles Dorf inmitten der Stadt Jeonju und eine der größten Touristenattraktionen in Südkorea. Die Besucher kommen in hellen Scharen hierher, um die historischen Häuser mit den Spitzdächern und geschwungenen Gesimsen zu bewundern. Der neueste Trend: junge Koreaner, die in den Prunkgewändern der Joseon-Dynastie durch das Viertel streifen. Selbst an einem gewöhnlichen Wochentag wimmelt es in den Straßen von Menschen, die gegrillte Hähnchenstreifen vom Spieß nagen oder für Fotos posieren. Ich treffe Lim in dem 500 Jahre alten Palast gegen Ende ihrer siebenstündigen Schicht. Sie trägt eine elegante bordeauxrote Tunika, ist schlank, agil und mit einem Megawatt-Lächeln gesegnet, das ein strahlendes Emoji verdient hätte.

Sie sagt, dass ihr das Alter zwei völlig unverhoffte Geschenke gemacht habe. Erstens innere Ruhe und Gelassenheit, die ihr als Fremdenführerin zugutekommen. Und zweitens mehr Glück und Zufriedenheit, als sie jemals für möglich gehalten hätte. »Als junger Mensch glaubte ich an das Klischee vom älteren unglücklichen Menschen; deshalb war es eine angenehme Überraschung, zu entdecken, dass ich damit völlig falsch lag«, sagt sie mit ihrem strahlenden Lächeln. »Heute bin ich glücklicher als jemals zuvor.«

Selbst das Wissen, dass wir dem Tod mit jedem Tag näherrücken, muss unserem Wohlbefinden keinen Abbruch tun – wenn wir bereit sind, der Tatsache ins Auge zu sehen. Forschungen haben gezeigt, dass die Auseinandersetzung mit unserer eigenen Sterblichkeit – in gleich welchem Alter – ein Ansporn sein kann, die ganze Fülle des Lebens in der uns verbleibenden Zeit auszukosten. Deshalb waren »Todesmeditationen« in allen geschichtlichen Epochen und in vielen Kulturen von zentraler Bedeutung: in der japanischen, chinesischen, islamischen, buddhistischen, hebräischen, ägyptischen, indischen, hellenistischen und römischen Kultur. Ein Sprichwort aus Bhutan besagt, das Geheimnis des Glücks bestehe darin, fünf Mal am Tag über den Tod nachzusinnen. Auch für den Dalai Lama dient die Auseinandersetzung mit dem Tod nicht dem Zweck, furchtsam zu werden, sondern die kostbare Lebenszeit wertzuschätzen. Eine ähnliche Denkweise verbirgt sich hinter der Erfindung von Tikker, einer digitalen Armbanduhr, die Auskunft darüber gibt, wann uns das letzte Stündlein schlagen könnte, und mit einem Countdown auf die verbleibende Lebenszeit aufmerksam macht. Der Werbeslogan des Unternehmens: »Make every moment count«, sorgen Sie dafür, dass jeder Augenblick zählt.

Natürlich ist es leichter, über den Tod nachzudenken, wenn die Chancen, in Würde zu sterben, gut stehen – und glücklicherweise vergrößern sich diese Chancen. Weltweit sind Bestrebungen im Gang, die darauf abzielen, das Ende des Lebens dem Zugriff der Medizin, der Experten und Institutionen zu entziehen und diese Phase wieder in die Hände derjenigen zu legen, die sie durchlaufen. Das bedeutet, so weit wie möglich selber bestimmen zu können, wo, wann, wie und mit wem wir die Endrunde bestreiten wollen. Diese Form der Selbstbestimmung hat in der Regel einen besseren Sterbeprozess zur Folge. Es gibt zahlreiche Studien, die belegen: Wenn Menschen, die unter Krebs im Endstadium oder unter einer schweren Herzkrankheit leiden, die medikamentöse Behandlung absetzen und in ein Hospiz gehen, ist das Ende mit weniger Leid und bisweilen sogar mit einer Verlängerung der Lebenszeit verbunden.[10]

Doch das Leben im Alter kann auch eingeschränkt werden, lange bevor der Tod vor der Tür steht, wenn es uns weniger Spielraum für Aktivitäten lässt und immer weniger Menschen da sind, mit denen wir aktiv sein können. Das mag nach einer »Anleitung zum Unglücklichsein« klingen, aber oft ist das Gegenteil der Fall. In jungen Jahren neigen wir dazu, unser Netz so weit wie möglich auszuwerfen, um Netzwerke aufzubauen und Erfahrung und Wissen zu sammeln. Studien zufolge beginnen wir ungefähr mit fünfzig, den Blick zu fokussieren und unsere Aufmerksamkeit auf das zu lenken, was wirklich zählt; das kann bedeuten, Menschen, Aktivitäten und Gewohnheiten loszulassen, die uns nicht mehr guttun.[11] Das ist kein Verlust, sondern eine Fähigkeit, unser Leben passgenau zurechtzustutzen, stromlinienförmiger zu gestalten, der Qualität einen höheren Wert einzuräumen als der Quantität. Mag sein, dass sich die Anzahl der sozialen Beziehungen verringert, aber diejenigen, an denen wir festhalten, sind erfüllender. »Ältere Menschen führen laut eigener Aussagen eine bessere Ehe, haben mehr Freunde, die sie unterstützen, weniger Konflikte mit Kindern und Geschwistern und engere Verbindungen zu Angehörigen ihres sozialen Netzes als jüngere Menschen«, so Karen Fingerman, Professorin für Humanentwicklung und Familienwissenschaften an der University of Texas in Austin.

Manchmal ist diese Reduktion zu radikal und führt zur Isolation im Alter. Laut einer Umfrage ist die Altersgruppe in Großbritannien, die sich am einsamsten fühlt, über fünfundsiebzig; zwei Fünftel gestanden, dass ihnen hauptsächlich das Fernsehgerät Gesellschaft leistet.[12] Eine AARP-Studie stellte fest, dass fünfunddreißig Prozent der Amerikaner über fünfundvierzig bereits unter Einsamkeit leiden. Einsamkeit ist schwer zu ertragen und kann unsere Gesundheit sogar in gleichem Maß beeinträchtigen wie Fettleibigkeit oder Rauchen, aber sie ist keine unvermeidliche Begleiterscheinung des Alterns.[13] Ein großer Teil der sozialen Isolation in späteren Lebensjahren ist weniger dem Alterungsprozess selbst geschuldet als vielmehr eine Folge des modernen Lebens und seiner Veränderungen in der Familienstruktur, der Konsumorientierung und Einkommensungleichheit, der Arbeitskultur, der Wohnverhältnisse sowie der Technologie. Deshalb ist die Einsamkeit eine Bürde quer durch alle Generationen. Den zweiten Platz auf der Liste der einsamsten Altersgruppen in Großbritannien nehmen die Einundzwanzig- bis Fünfunddreißigjährigen ein, und jede fünfte junge britische

Mutter klagt darüber. Die Einsamkeit ist bei Amerikanern zwischen dem fünfundvierzigsten und neunundvierzigsten Lebensjahr doppelt so weit verbreitet wie bei den über Siebzigjährigen[14] und am größten in der Altersgruppe der Achtzehn- bis Zweiundzwanzigjährigen.[15] In Großbritannien gibt es mittlerweile eine Ministerin, die das Problem der sozialen Isolation in Angriff nehmen soll, nach dem Leitprinzip: »Egal ob jung oder alt, Einsamkeit kennt keine Unterschiede.«

Allein sein ist auch nicht immer gleichbedeutend mit einsam sein. Ein weiterer Vorteil des Alterungsprozesses ist, dass wir lernen, unsere eigene Gesellschaft mehr zu genießen – und daher gelegentlich ein größeres Bedürfnis nach einem sozialen Rückzug verspüren. Ich kenne das aus eigener Erfahrung. Obwohl ich ein kontaktfreudiger Mensch bin, macht es mir zunehmend Spaß, Zeit alleine zu verbringen. Bestimmte Aktivitäten, beispielsweise ein Essen im Restaurant oder lange Spaziergänge ohne Begleitung, die ich früher traurig, langweilig oder verschroben fand, kommen mir heute wie eine Belohnung vor. »Alleinsein ist für viele Menschen eine große Quelle der Freude«, sagt der Psychologe Oliver James. »Das sollte man nicht mit Isolation in einen Topf werfen.« Anders ausgedrückt: Ein »eingeschränktes«, sprich auf das Wesentliche beschränktes Leben kann unter dem Strich ein reicheres Leben bedeuten.

Als ich die südkoreanische Fremdenführerin Lim Kyoung Sook frage, ob auch ihr Leben eingeschränkter und reduzierter sei, nickt sie – jedoch ohne jede Spur von Traurigkeit. »Ich habe mehr Zeit für mich selbst, die ich wirklich genieße«, sagt sie. »Das Verhältnis zwischen allein sein und mit anderen beisammen sein ist heute ausgewogener.«

Wie kann das sein? Als Gründungsdirektorin des Stanford Center on Longevity hat Laura Carstensen ihr Leben der Aufgabe gewidmet, zu erforschen, wie uns der Alterungsprozess verändert. Ihre eigenen Studien und die anderer Experten belegen, dass der menschliche Verstand – ungeachtet des Geschlechts, Einkommens, der sozialen Schicht oder ethnischen Zugehörigkeit – im fortgeschrittenen Alter dazu neigt, dem Leben eine sonnigere Seite abzugewinnen. Carstensen bezeichnet diesen Wandel als den »positiven Effekt« des Alterns.

Mit zunehmendem Alter reagiert ein bestimmter Teil des Lymbischen Systems im Gehirn – die Amygdala, auch Mandelkern genannt –, der den Kampf-oder-Flucht-Reflex reguliert, immer weniger auf negative Reize. Das bedeutet, wir machen weniger unliebsame Erfahrungen. Andere Studien haben gezeigt, dass der Alterungsprozess unseren Blick auf die angenehmeren Aspekte des Lebens lenkt. Nach einem Film äußern ältere Leute beispielsweise eher Lob (»Die Schauspieler waren fantastisch« oder »Die Filmmusik hat mir gefallen«) als Kritik (»Die Handlung war ziemlich verworren« oder »Das Ende war enttäuschend«). Mit dem Alter sind wir außerdem weniger anfällig, uns von einer einzigen unliebsamen Erfahrung – einer Meinungsverschiedenheit mit einem Freund oder einer Kränkung am Arbeitsplatz – den ganzen Tag verderben zu lassen. Auch das Gedächtnis nimmt eine rosigere Färbung an: Ab dem vierzigsten Lebensjahr können wir die guten Erinnerungen leichter abrufen als die schlechten.[16]

Doch das alles heißt nicht, dass wir in fortgeschrittenem Alter den Kopf in den Sand stecken sollten. Altern ist keine biologische Entsprechung zur Glücksdroge Soma aus der *Schönen neuen Welt*, die sämtliche Bürger des fiktiven Weltstaats in einen Zustand seligen Vergessens versetzt. Ganz im Gegenteil. Wenn man ihnen eine Reihe von Bildern vorlegt, neigen Menschen aller Altersgruppen gleichermaßen dazu, ihre Aufmerksamkeit vorzuselektieren und die unangenehmen Bilder länger anzuschauen als die angenehmen. Außerdem büßen wir keine unserer Fähigkeiten ein, Trauer, Bedauern, Kummer, Neid, Scham, Wut oder Angst zu empfinden. Wenn wir altern, sind wir uns der Schattenseiten durchaus bewusst; wir verstehen uns nur besser darauf, mit den Gefühlen und Empfindungen umzugehen, die sie hervorrufen, und den Silberstreifen am Horizont zu entdecken. Mit anderen Worten, wir entwickeln mehr Resilienz, werden psychisch robuster und widerstandsfähiger. Nachdem Hurrikan Katrina 2005 über die Golfküste der USA hinweggefegt war, der Millionen von Menschen obdachlos zurückließ, stellten Forscher, die sich mit den Folgen der Verwüstung befassten, fest, dass die ältesten Überlebenden sie emotional besser verkrafteten als die jüngeren.[17]

Niemand weiß genau, warum dieser sogenannte Positivitätseffekt eintritt. Vielleicht will uns die Natur auf diese Weise den Umgang mit unserer eigenen Sterblichkeit erleichtern. Oder positiv gestimmte Großeltern erwiesen sich als Erfolgsmodell der Evolution, verbesserten die Überlebenschancen unserer Vorfahren in einer fernen Vergangenheit. Eine andere Theorie geht davon aus, dass es sich auszahlt, sich in einer Welt voller Gefahren schon dann auf die Schattenseiten des Lebens einzustellen, wenn wir noch grün hinter den Ohren sind. »In jüngeren Jahren orientieren wir uns an den negativen Aspekten, weil diese Informationen einfach nützlicher sind«, sagt Carstensen. Sobald man den Block ein paarmal umrundet hat, kann man ein wenig entspannen – und den lichteren Seiten mehr Aufmerksamkeit widmen.

Andere glauben, dass wir – wenn es uns gelingt, ein hohes Lebensalter zu erreichen – Erleichterung und das Gefühl verspüren, etwas geleistet zu haben. Das könnte erklären, warum die meisten Leute auf die Frage, ob sie die Uhr um einige Jahrzehnte zurückdrehen und noch einmal jung sein möchten, mit einem entschiedenen Nein antworten. Mag sein, dass wir unserem äußeren Erscheinungsbild, dem Lebensgefühl und dem Leistungsniveau der goldenen Jugendzeit nachtrauern, doch nur wenige wären bereit, dafür auf das seither gelebte Leben zu verzichten, auf die Geheimnisse und Geschichten, die Siege und Niederlagen, auf Lachen und Tränen, um wieder von vorne anzufangen. Bei der Arbeit zu diesem Buch wurde mir bewusst, dass es mir genauso ergeht. Zwischen dem zwanzigsten und dreißigsten Lebensjahr ging es mir blendend, aber ich habe keinerlei Bedürfnis, die Zeit noch einmal zu erleben. Das wäre genau so, als würde ich bei Brettspielen wie dem Leiterspiel kurz vor dem Ziel wieder auf Anfang zurückgehen. Das liegt teilweise daran, dass ich mich noch gut an die Beklemmungen erinnere, mit denen ich als junger Mann mich selbst und meinen Platz in der Welt zu finden versuchte. Und dass ich alle Erfahrungen wertschätze – gute, schlechte, unerfreuliche –, die mich zu dem Menschen gemacht haben, der ich heute bin. Die US-amerikanische Schriftstellerin Anne Lamott traf den Nagel auf den Kopf, als sie erklärte, ein großer Vorteil des Alters sei, dass »wir alle Altersstufen verkörpern, die wir durchlaufen haben.«

Die natürliche Entschleunigung, die mit dem Altern einhergeht, kann auch einen Positivitätsschub auslösen. Im 19. Jahrhundert beobachtete der dänische Philosoph Søren Kierkegaard, dass die meisten Menschen die Freuden des Lebens in solch atemloser Hast verfolgten, dass sie an ihnen vorübereilten. In unserer heutigen temporeichen Kultur, in der sich jeder Augenblick wie ein Wettrennen gegen die Uhr anfühlt, ist die Jagd nach kurzlebigen Vergnügungen weit verbreitet – was erklärt, warum wir etwas nie richtig genießen können. Ich habe mehr als ein Jahrzehnt die ganze Welt bereist, um die Werbetrommel für die Slow-Bewegung zu rühren, die uns lehrt, dass wir Aufgaben oft besser verrichten und mehr davon haben, wenn wir sie mit Bedacht angehen. Eine entschleunigte Lebenseinstellung bedeutet nicht Rückzug aus der Welt, sondern sie aufmerksamer wahrzunehmen. Wie die US-amerikanische Filmschauspielerin Mae West sagte: »Alles, was sich zu tun lohnt, lohnt sich, es langsam zu tun.«

Die praktische Umsetzung ist nicht immer einfach. Es fällt uns schwer, auf den Adrenalinschub zu verzichten, den uns das Leben auf der Schnellspur vermittelt, und darüber hinaus ist Langsamkeit ein so tief verwurzeltes Tabu, dass wir Scham- oder Angstgefühle angesichts des Gedankens entwickeln, einen Gang herunterzuschalten. Doch diejenigen, die im fortgeschrittenen Alter die Entschleunigung begrüßen, sind am Ende des Tages zufriedener. Ein gutes Beispiel ist John Talbot, Chemielehrer an einer High School in Chicago. Als echter Naturbursche war er stolz, immer auf der Überholspur unterwegs zu sein, trieb viel Sport, ließ keine Party aus und erklomm Treppen im Dauerlauf. Als die körperlichen Kräfte mit vierzig nachließen, rebellierte er. »Ich fand die Vorstellung, kürzer zu treten, grauenvoll, einfach grauenvoll«, gestand er. »Als ich mich zum ersten Mal dabei ertappte, dass ich die Treppe hochging, statt hochlief, nahm ich bei den restlichen Stufen immer zwei auf einmal.« Doch im Lauf der Jahre söhnte er sich mit seiner natürlichen Entschleunigung aus – und lernte, die Vorteile zu genießen. Im Alter von achtundfünfzig Jahren nimmt er sich nun die Zeit, innezuhalten und bewusst wahrzunehmen. »Ich bin glücklicher, weil ich mein Leben mehr auf das Hier und Jetzt ausgerichtet habe. Wenn man einen Gang herunterschaltet, merkt man erst, was einem infolge der ständigen Eile entgangen ist.«

Es gibt immer Neues in der Welt und in uns selbst zu entdecken. Deshalb entwickeln die glücklichsten Menschen in fortgeschrittenem Alter das gesunde Bedürfnis, mit dem Lauf der Welt Schritt zu halten. Zugegeben, auch sie blicken hin und wieder zurück und genießen Augenblicke, die im Drehbuch ihres Lebens ein persönliches Highlight darstellen, spüren den gelegentlichen Anflug von Nostalgie, aber sie klammern sich weder an die Vergangenheit, noch verharren sie im alten Trott. Sie halten sich an die Empfehlung des französischen Philosophen Henri Bergson: »Existenz ist Wandel, Wandel Reifung, Reifung ewige Selbsterneuerung.«

Unsere Standardeinstellung zum Altern sollte der Slogan sein, den die Firma The North Face benutzt, um ihre exklusive Outdoor-Bekleidung zu verkaufen: »Man sollte nie aufhören, das Leben zu erforschen«. Jeder Mensch ist ein unvollendetes Werk, und jeder Schritt auf dem Weg zu neuen Erfahrungen bringt dieses Œuvre seiner Vollendung entgegen. Mit der richtigen inneren Einstellung kann Älterwerden bedeuten, dass wir die Konturen der Persönlichkeit ausfüllen statt ausradieren. Wie wir an früherer Stelle gesehen haben, verlor David Bowie nie die Lust, zu erforschen und zu experimentieren, selbst als er den Kampf gegen den Krebs verlor – und diese Lebenseinstellung ging mit seiner Neigung einher, das Älterwerden zu begrüßen. »Wenn man der Jugend nachtrauert, entspricht man dem stereotypen Verhalten eines alten Mannes, der nur in seiner Erinnerung lebt, an einem Ort, der nicht existiert«, sagte er. »Ich glaube, Altern ist ein außergewöhnlicher Prozess, in dessen Verlauf man sich in den Menschen verwandelt, der man schon immer hätte sein sollen.«[18]

Ich liebe den Gedanken, der Mensch zu werden, der schon immer in mir angelegt war. Durch Bowies Brille betrachtet, gleicht das Alter plötzlich eher einem Bonus als einer Bürde. Es verliert seinen Schrecken, stellt keine Talfahrt in Richtung Grab mehr dar, sondern fühlt sich wie eine Abenteuerreise oder spirituelle Suche an – wie bei einem Videospiel, in dem sich hinter jeder Ecke eine Überraschung verbirgt, immer höhere Spielebenen erreicht werden können, auf denen es weitere Nuancen und Texturen zu entdecken gilt, und im Herzen des Irrgartens eine prall gefüllte Schatzkiste wartet. Statt zu verrotten, reifen wir, statt den Menschen zu verlieren, der wir einst waren, finden wir unser wahres Selbst. »Warum es gut ist, alt zu sein?«, fragte die Schriftstellerin Mary Sarton im Alter von siebzig Jahren. »Ich bin mehr ich selbst als jemals zuvor.«

Das Motto »Man sollte nie aufhören, das Leben zu erforschen« in konkrete Lebenshilfetipps umzuwandeln ist einfach: Ergreifen Sie die Initiative. Verlassen Sie Ihre Komfortzone. Hören Sie nie auf zu lernen. Blicken Sie nach vorne statt zurück. Verbringen Sie Zeit mit Menschen, die anders sind als Sie. Belegen Sie einen Kurs, der Sie schon immer interessiert hat. Lesen Sie, querbeet durch alle Bereiche. Halten Sie sich über das Weltgeschehen und die gesellschaftlichen Entwicklungen auf dem Laufenden. Bauen Sie auf Ihren Erfahrungen auf, statt sich auf ihnen auszuruhen.

Das Leben zu erforschen kann ein beängstigendes Unterfangen sein, aber es zahlt sich aus, sich darauf einzulassen. Seixo Rodrigues hat festgestellt, dass die Teilnehmerinnen ihrer Graffiti-Workshops anfangs noch von ihrer eigenen Altersfeindlichkeit gehemmt und von ihrer Überzeugung bestärkt waren, dass sie die Arbeit mit Teppichmesser oder Schablone niemals beherrschen werden. Doch es dauerte nicht lange, bis sie in der

Lage waren, wie die Profis Motive zu zeichnen, auszuschneiden und Farbe durch die Schablonen zu sprühen. »Sie verwandeln sich innerhalb weniger Stunden«, sagt sie. »Sie legen den Krückstock beiseite und führen einen Freudentanz auf.«

Gegen Ende unseres Workshops in Sagunto, als die Wandbilder fast fertig sind, fährt ein junger Polizist im Streifenwagen vor. Die Grafiteras jubeln und johlen, als würden sie einen Stripper anfeuern. »Herr Wachtmeister, Herr Wachtmeister«, ruft eine. »Haben Sie die Handschellen mitgebracht?« Eine andere streckt ihm kokett die Handgelenke entgegen. Selbst der junge Ordnungshüter stimmt in das Gelächter ein.

Das ist der Positivitätseffekt in der Praxis, und er fühlt sich wunderbar an. Doch dann geschieht etwas, was meine Hochstimmung zum Absturz bringt. Auslöser ist ein Mädchen im Teenageralter, das mit ihrem iPhone Fotos von uns macht. Auf meine Frage, ob die Fotos bald auf Instagram erscheinen, schüttelt sie den Kopf. »Die sind für meine Großmutter«, sagt sie. »Vielleicht möchte sie das auch mal ausprobieren.« Als ich nachhake, warum unser Workshop es nicht wert ist, auf Instagram verbreitet zu werden, bleibt sie stumm, wirkt verlegen. Ich formuliere die Frage um, aber das hätte ich besser bleiben lassen, denn die Antwort schmerzt. »Ich suche die Fotos sorgfältig aus, die ich auf Instagram poste, weil ich versuche, mehr Follower zu bekommen«, erwidert sie. »Und ... ich möchte niemanden kränken oder so, aber ältere Leute sind einfach nicht besonders attraktiv.«

Selbst an diesem Tag der öffentlich sichtbaren Lebensfreude, an dem Klischeevorstellungen zerschmettert, der Positivitätseffekt spürbar und die Unabhängigkeit von der Meinung anderer praktiziert wurde, sind ihre Worte wie ein Dolchstoß in mein mittelaltes Herz. Warum? Weil ich fürchte, dass sie recht haben könnte.

8. KAPITEL

ATTRAKTIVITÄT: UNWIDERSTEHLICHE ANZIEHUNGSKRAFT

Nach vierzig ist niemand mehr jung,
aber man kann in jedem Alter unwiderstehlich sein.

Coco Chanel zugeschrieben

Donna McGuffie war nie eine Schönheit. Obwohl sie in den Südstaaten der USA aufwuchs, wo Schönheitswettbewerbe im kulturellen Pantheon direkt neben Bibel und Barbecue ihren Platz haben, hat sie nie davon geträumt, zur Miss gekürt zu werden, und zwar nicht nur deshalb, weil sie selbst mit hohen Absätzen immer noch zu klein war, sondern auch, weil ihr die Vorstellung, sich in Ballkleid und Bikini vor den Juroren zur Schau zu stellen, sie einfach kaltließ. »Ich habe mir nie Schönheitswettbewerbe angeschaut, geschweige denn bei so etwas mitgemacht«, sagt sie. »Ich fand das albern. Ich dachte, was soll das überhaupt? Wenn man hübsch ist, ist man hübsch; da muss man nicht auf der Bühne herumstolzieren und es sich von irgendjemandem bestätigen lassen.«

Donna McGuffie äußerte diese Meinung, kurz nachdem sie einen internationalen Schönheitswettbewerb in Las Vegas gewonnen hatte. Ein funkelndes Diadem krönt ihre perfekt sitzende Frisur. Die Siegerschärpe ist über ihrem Ballkleid drapiert. Ein Pokal liegt ihr zu Füßen wie ein gehorsamer Hund. Als ihre Mitbewerberinnen auf die Bühne kommen, um sie zu umarmen oder für ein Foto zu posieren, lacht sie und wischt dabei die Tränen weg wie ein ausgelassenes Schulmädchen. »Das passiert nicht wirklich jemandem wie mir«, sagt sie mit übertriebenem Südstaaten-Akzent, wohl wissend um die komische Wirkung. »Ich bin schließlich nur 1,50 m groß und aus Alabama.« Außerdem ist sie fünfundsechzig Jahre alt.

Wie wir bereits gesehen haben, hat die Langlebigkeitsrevolution in vielen Bereichen einen grundlegenden Wandel eingeleitet, angefangen vom World Wide Web bis hin zur Arbeitswelt. Nun hat die Welle der Veränderungen auch die Schönheitswettbewerbe erreicht. McGuffie hat soeben den ersten Ms.-Senior-Universe-Schönheitswettbewerb gewonnen, der 2017 erstmals in Las Vegas ausgetragen wurde, und ihre Konkurrentinnen zwischen einundsechzig und vierundneunzig abgehängt. »In meiner Jugend musste man jung und blond sein, um als schön zu gelten, mit gebräuntem Teint und langen Beinen, aber unsere heutige Definition von Schönheit hat sich eindeutig erweitert«, sagt sie. »Die Leute haben inzwischen gemerkt, dass man in jedem Alter gut aussehen und attraktiv sein kann.«

Wenn das so ist, scheint Las Vegas das Memo noch nicht gelesen zu haben. Bevor ich McGuffies Sieg beim Schönheitswettbewerb für Seniorinnen hautnah miterlebt habe, habe ich einen Bummel durch das Vergnügungszentrum der Stadt, den legendären Strip, gemacht. Über riesige Bildschirme flimmern Werbespots für Burlesque-Shows und zirkusreife Erotik-Darbietungen. Vans mit grellbunten Aufschriften wie »Girls Direct To You« schlängeln sich betont langsam durch den Verkehr, machen auf ihre »Ware« aufmerksam. Visitenkarten von Stripperinnen und Prostituierten sind auf dem Gehsteig verstreut wie Laub auf dem Waldboden. Hier und da verteilen »Adonisse« mit nacktem Oberkörper oder Animierdamen, die keine Damen sind und kaum mehr als Stringtanga und Nippelquasten tragen, Werbebroschüren oder posieren für einschlägige Fotos mit den Touristen. Ein veritables Fleischbuffet – ausnahmslos frisch. Keine Falten, keine Leberflecke, keine grauen Haare, keine Cellulite, keine Krampfadern, keine unansehnlichen Wülste, keine Haut, die der Schwerkraft erliegt. Selbst Künstler, die noch nicht in die Jahre gekommen sind und hier auftreten, wie die Sängerin Céline Dion, wurden auf ihren Konzertplakaten retuschiert, um ihnen ein außergewöhnlich jugendliches Aussehen zu verleihen. Als ich meinen Platz einnehme, um mir den Ms.-Senior-Universe-Schönheitswettbewerb anzuschauen, fallen mir die Worte des Teenagers in Sagunto wieder ein: »Ältere Menschen sind einfach nicht besonders attraktiv.«

Diese Ansicht ist nicht neu. Das indigene Volk der Nambikwara in Brasilien hat ein und dasselbe Wort für alt und hässlich und ein und dasselbe Wort für jung und schön.[1] Im alten Griechenland bezeichnete der Dichter Aristophanes Frauen ab einem gewissen Alter als »alte Schachteln«, die einem Mann nichts weiter als »essigsauren Bodensatz, Barthaare und schlechten Atem« bieten könnten. Ungefähr eineinhalb Jahrtausende später erklärte der Franziskanermönch Roger Bacon, der dazu beitrug, der empirischen Forschung den Weg zu ebnen, dass Männer ihre Attraktivität einbüßten, wenn sie »mit vierzig Jahren den Gipfel« ihrer Manneskraft erreicht hatten. Für das Weib aus Bath in Chaucers *Canterbury Tales* ist Jugend eine unerlässliche Voraussetzung für ein reizvolles Erscheinungsbild: »Das Alter, ach, das Alles uns vergällt, hat mich um Schönheit auch und Mark betrogen.«

Doch auch dann, wenn man sich zu sehr bemüht, die Auswirkungen des Alterungsprozesses zu kaschieren, muss man damit rechnen, beißenden Spott zu ernten. Der französische Tragödiendichter Racine machte sich über eine ältere Bühnendarstellerin lustig, die Wert darauf legte, jung und attraktiv auszusehen: »Sie schminkte und schmückte ihr Gesicht mit großer Sorgfalt, um die irreparablen Schäden zu beheben, die mit den Jahren entstehen.«[2] In ähnlicher Manier zeigt ein französischer Druck aus dem Jahr 1800 zwei ältere Frauen bei ihrer Morgentoilette. Die eine polstert ihren Busen auf, die andere überschminkt die feinen Linien und Falten rund um die Augen. Ihre jüngeren Kammerzofen schauen mit einem mitleidigen Lächeln zu, das heimliche Belustigung verrät.[3]

Angesichts der Giftpfeile, die auf Menschen mit alternden Gesichtern und Körpern abgeschossen werden, wundert es wohl nicht, dass schon Texte aus der Frühzeit des medizinischen Kanons versprachen, das jugendliche Aussehen zu bewahren. Grundlage ist ein altägyptischer medizinischer Text – nach seinem Käufer Papyrus Edwin Smith genannt –, der vor annähernd fünftausend Jahren ein Rezept versprach, mit dessen Hilfe man »einen alten Menschen in einen jungen verwandeln« könne. Die Mixtur der empfohlenen Ingredienzien ergab eine Paste, die in einer Schatulle aus Halbedelsteinen aufbewahrt werden sollte. Mit seinem grandiosen Heilsversprechen liest sich der Text wie eine Werbeanzeige für ein modernes Kosmetikprodukt, selbst die vagen Empfehlungen zufriedener Kunden in der Schlusszeile erinnern an heute noch gängige Methoden: »Die Salbe wird eingerieben. Sie entfernt die Falten am Kopf. Auf den Körper aufgetragen, verschönt sie die Haut, alle Makel schwinden, alle Entstellungen, alle Zeichen des Alters, alle Schwachstellen im Fleisch. Unzählige Male als wirksam nachgewiesen.«[4]

In den fünftausend Jahren, die seither vergangen sind, haben sich die Menschen weit über die pflanzliche Schönheitslotion und den Schönheitstrank hinaus auf die Suche nach dem Elixier der ewigen Jugend begeben. Cleopatra badete täglich in gesäuerter Eselsmilch; im Elisabethanischen Zeitalter pflegten die Frauen rohes Fleisch in dünnen Scheiben auf das Gesicht zu legen; der französische Adel wusch sich in den Jahren vor der Revolution mit Rotwein. Andere versuchten, Racines »irreparablen Schäden« mithilfe von Ingredienzien vorzubeugen, die eingenommen oder eingerieben wurden und einem Hexengebräu alle Ehre gemacht hätten: Kranicheier, Krokodilkot, Affengehirn, Löwenfett, Spinnweben, Regenwürmer, Korallen, Froschlaich, Skorpionöl, Urin, Bienenwachs oder Moorschlamm.

Einige opferten sogar ihr Leben auf dem Altar der Jugend. Im 16. Jahrhundert wurde Diane de Poitiers, Mätresse des französischen Königs Heinrich II., wegen ihres glatten Porzellanteints gerühmt. Sie sei mit über sechzig »so frisch und liebenswert« wie eine Dreißigjährige mit einer »makellos hellen« Haut, erzählte ein Höfling bewundernd. Das Geheimnis ihrer Schönheit ohne Verfallsdatum? Sie nahm täglich eine Tasse Goldchlorid und Diethylether, eine Mischung aus Alkohol und konzentrierter Schwefelsäure, was sie schließlich das Leben kosten sollte. Wer schön sein will, muss leiden, heißt es.

Plus ça change ... genau, da kann sich noch so viel ändern, es bleibt doch immer das Gleiche! Heutzutage nehmen Männer und Frauen menschliche Wachstumshormone, in der Hoffnung, frisch und knackig zu bleiben, trotz des erhöhten Risikos, damit den Boden für Herzerkrankungen, Diabetes Typ 2 oder verschiedene Tumorarten zu bereiten.[5] Rechnet man die Millionen von Menschen hinzu, die chemische und operative Behandlungen über sich ergehen lassen, von Gesichtsstraffungen und Botox bis hin zu Mikrodermabrasion – einer Abtragung der oberen Hautschichten mit kleinen Kristallen –, chemischen Peelings und Hautfüllern, könnte die globale Anti-Aging-Industrie bald 300 Milliarden Dollar im Jahr abschöpfen. Die Faltenpanik setzt außerdem früher ein als jemals zuvor. Vor einigen Jahren tauchten »Anti-Aging«-Produkte für Teenager in den Regalen des US-amerikanischen Einzelhandelskonzerns Walmart auf. Die Schauspielerin Scarlett Johansson, die mit ihrer »Pfirsichhaut« Furore machte, benutzt seit ihrem zwanzigsten Lebensjahr Antifaltencreme. »Es ist schwer, sich dem Druck zu entziehen«, gestand sie. »In Hollywood sind alle so verdammt schön.« Im Klartext: Schönheit und Jugend sind so eng miteinander verknüpft, dass man das eine nicht ohne das andere haben kann.

Kein Wunder, dass wir die Ankunft der ersten Falte oder des ersten grauen Haars mit dem Schauder einer existenziellen Bedrohung zur Kenntnis nehmen. Oder dass wir Apps wie Visage Lab benutzen, um unsere Online-Fotos optisch zu verjüngen. Oder dass wir jubeln, wenn uns jemand jünger schätzt, als wir sind. Ich muss gestehen, dass ich dafür genauso anfällig bin wie jeder andere. Vor Kurzem lud ich eine Porträtaufnahme auf eine dieser Websites hoch, die das Alter schätzen. Als der Algorithmus erklärte, ich sei acht Jahre jünger, als ich damals war, machte ich eine Rolle rückwärts, so gut wie. Ashton Applewhite, die gegen die Altersdiskriminierung zu Felde zieht und Ihnen schon an früherer Stelle des Buches begegnet ist, lächelt mich mitfühlend an, als ich ihr davon erzähle. »In Anbetracht der Altersfeindlichkeit, die wir verinnerlicht haben, ist es sehr, sehr schwer, das nicht als Kompliment zu werten«, sagt sie. »Es ist nichts gegen den Wunsch einzuwenden, bestmöglich auszusehen, aber es ist ein Problem, wenn man danach strebt, jünger auszusehen. Das Ziel sollte nicht Jugend, sondern Gesundheit sein.«

Die engmaschige Verbindung zwischen »gut aussehen« und »jung aussehen« zu lockern könnte eine der größten Herausforderungen darstellen, der wir uns stellen müssen. Schließlich sind wir darauf programmiert, Jugend und die damit implizierte Fruchtbarkeit anziehend zu finden. Der »Wonneschauer«, der uns beim Anblick taufrischer Haut, glänzender Haare, voller Lippen, schneeweißer Zähne und eines ranken, schlanken Körpers noch heute überkommt, ist unserer »Natur« geschuldet, die damit den Fortbestand der Menschheit sichert. Wie die französische Philosophin Simone de Beauvoir sagte: »Jede Gesellschaft hat die Neigung zu leben und weiterzuleben: Sie preist die Stärke und Fruchtbarkeit, die so eng mit der Jugend verbunden sind, und fürchtet die ausgelaugte Unfruchtbarkeit, die Hinfälligkeit des Alters.«[6]

Das würde erklären, warum die Kunst seit jeher jugendliche Schönheit gefeiert hat. Warum sich Hippokrates eine Auszeit nahm, als er das Fundament der modernen Medizin schuf, um sich mit einem Nebenprodukt, einem Antifalten-Trank, ein zweites berufliches Standbein aufzubauen. Warum so ziemlich jeder unter dreißig ganz passabel aussieht, wenn man gerade fünfzig geworden ist. Und warum wir über die verblüffende Fähigkeit verfügen, das Alter eines Menschen anhand seines äußeren Erscheinungsbildes oder Geruchs zu erraten.[7]

Doch es besteht ein großer Unterschied zwischen der Bewunderung der Jugend und dem Jugendkult, der darin eine Grundvoraussetzung für die Attraktivität eines Menschen sieht. Wenn wir die jugendliche Schönheit zu einem Kult erheben, haben alle das Nachsehen: Älteren Menschen werden Schamgefühle eingeimpft, weil sie den Anforderungen nicht mehr genügen, während die jüngeren das Gefühl haben, mit jedem Tag, der vergeht, ein wenig mehr von ihrem Marktwert einzubüßen.

Ein erster Schritt zum Abbau des Jugendkults besteht darin, das Age-Shaming, das Anprangern des Alters, mit einem Tabu zu belegen – und die Welt bewegt sich bereits in diese Richtung. 2016 besuchte Dani Mathers, zum Playmate of the Year des *Playboy*-Magazins gewählt, ein Fitnessstudio in Los Angeles, um ihren knackigen, oft fotografierten Luxuskörper zu stählen. Im Umkleideraum erspähte sie eine splitterfasernackte Einundsiebzigjährige neben den Duschen. Sie fand den Anblick so aberwitzig, dass sie mit ihrem Smartphone ein Foto machte und mit den Worten kommentierte: »Wenn ich das nicht aus dem Kopf bekomme, könnt ihr das auch nicht.« Dann stellte die 29-Jährige ein Foto von sich selbst daneben, die Augen zusammengekniffen vor gespieltem Entsetzen, die Hand vor dem Mund, als müsste sie ein Lachen unterdrücken, und lud die Fotomontage zur Belustigung auf Snapchat hoch.

Was mag ihr durch den Kopf gegangen sein, als sie auf Senden drückte? Vielleicht fühlte sie sich in einer Tradition, die Frauen erniedrigt und bis Erasmus, Plautus, Ovid, Homer und Horaz zurückreicht, gut aufgehoben. Vielleicht dachte sie, sie würde damit das gleiche Gelächter und den Beifall hervorrufen, mit dem die Theaterstücke des griechischen Komödiendichters Aristophanes begrüßt wurden. Wenn ja, dann hatte sie sich verrechnet. Auf ganzer Linie. Als ihr Beitrag auf Snapchat aufgerufen werden konnte, bekam sie die Quittung, unverzüglich und mit aller Härte. »Das ist Hasskriminalität«, schrieb ein Nutzer. »Schäm dich«, fielen andere ein. Viele forderten, dass man Dani Mathers Modelaufträge aufkündigen, ihr den Zugang zu Fitnessstudios verweigern und sie hinter Gitter bringen sollte.

Als der Sturm der Entrüstung in den sozialen Medien immer stärker wurde, versuchte sie, den Schaden zu begrenzen, leistete öffentlich Abbitte und nahm an einer Psychotherapie und an einem Anti-Mobbing-Kurs teil. Doch die Mühe war vergebens: Die Hüter des Gesetzes hatten sie im Visier. Um einer Haftstrafe wegen Verletzung der Privatsphäre zu entgehen, handelte sie schließlich einen Deal aus: drei Jahre auf Bewährung und dreißig Tage gemeinnützige Arbeit, die darin bestand, Graffiti von den Mauern in Los Angeles zu entfernen. Ihr wurde untersagt, ihr Handy an Orten zu benutzen, an denen sich Menschen in unbekleidetem Zustand aufhielten, und Fotos von anderen ohne deren ausdrückliche Genehmigung ins Netz zu stellen. Außerdem musste sie der älteren Frau einen neuen Rucksack bezahlen, als Ersatz für denjenigen, der auf dem Foto zu sehen war.

Was lernen wir aus dieser Begebenheit? Erstens, dass sich die Einstellungen zum Besseren verändern. Aristophanes wäre total verblüfft über den Preis, den Mathers für ihre Snapchat-Häme zahlen musste. Heute gilt Body-Shaming – oder öffentlich ein Erscheinungsbild anzuprangern, das nicht dem Mathers entspricht – als völlig inakzeptabel.

Selbst Branchen, die sich früher etwas auf ihre altersfeindliche Einstellung zugutehielten, müssen sich nun in Acht nehmen. Als die kommerzielle Luftfahrt noch in den Kinderschuhen steckte, stellten die Fluggesellschaften ausschließlich junge Flugbegleiterinnen ein und füllten ihre Marketingkampagnen mit Bildern von heißen »Stewardessen«. In einem sexuell lasziven Werbeslogan von National Airlines hieß es beispielsweise: »Mein Name ist Laura. Ich erfülle dir jeden Wunsch auf unserem Nonstop-Flug nach Miami.« Heute gestatten viele Fluggesellschaften ihrem Kabinenpersonal, bis fünfzig und darüber hinaus zu arbeiten, doch alte Vorurteile lassen sich nur schwer ausheben: Die Models in ihrer Werbung sind nach wie vor jung und faltenfrei. 2017 machte sich Akbar Al Baker, geschäftsführendes Vorstandsmitglied von Qatar Airways, über den Mangel an Flugbegleiterinnen in »mannbarem« Alter bei amerikanischen Fluggesellschaften lustig. Die Passagiere, erklärte er, würden »stets von Großmüttern bedient«, und er wies stolz darauf hin, dass sein »Kabinenpersonal im Durchschnitt erst sechsundzwanzig« ist.

Auch in diesem Fall dauerte es nicht lange, bis er die Quittung serviert bekam. Die Branchenführer trieben Al Baker in die Enge. Wie Dani Mathers wurde auch Akbar Al Baker zu einer öffentlichen Entschuldigung gezwungen; der Not gehorchend und wenig überzeugend erklärte er, seine Bemerkungen seien »unbedacht« gewesen und spiegelten nicht seine »wahren Empfindungen« wider. »Bei Kabinenpersonal an Bord aller Fluggesellschaften sind Professionalität, Kompetenz und Engagement diejenigen Eigenschaften, die zählen«, sagte er. »Es war falsch von mir, anzudeuten, dass andere Faktoren, beispielsweise das Alter, eine Rolle spielen.«

Je häufiger wir hören, dass das Alter keine Rolle spielt, desto besser; aber Menschen wie Mathers und Al Baker an den Pranger zu stellen bedeutet nicht, dass die Altersdiskriminierung ein für alle Mal zu Grabe getragen wurde, bei Weitem nicht. Sexistische, homophobe und rassistische Bemerkungen werden heute ebenfalls geahndet, aber Sexismus, Homophobie und Rassismus sind nach wie vor gesund und munter. Oft besteht eine Diskrepanz zwischen dem, was wir öffentlich ablehnen, und dem, was wir insgeheim denken und tun. Mit Sicherheit war Mathers nicht die einzige Person auf der Welt, die über ihre Snapchat-Montage lachte. Man kann sich durchaus vorstellen, dass andere den Anblick einer einundsiebzigjährigen nackten Frau abstoßend fanden. Und Al Baker ist gewiss nicht der einzige CEO einer Fluggesellschaft – oder Passagier –, der sich darüber beklagt, dass die Flugbegleiter zu alt sind.

Aber die Nadel auf dem Kompass ist in Bewegung geraten.

Ein weiteres vielversprechendes Zeichen ist, dass der Begriff »Anti-Aging« immer mehr unter Beschuss gerät, ein absolutes Novum. Verbraucher und Blogger haben schon seit geraumer Zeit dagegen Front gemacht. »Alter wie eine Krankheit zu behandeln, die einer ›Heilung‹ bedarf, ist unsinnig und demoralisierend für alle über dreißig«, erklärt Jane Cunningham, Begründerin von britishbeautyblogger.com. »Schönheit ist kein fest umrissener Begriff, sondern setzt sich aus vielen Elementen zusammen.«

Diese Definition von Schönheit wurde 2017 zum Mainstream, als *Allure*, das federführende Schönheitsmagazin in den USA, mit einem Paukenschlag ankündigte, dass man den Ausdruck »Anti-Aging« aus dem hauseigenen Vokabular zu streichen gedachte. Das Model auf dem Titelblatt war in jenem Monat die britische Schauspielerin Helen Mirren, strahlend, cool und mit Falten in einem höchst faltenfreien weißen Kleid der Modedesignerin Carmen March. In ihren Anmerkungen der Redaktion machte sich Michelle Lee für ein Bild vom Älterwerden stark, das über den Anblick im Spiegel hinausgeht. »Ich werde nicht lügen und behaupten, dass alles am Älterwerden fantastisch ist. Mit achtzehn sind wir nicht dieselben wie mit achtzig. Aber wir müssen aufhören, unser Leben mit dem Weg auf einen Berg zu vergleichen, von dem es nach fünfunddreißig unkontrollierbar bergab geht«, schrieb sie. »Älter werden ist eine wunderbare Sache, weil es bedeutet, dass wir die Chance erhalten, jeden Tag ein reiches, erfülltes Leben zu führen.«

Dann nahm Lee das äußere Erscheinungsbild ins Visier. »Ich hoffe, dass wir alle den Punkt erreichen, an dem wir merken, dass Schönheit nicht nur den Jungen vorbehalten ist.« Sie erklärte, dass wir alle zu diesem Wandel beitragen können, indem wir beispielsweise unsere Sprachgewohnheiten ändern. »Die Sprache spielt eine große Rolle«, schrieb sie. »Wenn wir von einer Frau über, sagen wir, vierzig reden, fügen wir gerne Einschränkungen hinzu: ›Sie sieht fantastisch aus ... für ihr Alter‹ oder ›Sie ist attraktiv ... wenn man bedenkt, dass sie schon älter ist.‹ Halten Sie das nächste Mal inne, wenn Sie sich dabei ertappen, und überlegen Sie, was passiert, wenn Sie einfach sagen: ›Sie sieht fantastisch aus.‹«

Lee ist keine Heilige, die von der Reservebank aus Moralpredigten hält. Vier Monate vor ihrem Appell wurde die damals neunundvierzigjährige Schauspielerin Julia Roberts vom *People*-Magazin zur Schönsten Frau der Welt gekürt. Ältere Frauen ergattern zunehmend die heiß begehrten Jobs auf dem Catwalk bei namhaften Modenschauen und als Botschafterinnen von Markenprodukten der Schönheitsindustrie. Carmen Dell'Orefice war mit über achtzig mehrfach auf der Titelseite von *Vogue* und Lifestyle-Magazinen wie *Cosmopolitan* zu sehen, und die Anzahl der fünfzig- bis sechzigjährigen Models erreichte bei den Frühlingsschauen 2018 in London, Paris und Mailand Rekordhöhe.[8]

Selbst der legendäre *Pirelli*-Kalender, einst eine Hochburg von Frauen in der Blüte ihrer Jugend, zog mit. Die Ausgabe von 2016 mit Aufnahmen der Starfotografin Annie Leibovitz feierte Frauen aufgrund ihrer Leistungen, angefangen von der Kunst bis hin zu sportlichen oder journalistischen Aktivitäten, alle bis auf eine der Frauen waren bekleidet. Sie repräsentierten eine bunte Vielfalt von Körpergrößen, ethnischen Wurzeln und Altersgruppen. Die unterschwellige Botschaft war offensichtlich: Jugend ist nicht der einzige Weg zu Attraktivität. Attraktivität ist auch eine Frage von Präsenz, Persönlichkeit oder des Umstands, eine Geschichte zu haben, etwas erzählen zu können. »Eines der Klischees, die abgebaut werden, ist die Vorstellung, dass alternde und ältere Frauen nicht schön sind«, sagte Leibovitz. Pirelli legte 2017 noch einmal nach mit unretouchierten Aufnahmen von bekleideten Frauen zwischen achtundzwanzig und einundsiebzig, um den Kampf gegen die Altersdiskriminierung in den Brennpunkt seiner Werbekampagne zu rücken. »Als Künstler fühle ich mich dafür verantwortlich, Frauen von der Vorstellung ewiger Jugend und Perfektion zu befreien«, sagte Peter Lindbergh, der Fotograf in jenem Jahr. Eines seiner Models, die Schauspielerin Kate Winslet, bestand darauf, ihre Handrücken zu zeigen, weil es ihr gefiel, wie sie sich mit vierzig verändert hatten. »Die Leute versuchen ständig, uns mit dem Weichzeichner darzustellen, wenn wir vierzig sind, oder in einer Version, die jünger und frischer wirkt als fünfzig«, sagte sie. »Es ist doch okay, einfach nur vierzig, fünfzig oder sechzig zu sein, oder?«

Die Antwort auf diese Frage lautet zunehmend: Ja – bei Männern und Frauen. Seit der Trend zu mehr Vielfalt nicht weiße, Transgender-, behinderte und kurvige Models ins Rampenlicht rückt, schießen auch die Agenturen, die sich auf Senioren spezialisiert haben, wie Pilze aus dem Boden. Ein Beispiel ist die russische Agentur Oldushka, deren Name ein Kofferwort aus »alt« und »Babuschka« ist, was im Russischen so viel wie Großmutter bedeutet. Die Moskauer Agentur entstand aus dem Hobby des Fotografen Igor Gavar, den Kleidungsstil der Rentner in seiner sibirischen Heimatstadt Omsk abzulichten. Heute hat Oldushka achtzehn männliche und weibliche Models im Alter von sechzig bis fünfundachtzig Jahren unter Vertrag, deren Gesichter Zeitschriften aller Art und Werbekampagnen in ganz Russland schmücken. Gavar befindet sich auf einem Kreuzzug mit dem Ziel, altersfeindliche Stereotype aus den Angeln zu heben und die Bedeutung des Wortes »attraktiv« zu verändern. »Ich wollte zeigen, dass auch Senioren in der Lage sind, in der Modeindustrie zu arbeiten, und dass sie mit ihren Falten und grauen Haaren schön sein können«, sagt er.

Viele führen eigenhändig den Beweis in den sozialen Medien, wo sie aufgrund ihrer starken Präsenz und ihres Ansehens im Netz bei der Werbung und Vermarktung von Mode und Kosmetikprodukten als Influencer gelten. Der Instagram-Account, auf dem Linda Rodin mit 70plus Fotos und Videos einstellt, die sie in hipper Kleidung mit ihrem Pudel Winks beim Abhängen in Manhattan zeigen, hat mehr als 100 000 Follower. Zu ihren Konkurrentinnen im Netz gehören Anna Dello Russo (50plus, 1,4 Millionen Follower), Sarah Jane Adams (60plus, 157 000 Follower) und Helen Ruth Van Winkle (80plus, 2,3 Millionen Follower). Ältere Männer, von Nickelson Wooster (50plus, 750 000 Follower) bis Grey Fox (60plus, 24 000 Follower), machen ebenfalls auf Instagram Furore. Diese Meinungsmacher, die sich in ihrer Haut rundum wohlfühlen, tragen dazu bei, die Definition des Begriffs »attraktiv« auf eine breitere Basis zu stellen. Linda Rodin hat beispielsweise nie ihre Haare gefärbt und macht einen großen Bogen um Botox und Faltenfüller. Nickelson Wooster hat Falten und graue Haare. »Es geht weniger um das Alter und mehr um die innere Einstellung«, sagt Gwen Flamberg, die für das Beauty-Ressort des Promi- und Unterhaltungsmagazins US Weekly zuständig ist.

Ist das alles nur ein Sturm im Medien-Wasserglas? Nein, denn Vorbilder, Role Models, sind wichtig. Wenn wir die Erfahrung machen, dass man Menschen wie uns öffentlich Beifall zollt, fällt es uns leichter, zu akzeptieren und zu feiern, wer und wie wir sind. Das schließt Identitätsmerkmale wie Rasse, Geschlecht, Sexualität, Hautfarbe, Körpertyp – und Alter ein. Älter werden kommt mir weniger bedrückend vor, wenn ich sehe, dass Schauspieler wie Jeff Goldblum oder Daniel Day-Lewis supersexy wirken. Donna McGuffie empfindet es jedes Mal als Ansporn, wenn sie auf ein Foto von Helen Mirren oder Linda Rodin stößt. »Sie machen es dem Rest von uns leichter, zu unserem Alter zu stehen«, sagt sie. Außerdem finden die Jungen das Alter dann weniger gruselig. Eine Vierundzwanzigjährige kann sich bei einem Blick auf ein Foto von Dello Russo oder Deshun Wang denken: »Ja, so würde ich in dem Alter auch gerne aussehen.«

Auch in der realen Welt, jenseits der Laufstege und kuratierten Räume in den sozialen Medien, erweitert sich die Definition des Begriffs »attraktiv«. Viele Frauen wenden sich Kraftsportarten wie dem Gewichtheben zu, weil »stark« das neue »knochig« ist, während andere sich einer Po-OP unterziehen, um sich ein kurviges Hinterteil zuzulegen – nach dem Vorbild von Promis wie den It-Girls aus dem Kardashian-Klan oder den Rapperinnen wie Nicki Minaj und Iggy Azalea. Conchita Wurst, eine österreichische Dragqueen, gewann 2014 den Eurovision Song Contest mit Vollbart und goldenem Abendkleid. Ein Jahr später verliebte sich das Internet in Dad-Bod-Typen, also Typen mit einem Daddy-Body oder schlicht: naturbelassene Männer ohne Waschbrettbauch. 2018 tauchte zum ersten Mal ein Transgender-Model auf der Titelseite des *Playboy* auf. »Die Kultur leistet einen wichtigen Beitrag dabei, das Auge daraufhin zu trainieren, bestimmte Dinge erotisch oder attraktiv zu finden«, sagt Alexander Edmonds, Professor für Anthropologie an der Universität von Edinburgh. »Und diese Normen ändern sich im Lauf der Zeit.«

Adriana Corte würde ihm uneingeschränkt zustimmen. Die Zweiundsechzigjährige hat ihr ganzes Leben in der brasilianischen Metropole São Paulo verbracht. Anmutig, stylisch und von der Natur mit einem umwerfenden Lächeln ausgestattet, zog sie stets bewundernde Blicke auf sich – bis die Komplimente nach dem vierzigsten Lebensjahr versiegten. Doch zwei Jahrzehnte später zeichnet sich nach ihrem Dafürhalten ein erneuter

Wandel ab. »Die Leute fangen an, mich wieder wahrzunehmen«, sagt sie. »Inzwischen halten mich häufiger junge Leute, Männer und Frauen, auf der Straße an, um mir Komplimente über meine Kleidung, meine Haare oder mein Aussehen generell zu machen.« Ein Mädchen im Teenageralter fragte, ob sie ein Foto machen und auf Instagram hochladen dürfe. »Sie meinte, ich sei die attraktivste Frau, die sie den ganzen Tag über zu Gesicht bekommen hatte«, sagt Corte.

Wenn es um weibliche Schönheit geht, ist der neue Heilige Gral ein strahlender Teint statt der perfekten glatten Haut der Jugend. »Die Erwartungen der Frauen an das Aussehen, das sie sich im Alter wünschen, haben sich geändert«, sagt Elisa Simonpietri, Leiterin der Forschungsabteilung Vichy Laboratoires des Kosmetikherstellers L'Oréal. »Wir sind nicht mehr auf die Falten fixiert.« Rebecca Valentine beobachtet die gleiche Verlagerung in der Werbebranche. 2012 gegründet, hat ihre Grey Model Agentur inzwischen dreihundert Seniorinnen und Senioren unter Vertrag. »Wir schauen uns alle gerne schöne Menschen an, und daran wird sich auch nichts ändern, aber wenn wir unsere multikulturelle und wunderbar vielfältige Gesellschaft annehmen, ändert sich unsere Auffassung von Schönheit«, sagt sie. »Die Erwartungen gehen heute über Jugendlichkeit und eine makellose Haut hinaus, beziehen Weisheit, Erfahrung und ein erfülltes Leben ein. Die Ansichten über Falten ändern sich: Kunden halten nach einem strahlenden Teint Ausschau und Falten stören sie nicht.«

Es lohnt sich, den letzten Teil zu wiederholen: Falten stören sie nicht. Auch wenn es hohl oder abgedroschen klingen mag, diese Aussage kündigt an, was Helen Mirren bei der Einführung des *Pirelli*-Kalenders 2017 als »kulturellen Wandel« bezeichnete. Zu lernen, mit unseren Falten zu leben, sie als Erinnerung an unser Lächeln zu begreifen, das heitere Momente hinterlassen haben, wie Mark Twain sagte, könnte der erste Schritt sein, sie anziehend zu finden.

Das gilt auch für graue Haare. Versuche, das Ausbleichen der Haarfollikel aufzuhalten, die unsere Haarwurzel umgeben, gehen geschichtlich weit zurück. Schon die Assyrer hielten die Behandlungsmethoden zur Beseitigung silberner Locken um 1500 v. Chr. in ihrer Keilschrift fest, und Henna gehört seit altägyptischer Zeit zu den gängigen Kosmetikartikeln im gesamten Vorderen Orient. Im ausklingenden 20. Jahrhundert wurde es für die Frauen im Westen unerlässlich, den Grauschimmer in den Haaren mittels Waschtönung zu entfernen. Die Hälfte der Teilnehmerinnen am Ms.-Senior-Universe-Schönheitswettbewerb, die Siegerin Donna McGuffie eingeschlossen, lässt sich regelmäßig die Haare färben. Die Gerontologin Debora Price, der wir an früherer Stelle begegnet sind, ist der Meinung, dass Haare färben die Altersfeindlichkeit verstärkt. »Keine Frau ist mit Mitte vierzig grau, auch wenn sie alle grau sind«, sagt sie. »Alle Frauen dieser Welt haben sich verschworen, der jungen Generation die Erkenntnis vorzuenthalten, dass alles, was im Zuge des Alterungsprozesses geschieht, ganz normal ist. Teenager denken, grau sei Großmüttern vorbehalten; wenn sie also mit dreißig ein graues Haar entdecken, ist Panik angesagt.« Doch inzwischen sind erste Anzeichen sichtbar, dass sich das Blatt wendet.

Prominente, angefangen von Kim Kardashian bis Rihanna und Kate Moss, tragen inzwischen stolz ihre grauen Strähnen zur Schau. Sarah Harris ist über dreißig und Leiterin des Beauty-Ressorts der britischen Ausgabe des Modemagazins *Vogue*: Sie trägt eine silbergraue Haarpracht genau wie die älteren Influencer auf Instagram. Überall auf der Welt sagen Frauen mit zwanzig, dreißig und darüber hinaus Haarfärbe-Termine beim Friseur ab und dokumentieren die anschließende Verwandlung in Büchern, Blogs und YouTube-Videos unter Hashtags wie #grayhairjourney. Die französische Journalistin Sophie Fontanel hielt ihre Reise in die »Graue Zone« in ihrem Buch *Une apparition* fest, das den Zeitgeist spiegelt. Kurz nach der Veröffentlichung kündigte die britische Beauty-Kolumnistin Angela Buttolph an, dass graue Haare nicht gleichbedeutend sind mit »sich gehen lassen. Sie sind voll im Trend, chic und erstrebenswert in gleich welchem Alter.«

Doch wenn Helen Mirren recht hat und ein kultureller Wandel im Gange ist, wäre das erst der Beginn. Die meisten Frauen, die Lorbeeren dafür ernten, dass sie Schönheit in reifem Alter neu definieren, entsprechen nach wie vor dem gängigen, einschränkenden Schönheitsideal: Sie sind groß, schlank, weiß, ebenmäßig gewachsen, körperlich fit. Außerdem sind die meisten von ihnen wohlhabend und können sich die besten Hautärzte, Personal Trainer, Ernährungswissenschaftler, Küchenchefs, Make-up-Künstler und Fotografen leisten, die ihre Vorzüge zur Geltung bringen. In einigen Fällen sind die Aufnahmen retuschiert, damit sie jünger aussehen. Daher besteht die Gefahr, dass wir mit diesen Vorbildern neue unerfüllbare Erwartungen schaffen. Genauso wie die Superathleten in fortgeschrittenem Alter gewöhnliche Sterbliche unter Umständen davon abhalten, Sport zu treiben, können die glamourösen Senioren den Rest von uns demoralisieren. Nicht jeder hat das Glück, wie Helen Mirren oder Daniel Day-Lewis zu altern. »Ich bin froh, dass sie heute älteren Models mehr Raum geben, aber die Definition von Schönheit ist nach wie vor eng abgesteckt, und das setzt alle anderen unter Druck, die so wie die meisten Leute altern«, sagt Shantony Exum, eine New Yorker Rapperin und Grafikdesignerin in den Dreißigern. »Wir werden keine echten Fortschritte machen, solange wir nicht Herrn und Frau Jedermann in den Medien präsentieren.« Aus diesem Grund hat sie das Every Body Project ins Leben gerufen, einen Lifestyle-Blog, der eine breiter gefächerte Palette von Körperformen, Kleidergrößen, Ethnien und Altersgruppen feiert. Sie fotografiert Menschen in New York, die sie visuell interessant findet, und lädt die Aufnahmen mit einem kurzen Kommentar von ihr oder einem Zitat der Abgelichteten hoch. Die älteren Männer und Frauen wirken stylisch und anziehend – man möchte sie gerne näher kennenlernen –, aber sie haben selten Ähnlichkeit mit den Mainstream-Models.

Das Projekt ist eine willkommene Erinnerung, dass das äußere Erscheinungsbild lediglich ein Teil dessen ist, was jemanden attraktiv macht. Wir fühlen uns zu anderen Menschen hingezogen, weil sie sich durch Mut, Redegewandtheit, Scharfsinn, persönliche Leistungen, Liebenswürdigkeit, Weisheit, Charakter, Fantasie, Kreativität, Elan und Sinn für Humor auszeichnen – Eigenschaften, die sich erst mit dem Alter voll entfalten. Was attraktiv macht, ist nicht, dass wir noch mit fünfundvierzig, fünfundfünfzig oder fünfundsechzig genau dasselbe Gesicht oder denselben Körper wie mit fünfundzwanzig haben; was zählt ist die Fähigkeit, die dazwischenliegenden Jahre mit jenen facettenreichen Erfahrungen zu füllen, die uns veranlassen, die Gesellschaft eines Menschen zu suchen. Mit anderen Worten: Der Mensch zu werden, der in uns angelegt ist, könnte die beste Möglichkeit sein, auf der Attraktivitätsskala zu punkten. Oder, wie Eleanor Roosevelt es ausdrückte: »Schöne junge Menschen sind eine Laune der Natur, schöne alte Menschen ein Kunstwerk.«

Das ist genau die innere Einstellung, die den Aufstieg der Senioren-Schönheitswettbewerbe antreibt. Doch bevor wir fortfahren, ist es an der Zeit für ein Geständnis: Ich war nie ein Fan von Schönheitswettbewerben. Selbst wenn sich die Teilnehmerinnen politisch korrekt zu Weltfrieden und Umweltbelangen äußern, selbst wenn sie hochgebildet sind und beteuern, dass sie sich nicht im Geringsten wie ein zur Schau gestelltes Objekt männlicher Begierden vorkommen – ich finde Schönheitswettbewerbe rückschrittlich. Sie verwandeln weibliche Schönheit in eine Waffe und uns, die Zuschauer, in Voyeure, die ein Urteil fällen. Als ich in einer 5 000 Besucher fassenden Halle in Las Vegas saß und mir die Kandidatinnen ansah, die um den Titel der Miss Universum 2017 kämpften (Höchstalter: achtundzwanzig Jahre), fühlte ich mich wie ein Delegierter bei einer Spanner-Tagung.

Schönheitswettbewerbe für Senioren sind bestrebt, ein anderes Feld zu beackern. Ihr Ziel besteht darin, den Charaktermerkmalen einer Frau mehr Gewicht als den Konturen ihres Körpers beizumessen. Bei der Premiere des Ms.-Senior-Universum-Schönheitswettbewerbs in Las Vegas waren die Juroren angehalten, zu bedenken, dass »Frauen mit allen Kleidergrößen, Körpergrößen und Körperformen teilnehmen«. Die fünfzehn Kandidatinnen entsprachen dieser Beschreibung – und Bikini-Paraden gab es keine. »Soll das ein Witz sein?«, lachte McGuffie. »Im Badeanzug wäre niemand aufgetreten.«

Mit weniger als hundert Zuschauern, überwiegend Familienangehörige und Freunde, hat der Wettbewerb einen entspannten, amateurhaften Reiz, wie die erste Runde von *Britain's Got Talent* und anderen TV-Castingshows. Wir schauen zu, wie die Kandidatinnen in Landestracht und anschließend in formeller Kleidung aufmarschieren. Wir sehen, wie sie singen, tanzen und Gedichte rezitieren. Wir hören, wie sie innerhalb von fünfunddreißig Sekunden ihre Lebensphilosophie zusammenfassen. »Ich habe große Träume. Ich verfolge ein hochgestecktes Ziel. Ich traue mir etwas zu. Ich beginne, das Unmögliche möglich zu machen«, erklärt eine Teilnehmerin. Außerdem macht sich bei vielen eine gesunde Portion Humor bemerkbar, und die Fähigkeit, sich nicht allzu ernstzunehmen. Eine Kandidatin singt mit einem Augenzwinkern ein Lied darüber, dass sie sich nicht mehr erinnern kann, wo sie ihre Schlüssel hingelegt hat. In der Halbzeitpause betritt eine Joan-Rivers-Imitatorin die Bühne und gibt Witze über schlaffe Scheiden und undichte Blasen zum Besten.

Jede der Kandidatinnen kann auf ein reiches Leben blicken, das sich in ihrem Elan und in ihrer Lebensfreude widerspiegelt. Diese Frauen haben eine Geschichte zu erzählen und der Welt weitaus mehr zu bieten als schlanke Fesseln; es sind Frauen, die man gerne näher kennenlernen würde. Nach der Krönung von McGuffie, als die Stimmung ihren Höhepunkt erreicht, verkündet eine der Organisatorinnen auf der Bühne, dass wir heute Geschichte geschrieben haben und der Ms.-Senior-Universum-Schönheitswettbewerb von diesen bescheidenen Anfängen ausgehend den gesamten Planeten erobern könne. »Die Welt verändert sich«, sagt Ms. China, die einundsechzig ist. »Die Leute sind inzwischen so weit, dass sie auch ältere Frauen als attraktiv betrachten.«

Mein erste Gedanke, als ich das höre: Ich hoffe, dass sie recht hat. Mein zweiter: Und was ist mit den Männern?

Herkömmlicherweise standen Männer weniger unter Druck, jugendlich auszusehen. Das Alter verleiht uns Bedeutung und ein »distinguiertes Erscheinungsbild«. Während Hollywood Schauspielerinnen ab dreißig gnadenlos ablehnt, erhalten ihre männlichen Entsprechungen, von George Clooney bis Pierce

Brosnan, mit fünfzig und darüber hinaus hoch bezahlte »Silberfuchs-Rollen«. Auf allen Ebenen der öffentlichen Sphäre kommen Männer mit dem Alterungsprozess ungestraft davon, in einer Weise, von der Frauen nur träumen können. Das bedeutet nicht, dass Männer immun gegen den Druck sind, jung auszusehen. Wir können uns beim Anblick unserer ergrauenden, schütteren Haare, der schlaffen Haut und fülligen Körpermitte genauso am Boden zerstört fühlen. Im Web kursieren zahllose Fotos und Videos von mir, die vor mehr als einem Jahrzehnt aufgenommen wurden, eine fortwährende, schmerzliche Erinnerung daran, dass ich älter werde in einer Welt – und in einer Branche –, die Loblieder auf die Jugend singt. Ich habe nicht vor, mich unters Messer zu legen, aber wie die Männer in der Midlife-Crisis, die auf mobilen Dating-Apps wie Tinder den Romeo geben, bekenne ich mich schuldig, öffentlichkeitswirksame Fotos zu benutzen, die schon seit mehreren Jahren veraltet sind.

Um meine eigene Angst zu erforschen, dass ich mit jedem Geburtstag meine Anziehungskraft einbüßen könnte, verabredete ich mich in London mit David Evans, dem dreiundsechzigjährigen Star des Grey-Fox-Blog. Wir treffen uns in der Royal Society of Arts, die ihren Sitz in einem noblen Georgianischen Gebäude unweit des Trafalgar Square hat. An den Wänden der königlichen Gesellschaft zur Förderung der Schönen Künste hängen Gemälde aus dem 18. Jahrhundert von beleibten Männern mit gepuderten Perücken. Großgewachsen, schlank und gepflegt, erweckt Evans den Eindruck, als wäre er gerade von einem Fotoshooting des *GQ*-Lifestyle-Magazins für Männer gekommen; sein Outfit zeigt in Großaufnahme, was der moderne Mann in der Stadt trägt: khakifarbenes Jackett über einem blauweiß gestreiften Hemd, graublaue Leinenhose, braune Schuhe.

Man kann sich leicht vorstellen, dass auch ein Zwanzigjähriger in diesem Look eine gute Figur machen würde.

Evans verleiht der Zahl 63 ein attraktives Aussehen, denn er erweckt den Anschein, als fühle er sich rundum wohl, nicht nur mit seinen grauen Haaren und den Falten im Gesicht, sondern auch mit dem Älterwerden selbst. »Bei dem Begriff ›alt‹ denke ich automatisch an schöne alte Gebäude und Kunstwerke, weil er für mich nicht abwertend ist«, sagt er. »Man kann sein Leben nicht in seiner ganzen Fülle genießen, wenn man sich wünscht, man wäre zehn, zwanzig oder dreißig Jahre jünger – eine bedauerliche Situation, weil man die Vorteile übersieht, die das Leben im Hier und Jetzt bietet. Wenn man das Altern positiv betrachtet, statt ständig dem nachzutrauern, was früher war oder hätte sein können, erkennt man, dass das Leben mit zunehmendem Alter sogar besser wird.«

Schließt das unser äußeres Erscheinungsbild ein?

Evans nickt. »Ich fühle mich nicht gezwungen, jünger auszusehen. Ich bin sehr stolz auf mein Alter, auf meine grauen Haare, meine Falten – für mich sind sie ein Zeichen von Reife, Individualität, Intelligenz.« Dann fügt er lachend hinzu: »Und selbst wenn sie es nicht sind, sollten wir es so sehen.«

Die Zeit mit Menschen wie Evans, die Fotos von älteren Models und die Senioren-Schönheitswettbewerbe – sie sind nicht spurlos an mir vorbeigegangen. Ich habe aufgehört, Spiegeln aus dem Weg zu gehen, weil sie mich in keinen Abgrund der Verzweiflung mehr stürzen. George Orwell sagte einmal, dass im Alter von fünfzig Jahren jeder das Gesicht hat, das er verdient. Ich bin fünfzig und stimme ihm zu. Mein Gesicht sieht älter aus als vor zwanzig Jahren, und das ist okay. Zugegeben, hin und wieder, gewöhnlich nach einer Nacht mit wenig Schlaf, gleicht das, was ich im Spiegel entdecke, für meinen Geschmack ein bisschen zu sehr den ungeschminkten Porträts eines Lucian Freud, als dass ich mich daran erfreuen könnte. Doch im Allgemeinen bin ich zufrieden mit dem Gesicht, das mir entgegenblickt. Gezeichnet und gemeißelt von jahrelangem Lachen, Lieben und Lernen, sieht es heute nach meinem Dafürhalten interessanter aus.

Die US-amerikanische Rock-Sängerin Pat Benatar ist zehn Jahre älter als ich und steht zu ihrem Alter, eine Haltung, die mir zunehmend sinnvoll erscheint. »Jede Lachfalte, jede Narbe ist wie ein Abzeichen, mit dem ich zeige, dass es mich gibt; sie repräsentieren die inneren Ringe am Stamm meines persönlichen Lebensbaums, die ich stolz zur Schau stelle, damit alle sie sehen können«, sagt sie. »Ich wünsche mir weder ein ›vollkommenes‹ Gesicht noch einen ›perfekten‹ Körper; ich möchte Zeugnis von dem Leben ablegen, das ich gelebt habe.« Wie Benatar genieße ich die Geschichte, die mein Gesicht mit fünfzig erzählt, statt mich danach zu sehnen, wie es mit fünfundzwanzig aussah. Werde ich in zehn Jahren genauso empfinden? Wer weiß. Was ich jetzt sagen kann, ist, dass ich mich freue, mich ständig weiterzuentwickeln, mit sechzig wie Evans, mit siebzig wie Deshun Wang und mit neunzig, so Gott will, wie Sir David Attenborough zu sein. Je besser ich mit dem Älterwerden zurechtkomme, desto besser komme ich damit zurecht, älter auszusehen, und umgekehrt. Und ich stehe nicht alleine da: Botox ist in den Altersgruppen unter vierzig weit stärker verbreitet als bei den über Sechzigjährigen.

Während ich mich auf ein sechstes Lebensjahrzehnt vorbereite, stelle ich fest, dass ich mir mittlerweile mehr Gedanken über meine Garderobe als über meine Krähenfüße mache. Ist meine

Zukunft angefüllt mit Strickwesten und Cordhosen? Bin ich auf immer dazu verdammt, meinen Hosenbund mit Hosenträgern hochzuhalten? Solche Fragen werden nur zum Teil von Eitelkeit diktiert, denn Studien belegen, dass »altmodische« Kleidung gesundheitsschädlich sein kann. Forscher der Harvard-Universität haben herausgefunden, dass Senioren, die am Arbeitsplatz ›altersgemäße‹ Kleidung tragen, anfälliger für Verletzungen und altersbedingte Krankheiten sind als diejenigen, die sich wie ihre jüngeren Kollegen kleiden. Ihre Schlussfolgerung: »Kleidung kann ein Auslöser für altersfeindliche Stereotype sein.«[9]

Bedeutet das, dass sich jeder über vierzig schnurstracks auf den Weg in die Teenagerabteilung des nächstgelegenen Klamottenladens begeben sollte? Mitnichten. Einige Outfits können selbst dem fittesten Fünfzigjährigen das Aussehen eines Hammels verleihen, der sich als Lamm verkleidet hat. Doch die Welt ändert sich auf eine Weise, die auch für das Alter mehr Kleidungsstile zur Verfügung stellt. Als ich von Evans wissen möchte, ob es noch immer eine verbindliche Kleiderordnung für Männer im gesetzten Alter gibt, schüttelt er den Kopf. »Ich sehe keinen Grund, warum ein Fünfundachtzigjähriger keine Jeans, T-Shirt mit Aufdruck und Converse-Turnschuhe tragen sollte. Wichtig ist der Schnitt und ob ihm die Kleidung steht.« Das gilt auch für Frauen. »Man lernt seinen Körper im Lauf der Zeit kennen und weiß, was man braucht, um gut auszusehen und sich gut zu fühlen«, sagt Linda Rodin. Iris Apfel, Modesignerin und Model mit über neunzig, ist der gleichen Meinung. »Ich finde, wir sollten uns nicht vom Alter vorschreiben lassen, was wir zu tragen haben oder wie wir es zu tragen haben«, sagt sie. »Ich denke, das hängt von der jeweiligen Person ab: Es gibt Leute, die mit fünfunddreißig alt sind, und andere, die mit vierundneunzig jung geblieben sind.«

Was uns zu dem Gedanken zurückbringt, dass das Lebensalter nicht mehr das Maß aller Dinge ist und die innere Einstellung mehr zählt als das Geburtsdatum. Es bleibt abzuwarten, wie weit wir diesen Wandel vorantreiben können, vor allem im Hinblick auf die Definition des Begriffs Attraktivität.

Zurück in Las Vegas stoßen die Kandidatinnen des Ms.-Senior-Universe-Schönheitswettbewerbs in einer Bar des Casinos im Planet Hollywood auf ihren Erfolg an. Sie bieten ein farbenprächtiges Bild mit ihren Krönchen und Abendroben. Die Vorübergehenden werfen zwar verstohlene Blicke in unsere Richtung, aber mir fällt auf, dass niemand auf die Idee kommt, einen Abstecher zu machen und die Party zu stören. Hätten sich die Teilnehmerinnen an der Wahl zur Miss Universum hier versammelt, wären sie jetzt von Männern umzingelt, die sich ein Date, eine Telefonnummer oder ein Foto mit ihnen erhofften. Die Schönheitsköniginnen der Seniorenriege haben auch so ihren Spaß, lachen, tratschen und spotten, allem Anschein nach völlig unbeeindruckt von der mangelnden Aufmerksamkeit, was mich nachdenklich stimmt. Geht es bei der Attraktivität in einer späteren Lebensphase weniger darum, den Kurs der eigenen Aktie an der Partnerbörse in die Höhe zu treiben? Was passiert mit der Romantik, wenn wir älter werden? Was bedeutet der Altersboom für Liebe, Lust und Libido?

9. KAPITEL

ROMANTIK: DAS HERZ
HAT KEINE FALTEN

*Die Leute irren, wenn sie glauben, wir würden
uns nicht mehr verlieben, wenn wir alt sind –
wir werden alt, wenn wir aufhören, uns zu verlieben.*

Gabriel García Márquez zugeschrieben

Welche Bilder stellen sich bei Ihnen auf Anhieb ein, wenn Sie
an eine heiße, leidenschaftliche Affäre denken? Sehen Sie zwei
Leute mittleren Alters vor sich, die es am Sandstrand treiben?
Sechzigjährige, die auf Seidenlaken Kamasutra-Positionen ausprobieren? Fünfundachtzigjährige, die in der letzten Kino-
reihe knutschen? Vermutlich nichts von alledem. Erwähnt man
Schmetterlinge im Bauch oder Sex, bei dem die Erde bebt, haben die meisten das Bild junger Paare von makellos retuschierter
Schönheit vor Augen. Egal ob im Fernsehen, in Hollywood oder
in der Werbung, die Botschaft, die man uns vermittelt, ist stets
die gleiche: Leidenschaft ist eine Domäne der Jugend. Jeder, der
diese Regel beugt, setzt sich einem Sperrfeuer von Witzen über
Cougars – ältere Single-Frauen, die Jagd auf erheblich jüngere
Sexualpartner machen – oder Viagra aus.

Das ist nicht neu. In vielen Kulturen gilt Sex in vorgerücktem Alter als unmoralisch oder sogar als Sünde, als Fehlverhalten, das Blindheit, geistiger Umnachtung und frühem Tod Tür und Tor öffnet. In den Theaterstücken und Gedichten der griechischen und römischen Antike wurden Senioren mit Frühlingsgefühlen gnadenlos verspottet. Der griechische Komödiendichter Aristophanes wies mit erhobenem Zeigefinger darauf hin, dass der Beischlaf mit einer Frau nach der Menopause ähnlich wäre, als würde man »dem Tod beiliegen«, und der römische Satiredichter Juvenal machte sich über siebzigjährige Männer lustig, die ihr bestes Stück nicht in Stellung bringen oder im Zaum halten können. 1400 Jahre später, während der Renaissance, gönnte sich Erasmus von Rotterdam eine Auszeit von seinen hochtrabenden Grübeleien über das menschliche Befinden, um älteren Frauen nachzustellen, die »immer noch die Kokette spielen«. Die Literatur des Mittelalters, die Commedia dell'Arte in Italien und die Komödien, die während der englischen Restauration – im Zeitalter der Stuart-Könige – entstanden, nahmen die sexbesessenen Senioren aufs Korn. Selbst Niccolò Machiavelli stimmte in den Chor ein, als er darüber nachsann, wie er politische Macht gewinnen und ausüben könnte. Eine Zeile aus seiner 1525 uraufgeführten Komödie *Clizia* besagt, dass Techtelmechtel den Jungen überlassen bleiben sollten: »Ein alter Soldat ist ein hässlicher Anblick; ein alter Liebhaber noch hässlicher.«

Nicht nur die Sexualität fiel der Zensur selbst ernannter Sittenrichter zum Opfer: Es galt auch als naturwidrig, sich im Alter zu verlieben. In Giovanni Boccaccios Novellensammlung *Das Decameron*, im 14. Jahrhundert entstanden, ist Graf Guido völlig baff, als sich sein ältlicher König bis über beide Ohren verliebt: »Deshalb scheint mir, was ich von Euch höre, dass Ihr, dem Alter schon nahe, in leidenschaftlicher Liebe entbrannt seid, so neu und seltsam, dass es mich fast ein Wunder dünkt.« Drei Jahrzehnte später warnte ein italienisches Sprichwort:»Jeder, der sich im Alter verliebt, sollte in den Schandstock gespannt werden.« Selbst aus der Reihe zu tanzen war verpönt, wenn man ein bestimmtes Alter überschritten hatte. In der europäischen Frühzeit waren die Worte des römischen Dichters Horaz in aller Munde, der fand, dass »die Schafschur unweit des viel gerühmten Lucera durchaus angemessen für euch ist; nicht aber der Tanz, zu dem die Musikanten aufspielen, noch die rote Rosenknospe oder das bis zum letzten Tropfen geleerte Fass.«[1] Mit anderen Worten: Überlasst solche Lustbarkeiten den Jungen.

Die Überzeugung, dass wir Liebe und Leidenschaft entwachsen – entwachsen sollten –, hat sich bis heute erhalten. Ich bin selber nicht ganz frei davon. Ich finde es herzerwärmend, zu sehen, wie ein älteres Paar Händchen hält.»Wie schön!«, denke ich.»Nach so vielen Jahren immer noch ein Herz und eine Seele.« Es käme mir nie in den Sinn, anzunehmen, dass sie die Hände nicht voneinander lassen oder sich in der Flitterwochenphase eines Seitensprungs befinden. Kein Wunder: Obwohl Liebe und Sex im fortgeschrittenen Alter schon immer auf der Tagesordnung standen, ist dieses Thema nach wie vor ein Tabu. Deshalb fand Jacos Viagra-Streich im libanesischen Fernsehen virale Verbreitung. Und deshalb empfindet der circa vierzigjährige Protagonist in Michel Houellebecqs Roman *Die Möglichkeit einer Insel* die eigenen sexuellen Machenschaften als abstoßend und so beharrlich wie »einen alten Furz, der sich weigert, den Geist aufzugeben.«[2]

Wie die Dichter und Bühnenautoren aus längst vergangener Zeit spiegelt und verstärkt die moderne Popkultur den Druck, unsere romantischen Sporen nach Erreichen eines bestimmten Alters an den Nagel zu hängen. Wie oft werden auf der Leinwand, auf der Bühne oder in Romanen Menschen dargestellt, die im Alter die große Liebe ihres Lebens, geschweige denn echte sexuelle Erfüllung finden – mal abgesehen von Romanfiguren wie Cervantes' Lotario, dem alternden Schwerenöter, der jüngere Frauen verführt? Schauen Sie sich doch einmal die Kandidaten in Reality-Fernsehshows wie *Der Bachelor* oder *Die Bachelorette* an, die einen Partner suchen! Sie sind fast immer unter fünfunddreißig. In den Online-Foren zu einer der aktuelleren Staffeln von *Love Island* nahmen die Fans die Teilnehmerinnen der Kuppel-Show unter Beschuss, weil sie zu alt aussahen, obwohl keine älter als dreißig war. »Die eine mit den vielen Tattoos sieht wie vierzig aus«, lautete ein Kommentar. Als in einem anderen Beitrag darüber nachgedacht wurde, was eine »Liebesinsel« für über Vierzigjährige den Zuschauern bieten könnte, klinkte sich ein dritter Fan ein: »Oh nein! Igitt! Mir wird schon schlecht, wenn ich nur daran denke!«

Die beharrliche Überzeugung, dass Sex und Romantik der Jugend vorbehalten sind, schadet uns allen. Sie erhöht den Druck, beizeiten das sexuelle Nirwana zu erreichen oder den Richtigen/die Richtige zu finden. Sie treibt unsere Angst vor dem Älterwerden auf die Spitze, indem sie das Alter als romantische und erotische Einöde darstellt. Sie erschwert es uns, die Früchte der Liebe in sämtlichen Lebensphasen zu genießen. Und sie engt unsere Definition der Sexualität ein.

Die gute Neuigkeit ist, dass sich die Dinge ändern. Angesichts der verlängerten Lebensspanne werden Tabuthemen wie Liebe und Lust im Alter zunehmend unter die Lupe genommen. Ein Grund ist, dass heute viel mehr ältere Leute auf dem Dating-Markt aktiv sind. Und warum ist das so? Zum einen, weil es immer mehr Menschen gibt, die eine längere Lebenszeit vor sich haben. Und zum anderen, weil wir angesichts der Langlebigkeitsstatistiken einen Blick auf unseren Partner werfen und uns fragen: »Möchte ich all die Jahre, die mir verbleiben, mit diesem Menschen verbringen?« Obwohl die Scheidungsraten in vielen Ländern insgesamt rückläufig sind, stellen ältere Paare in dieser Hinsicht Rekorde auf. Die Scheidungsrate in der Altersgruppe der über Sechzigjährigen hat sich seit 1990 in den USA verdoppelt und in Großbritannien verdreifacht.[3] Laut einem Bericht von Match.com ist die am schnellsten wachsende Gruppe, die ihre Online-Dating-Website besucht, zwischen dreiundfünfzig und zweiundsiebzig Jahre alt und macht bereits mehr als ein Viertel ihrer Nutzer aus. Die Mehrzahl dieser einsamen Herzen taucht ohne Scham wieder in den Dating-Pool ein – oft mit dem Segen und dem Rückhalt von Familienmitgliedern und Freunden.[4]

Ein Beispiel ist Inés Hidalgo, die mehr als dreißig Jahre gemeinsam mit ihrem Ehemann einen kleinen Tabakladen in Madrid betrieb. Als sie mit fünfundfünfzig Witwe wurde, graute ihr davor, für den Rest ihres Lebens Schwarz zu tragen und sexuelle Enthaltsamkeit zu üben. Diesen Weg hatten ihre Mutter und ihre Großmutter gewählt. Das wurde auch von Frauen in anderen Kulturen traditionsgemäß erwartet, von Spanien bis Russland, Griechenland, Italien und Mexiko. Doch Hidalgo beschloss, dem Witwenhabit die kalte Schulter zu zeigen. Sie rechnete sich aus, dass sie möglicherweise noch dreißig weitere Jahre vor sich hatte, und die gedachte sie nicht wie eine Nonne hinter Klostermauern zu verbringen. »Die Welt ändert sich und es wird heute eher akzeptiert, dass man das Leben auch dann noch genießen möchte, wenn man älter ist«, sagt sie. »Die althergebrachte Vorstellung, dass man sich ab einem bestimmten Alter jedes Vergnügen versagen muss, ist heute ein bisschen lächerlich.« Etwas mehr als ein Jahr nach dem Tod ihres Mannes und mit ein wenig Hilfestellung von ihren Kindern lud Hidalgo ihr Profil auf einer Online-Dating-Website hoch. Es dauerte nicht lange, bis sie zahlreiche Nachrichten von Männern erhielt, die daran interessiert waren, sie kennenzulernen.

Als ich ihr an einem heißen, schwülen Abend im Juni einen Besuch abstatte, ist sie gerade dabei, sich für ihr erstes Date mit einem Ingenieur namens Ernesto in Schale zu werfen. Er hat vorgeschlagen, sich in einer Sherry-Bar zu treffen und einen Spaziergang zur Plaza Mayor zu machen. Eine Stunde vor dem Rendezvous bietet sich mir in ihrer kleinen Wohnung am Stadtrand von Madrid ein Panorama des Schreckens, das reinste Tohuwabohu. Der Wasserdampf der Dusche hängt noch im Badezimmer, die Kleidungsstücke, die es nicht in die engere Auswahl geschafft haben, liegen kreuz und quer über dem Bett, und auf der Frisierkommode stehen geöffnete Kosmetiktiegel. Der Popsong *Despacito*, ein echter Ohrwurm, ertönt in voller Lautstärke aus einem Radio irgendwo in der Küche. »Beim ersten Treffen bin ich immer ein bisschen nervös, aber ich fühle mich auch lebendig«, vertraut Hidalgo mir an. »Und wenn es nicht funkt, ist das auch kein Problem: Es gibt noch jede Menge andere, die Schlange stehen.« Als sie ausgehfertig ist, sieht sie in ihrem gepunkteten Lieblingskleid und mit dem knallroten Lippenstift schick, unternehmungslustig und selbstsicher aus. Was würde ihre Mutter oder ihre Großmutter von ihrer »Koketterie« halten, frage ich. Sie denkt einen Augenblick nach. »Na ja, sie wären gewiss überrascht, denn in ihrer Generation schlossen sich viele Türen nach einem bestimmten Alter«, erwidert sie und überprüft ihre Frisur im Flurspiegel. »Aber vermutlich würden sie mich auch beneiden, weil sich die Dinge ändern: Schließlich geht die Fähigkeit, zu lieben, nie verloren, warum sollte man sie also nicht genießen, solange man kann?«

Als ich Hidalgo nachschaue, die auf ihren hohen Absätzen zur Metrostation geht, versuche ich, mir auszumalen, wie es ist, wenn man sich im Alter verliebt. Mein Bauchgefühl sagt mir, dass es wunderbar sein muss, auch wenn das Feuerwerk einer jugendlichen Romanze fehlt. Zum Glück stellt sich heraus, dass mein Bauchgefühl trügt, was Letzteres betrifft.

Das wird mir in dem Augenblick klar, als ich Lily Crawford und Jack Payton begegne, beide geschieden, die sich mit Ende fünfzig beim Online-Dating kennengelernt haben. Nachdem sie ein paar Wochen lang E-Mails ausgetauscht und miteinander telefoniert hatten, einigten sie sich darauf, in einem Restaurant auf halber Strecke von ihrem jeweiligen Wohnort in England zu Mittag zu essen. Was dann geschah, lässt sich nur als coup de foudre, als Liebe auf den ersten Blick, beschreiben. »Es war eine völlig unwirkliche Erfahrung«, sagt Payton. »Wir stiegen aus dem Auto, liefen aufeinander zu und umarmten uns, als würden wir uns schon seit Jahren kennen.« Er hält einen Augenblick inne, noch immer verwundert angesichts der Erinnerung. »Wenn man älter wird, meint man, so etwas würde nur jungen Leuten passieren, aber da standen wir auf dem Parkplatz, blickten uns in die Augen und dachten: ›Was war denn das?‹«

Dann folgte eine stürmische Zeit der Werbung, wie aus einer Schmonzette des britischen Liebesgeschichten-Verlags Mills and Boon oder eine Bachelor-Episode, mit allem, was dazugehört: Abendessen bei Kerzenschein, Tanzen bis zum Morgengrauen, Theaterbesuche, Spaziergänge am Meer, eine Reise nach New York – und heißer Sex bis zum Abwinken. Während ich zuhöre, wie sie ihr romantisches Feuerwerk beschreiben, ertappe ich mich bei dem Gedanken: Gibt es das wirklich? Die beiden waren fast sechzig, als sie sich kennenlernten. Vielleicht haben sie nur vergessen, wie intensiv die Gefühle sind, wenn man sich in jungen Jahren verliebt. Crawford räumt meine Zweifel mit einem schuldbewussten Lächeln aus. »Ich weiß, was Sie jetzt denken, denn ich habe früher genauso gedacht«, sagt sie. »Aber ich habe entdeckt, und das kommt einer Offenbarung gleich, dass es egal ist, ob man jemanden im Alter oder in jungen Jahren kennenlernt, die Empfindungen sind die gleichen. Die Schmetterlinge im Bauch, die innere Anspannung, die Aufregung, wenn man sich auf eine Verabredung vorbereitet – alle diese Gefühle sind nicht nur gleich, sondern möglicherweise sogar noch stärker ausgeprägt.«

Okay, dann ist es also möglich, dass das Herz auch mit sechzig noch einen Schlag aussetzt. Aber was ist mit der Zeit danach? Kann die Liebe auch nach dem neunundsiebzigsten Lebensjahr romantische Höhenflüge mit sich bringen? Kann sie, wie sich herausstellt. Crawford war teilweise von ihrer verwitweten Mutter angespornt worden, sich auf Partnersuche zu begeben, die noch mit zweiundneunzig eine neue Liebe fand und ihre letzten Jahre in vollen Zügen genoss. »Sie benahm sich wie ein Teenager und die beiden hatten viel Spaß miteinander«, sagt sie. »Und ich dachte, wenn das in ihrem Alter noch geht, geht das in jedem Alter.«

Andere zu überzeugen, dass die Liebe altersblind ist, ist nicht leicht in einer Welt, die sich zum Sklaven der Jugend macht, und hier kommen Vorkämpfer wie Marina Rozenman ins Spiel, eine Schriftstellerin, die in Paris lebt. Sie war ein Teenager, als ihre einundsiebzigjährige Großmutter eine leidenschaftliche Affäre mit einem einundachtzigjährigen Nachbarn begann. Damit veränderten sich Rozenmans Ansichten über Liebe und Romantik ein für alle Mal. »Sich verlieben in gleich welchem Alter finde ich heute völlig normal«, sagt sie. »Von dem Tag an begriff ich, dass das Herzklopfen bis zum letzten Atemzug bleibt, auch wenn der Körper altert.«

Rozenman machte sich daran, innerhalb ihres eigenen Bekanntenkreises den Kult rund um die Liebe in jungen Jahren zum Bröckeln zu bringen. Um Freunden Mut zu machen, die an zerrütteten Beziehungen festhielten oder fürchteten, dem Singledasein nie mehr zu entkommen, tischte sie ihnen die Geschichte von ihrer Großmutter auf, die bis zum letzten Atemzug geliebt wurde. Ihre Botschaft: »Die Geschichte meiner Großmutter hatte eine geradezu magische Wirkung, wie ein Zaubertrank. Sie war aufmunternd und beruhigend, denn alle dachten: Puh, wenn mir die Liebe bis zu meinem Lebensende begegnen kann, habe ich ja noch Zeit.«

Mit Anfang dreißig schrieb Rozenman ein Buch über die Fähigkeit, sich im Alter unsterblich zu verlieben. Sie reiste zwei Jahre durch Frankreich und interviewte Paare, die siebzig, achtzig und neunzig Jahre alt waren. Obwohl diesem Projekt jener Glamour fehlte, der ihre Arbeit normalerweise umweht – sie verfasst Kurzbiografien von Prominenten für die internationale Frauenzeitschrift *Elle* –, untermauerte es ihre Überzeugung, dass die Romantik kein Verfallsdatum hat. »Alle Leute, mit denen ich mich unterhielt, sprachen in einer Weise von Liebe und Sinnlichkeit, die mich fast neidisch machte«, gestand sie. »Ich erkannte, dass eine Liebesaffäre auch in späteren Jahren nichts weiter ist als eine Liebesaffäre und das Alter dabei keine Rolle spielt. Ihr Buch mit dem Titel *Le coeur n'a pas de rides* (Das Herz hat keine Falten) schlug hohe Wellen, als es 2012 erschien. Rozenman gab zahlreiche Interviews, oft in Begleitung ihrer Großmutter. Die beiden empfahlen den Zuhörern, die Gelegenheit beim Schopf zu packen, ungeachtet des Alters. »Selbst wenn man achtzig ist und jemanden kennenlernt, bei dem man Schmetterlinge im Bauch hat, sollte man die Chance nutzen«, sagt Rozenman. »Und selbst wenn es nach zwei Monaten schon vorbei sein sollte, hat es sich dennoch gelohnt.«

Natürlich hält nicht jeder im Alter nach einer neuen Liebe Ausschau. Viele werden mit ihrem Partner alt. Was für Auswirkungen hat der Alterungsprozess auf eine langfristige Beziehung?

Das kommt darauf an. Allem Anschein nach leben sich viele Paare im Laufe der Zeit auseinander. Aber bei denjenigen, die zusammenbleiben, kann die Beziehung reifen. Mit den Jahren neigen Paare dazu, weniger zu streiten, weil sie Strategien gefunden haben, ihre Differenzen auszubügeln oder mit Trick siebzehn beizulegen. Viele entdecken, dass Altern unter demselben Dach mehr Nähe mit sich bringt, die romantische Flamme eher entfacht statt ausgelöscht wird.

Wie bei Daisy und Michael Shaw, die sich auf ihren sechzigsten Hochzeitstag in Dallas, Texas, freuen, den sie mit ihren vier Kindern, zehn Enkelkindern und sechs Urenkeln feiern möchten. Sie lernten sich 1961 in einem Drive-in kennen und schlossen schon nach wenigen Monaten den Bund fürs Leben. Michael nahm einen Job in der Ölindustrie an und Daisy wurde Lehrerin. Wie viele Paare hatte die Beziehung ihre Höhen und Tiefen.

»Einige der Tiefpunkte waren extrem tief, aber wir haben es durchgestanden«, sagt Daisy. »Teilweise, weil das damals üblich war, aber auch, weil wir etwas hatten, wofür es sich zu kämpfen lohnte.« Die anfängliche Verliebtheit mit Herzklopfen und Adrenalinschub verwandelte sich nach und nach in eine Beziehung, die erfüllender und strukturierter wurde. »Wir haben im Lauf der Jahre eine gemeinsame Geschichte, Verständnis und Respekt aufgebaut – man kennt sich gegenseitig durch und durch, und das ist ein wunderbares Gefühl«, sagt Daisy. »Neulich sah ich, wie Mike draußen stand und einem Kurier etwas erklärte;

er wirkte so einfühlsam, dass mich eine unglaubliche Welle der Liebe zu ihm erfasste. Ich stand am Abwaschbecken in der Küche und wurde bei seinem Anblick so schwach wie eine Sechzehnjährige.«

Obwohl Mutter Teresa Single war, hatte sie scharfsinnig beobachtet, dass »Liebe eine Frucht ist, die man jederzeit ernten kann und sich in jedermanns Reichweite befindet«. Zu hören, dass die Liebe mit dem Alter tiefer wird oder dass man sich in jedem Alter bis über beide Ohren verlieben kann, hat zur Folge, dass ich mich in puncto Altern gleich besser fühle. Aber was ist mit Sex? Auch hier sagt mir mein Bauchgefühl wieder, dass die Aussicht düster und der Alterungsprozess ein Freifahrschein für eine unaufhaltsame Talfahrt ist. Aber wieder liege ich falsch.

Studien belegen, dass sexuelle Lust ein Leben lang erhalten bleibt.[5] Zugegeben, der Körper verändert sich. Erektionen sind seltener und weniger verlässlich, Frauen leiden unter einer trockenen Scheide, und beide Geschlechter brauchen länger für die Aufwärmphase und den Höhepunkt. In einer leistungsbesessenen Welt, in der Nonstop-Orgasmen als Nonplusultra gelten, klingt das nach Katastrophe, das muss es aber nicht sein, zumindest auf lange Sicht. Wie die US-amerikanische Schriftstellerin Erica Jong bemerkte: »Sex verschwindet nicht von der Bildfläche, er wechselt nur die Form.« Auch wenn er seltener stattfindet und weniger fieberhaft verläuft, kann er genauso lustvoll, wenn nicht sogar lustvoller sein. An seinem achtzigsten Geburtstag machte Georges Clemenceau mit einem Freund einen Spaziergang auf den Champs-Élysées in Paris, als eine hübsche junge Frau an ihm vorbeischlenderte. Ohne zu zögern wandte sich der französische Staatsmann seinem Freund zu und seufzte: »Ach, man müsste noch mal siebzig sein!«

Obwohl Sex zu den Aktivitäten gehört, denen man im hohen Alter seltener nachgeht, haben Umfragen in Großbritannien ergeben, dass achtzig Prozent der sexuell aktiven Personen zwischen fünfzig und neunzig mit ihrem Sexualleben zufrieden sind.[6] Bei Frauen beläuft sich die Anzahl auf zweiundneunzig Prozent. Als die Zahlen veröffentlicht wurden, reagierten viele mit ungläubigem Gelächter oder dem gleichen Oh-Gott-Reflex, den der Gedanke auslöst, dass die eigenen Eltern Sex haben. David Lee, einer der Autoren der Studie, fand weder die Ergebnisse noch die Reaktion überraschend. »Es besteht offenbar die Fehlauffassung, Sex sei ein Privileg der Jugend«, sagt er. »Die Reaktionen der jüngeren Generation angesichts der Vorstellung, dass ältere Menschen Sex haben könnten, reichen von Spott und Abscheu bis zu schierem Unglauben, dass jemand über fünfzig überhaupt noch dazu fähig ist.«

Zum Glück stehen solche Fehlauffassungen nun auf dem Prüfstand – sogar vor Gericht. 1995 begab sich die fünfzigjährige Portugiesin Maria Ivone Carvalho Pinto des Sousa Morais in ein Krankenhaus in Lissabon, um eine schmerzvolle Zyste im Scheidenvorhof operativ entfernen zu lassen. Die Ärzte verpfuschten den Eingriff und sie trug eine unumkehrbare Nervenschädigung davon. Sie litt unter Inkontinenz, Depressionen und chronischen Schmerzen, konnte weder sitzen noch gehen oder Sex haben. Nach langem Hickhack vor Gericht erkannte ein portugiesischer Richter 2013 ihr Schadensersatz zu. Ein Jahr später, im Berufungsverfahren, wurde das Schmerzensgeld um ein Drittel gekürzt. In der Begründung des Urteils hieß es unter anderem, der Schaden sei in einem Alter entstanden, »in dem Sex nicht mehr so wichtig ist wie in jungen Jahren.« Früher hätte man solche Ansichten unwidersprochen hingenommen, doch 2013 hatte das einen Schrei der Empörung zur Folge. Berichterstatter und Nutzer der sozialen Medien zogen wegen der altersfeindlichen

Ansicht, Sex sei eine Domäne der Jugend, gegen das Gericht zu Felde. »Ich werde bald fünfzig«, twitterte eine Frau. »Bekomme ich dann einen Aufkleber mit ›Eintritt verboten‹ für meine Vagina?« Andere warfen dem Gericht Sexismus vor, weil portugiesische Männer nach ärztlichen Kunstfehlern, die zu Impotenz führen, wesentlich höhere Schadenersatzsummen zugesprochen bekommen. Ein Kritiker warnte vor einer »Taliban-Rechtsprechung«.

Der lautstarke Protest schuf einen neuen rechtsverbindlichen Präzedenzfall, der Bände über die Erwartungen spricht, die parallel zur Revolution des Lebensalters gestiegen sind. 2017 kippte der Europäische Gerichtshof das Urteil in Portugal und kritisierte die »traditionsverhaftete Vorstellung«, dass Frauen keine sexuellen Wünsche oder Bedürfnisse mehr haben, sobald sie das gebärfähige Alter überschreiten. »Damit wird ein Tabu ausgeräumt, das uns die Luft abgeschnürt hat«, erklärte eine portugiesische Expertin. »Die Botschaft ist laut und klar: Sex kann in jedem Alter wichtig sein.«

Fakt ist, dass ältere Menschen nicht nur Sex haben, sondern ihn häufig auch unbeschwerter genießen. Wie bereits erwähnt, schüttet der Alterungsprozess Dividende aus, die das Nachlassen der physischen Kraft in zahlreichen Bereichen kompensieren, vom Sport bis hin zum Arbeitsplatz. Nun können wir auch das Schlafzimmer auf die Liste setzen. In jüngeren Jahren kann Sex durch Sorgen über die Leistungsfähigkeit im Bett, Aussehen, Selbstwertgefühle und Emotionen beeinträchtigt werden. Doch die Ängste vergehen oft im Lauf der Zeit. Mit zunehmendem Alter wachsen das Selbstbewusstsein und die Vertrautheit mit den Funktionen unseres Körpers – beides Grundvoraussetzungen für guten Sex. Das gilt vor allem für Frauen, denen es mit vierzig oft leichter fällt, zum Orgasmus zu kommen, als mit zwanzig.[7] Außerdem wissen wir besser, wie wir dem Partner Lust bereiten können, und die Sozialkompetenz, die mit dem Alter zunimmt, verschafft uns einen Vorteil in der Kunst der romantischen Liebe und Verführung.

Der Alterungsprozess reduziert und beendet schlussendlich auch das Risiko einer Schwangerschaft, was dazu führt, dass sich heterosexuelle Paare beim Sex wesentlich entspannter fühlen. Ikonen des Feminismus wie die Schauspielerin Jane Fonda, die Autorin Nancy Friday und die Publizistin Betty Friedan haben ein Loblied auf die Wechseljahre gesungen, die den Frauen mehr sexuelle Freiheit und Selbstbestimmung ermöglichen. Gleichzeitig können Potenzmittel wie Viagra und Cialis wahre Wunder wirken, beispielsweise bei Erektionsstörungen, die in jedem Alter vorkommen, aber nach dem vierzigsten Lebensjahr vermehrt auftreten können.[8]

Nach neun Jahren Beziehung und trotz der Bemühungen von Crawfords Söhnen, das Paar auseinanderzubringen, sind Jack Payton und Lily Crawford überzeugt, dass sie heute den besten Sex ihres Lebens haben. Doch um dorthin zu gelangen, mussten sie gegen ihre eigenen altersfeindlichen Vorstellungen kämpfen. »Am Anfang haben wir uns gesagt: ›Das funktioniert mit uns nur, wenn wir uns wegen des Alters keine Sorgen oder Gedanken machen‹«, sagt Payton, der inzwischen siebenundsechzig ist. »Wenn wir uns an die alten Sprüche nach dem Motto ›Wir sind sechzig, da sollte man dies oder das nicht mehr tun‹ gehalten hätten, hätte es nie geklappt. Aber wir haben das Alter ausgeblendet, und das war gut so. Wir hatten Sex, jede Menge, wir haben alles gemacht, was die Jungen tun, ohne Hemmungen, und es klappte bestens.« Als ich die neunundsechzigjährige Crawford frage, ob Payton noch imstande sei, sie im Bett umzuhauen, kichert sie wie eine Debütantin beim Opernball, der nach zu vielen Umdrehungen schwindelt. »Oh, absolut«, erwidert sie. »Wir lassen nichts anbrennen.«

Die erheblich älteren Paare, die Rozenman interviewte, schwärmten ebenfalls von le grand frisson, dem Nervenkitzel im Bett. »Wir genießen jeden wundervollen Augenblick«, sagte eine ältere Frau. »Wir leben einen Wachtraum. Es ist ein Wunder, Magie, herrlich. Ich sehe das Begehren in seinem Gesicht, wenn ich seine Schulter berühre. Unsere Körper fühlen sich zueinander hingezogen. Und Küssen ist für uns eine nie endende Lust.« Teufel auch, wenn es das ist, was die Zukunft bereithält, sieht das Alter mit einem Mal viel weniger düster aus.

Natürlich kann es in gleich welchem Alter nervenzermürbend sein, sich im Beisein eines neuen Partners auszuziehen – und das umso mehr, wenn man den physischen Zenit überschritten hat. Eine Möglichkeit, die Nerven zu beruhigen, ist eine altgediente Waffe gegen die Altersfeindlichkeit: Humor. Payton und Crawford erleichterten sich den Weg ins Bett, indem sie über das scherzten, was passieren könnte – oder auch nicht –, sobald die Kleidung abgelegt war. »Bevor es so weit war, haben wir Witze gemacht und viel gelacht«, sagt Payton. »Wenn zwei alte mit allen Wassern gewaschene Hasen auch im Vorfeld Spaß miteinander haben, fällt dieser Moment weniger ins Gewicht und der Sex ist am Ende viel entspannter und vergnüglicher.«

Selbst die physische Entschleunigung, die eintritt, wenn wir altern, kann insgeheim ein Segen sein. Frauen beklagen oft, dass jüngere Männer im Bett zu schnell sind: zu schnell erregt, zu hektisch, um die Wünsche und Bedürfnisse ihrer Partnerinnen wahrzunehmen oder zu entschlüsseln, zu sehr darauf bedacht, so viele Orgasmen wie möglich auf der Strichliste zu vermerken. Die physische Entschleunigung kann dazu beitragen, dass Männer aufmerksamer werden, und deshalb sind einige Sexualtherapeuten der Ansicht, dass Männer ihre sexuelle Blütezeit in den mittleren Jahren haben. Wenn man die am Kronleuchter hin und her schwingende Akrobatik-Nummer und die daraus resultierende Versagensangst aus dem Repertoire streichen kann, schafft man Platz für eine tiefer greifende Intimität und Sinnlichkeit, mehr spielerische Komponenten und Zärtlichkeit – ein Bonus für Liebende jeden Alters. Im Alter, wenn Erektionen schwerer zu erreichen sind, finden viele Paare andere Möglichkeiten, auch ohne Penetration – beispielsweise durch Sex-Spielzeug oder ein ausgedehntes Vorspiel – sexuelle Lust vom Feinsten zu erleben.

Laut einer Umfrage war die sexuelle und emotionale Nähe bei den sexuell aktiven Briten über achtzig größer als in der Altersgruppe der Fünfzig- bis Neunundsechzigjährigen.[9] Das gilt insbesondere für langjährige Paare, die im Lauf der Zeit eine starke Bindung aufgebaut haben. Studien belegen, dass Paare, die seit fünfzehn Jahren und länger zusammen sind, den besten Sex haben.[10] Natürlich untergräbt diese tiefe Vertrautheit – Tag für Tag nebeneinander aufwachen, das Badezimmer teilen, über die Aufgabenverteilung im Haushalt streiten – den Reiz des Neuen, der während der Flitterwochen vorherrscht. Doch in einer starken Beziehung ebnet sie auch den Weg zu drei Schlüsselkomponenten der sexuellen Erfüllung: Aufrichtigkeit, Kommunikation und emotionale Nähe. Oder, wie Mark Twain sagte: »Die Liebe erscheint als das schnellste, ist jedoch das langsamste aller Gewächse. Weder Mann noch Frau wissen, was vollkommene Liebe ist, ehe sie nicht ein Vierteljahrhundert verheiratet sind.«

Das entspricht der Erfahrung von David Evans, dem Star des Blogs Grey Fox. »Die glühende Leidenschaft und das Bedürfnis, mehrmals pro Nacht zum Zuge zu kommen, schwinden nach und nach, aber sie werden durch etwas Tieferes, weniger Hektisches und Bedeutungsvolleres ersetzt«, sagt er. »Statt der flotten Nummer ist jetzt Slow Sex angesagt, sinnlicher, mit mehr Wärme und Berührungen – und der ist, ehrlich gesagt, in vieler Hinsicht besser.«

Michael Shaw ist der gleichen Meinung. »Wenn man jung ist, geht es vor allem um einen schnellen Abbau der psychischen Erregung oder Kerben im Bettpfosten«, sagt er. »Aber das ist verrückt: als würde man vor einem Büffet stehen und nur von einem Gericht kosten.« Inzwischen sind die Shaws achtzig und machen Liebe in gemäßigtem Tempo, nehmen sich Zeit zum Erforschen, Genießen und aufeinander Einstimmen. Die lange gemeinsame Geschichte verleiht dem Sex eine zusätzliche Dimension. »Wenn wir miteinander schlafen, bringen wir die Erinnerungen an die lebenslangen gemeinsamen sexuellen Erfahrungen ein«, sagt Daisy. »Das gibt dem Ganzen einen Turbo-Kick.«

Während Menschen wie die Shaws ihre gemeinsamen sexuellen Erfahrungen aufbauen oder feinschleifen, finden andere, dass der Alterungsprozess sie beflügelt, den Liebesknigge grundlegend umzuschreiben. Die Anzahl derjenigen, die im Alter ihre sexuelle Orientierung ändern und sich erstmals für eine gleichgeschlechtliche Beziehung entscheiden, wächst. Dieses Phänomen ist bei Frauen inzwischen so verbreitet, dass Psychologen den Begriff »Late Bloomers«, lesbische Spätzünderinnen, geprägt haben. Forscher gelangen zu der Schlussfolgerung, dass die sexuelle Identität in der Lebensmitte und darüber hinaus genauso fließend sein kann wie in der Adoleszenz. Lisa Diamond, Lehrbeauftragte für Psychologie und Genderstudien an der Universität von Utah, vermutet, dass der Alterungsprozess selbst unsere sexuelle Palette erweitert. »Was wir über die Entwicklung von Erwachsenen wissen, deutet darauf hin, dass Menschen mit zunehmendem Alter in vieler Hinsicht facettenreicher werden«, sagt sie. »Ich denke, dass viele Frauen im späteren Leben, wenn sie sich nicht mehr den Kopf über Kindererziehung zerbrechen müssen und auf ihre Ehe und die damit verbundene Befriedigung zurückblicken, die Chance ergreifen, sich genauer anzuschauen, was sie brauchen und empfinden.«

Megan Cartwright, eine Rechtsanwaltsgehilfin aus Toronto, entspricht haargenau dieser Beschreibung. In ihrer Jugend fand sie gelegentlich andere Frauen attraktiv, aber ging nie so weit, mit einer zu schlafen. »Ich habe auf Partys mit ein paar Mädels rumgeknutscht, aber das habe ich auf die überbordenden Hormone und zu viel Bier geschoben«, sagt sie. »Ich hielt mich für hetero, und das war's.« Mit fünfundzwanzig heiratete sie und bekam drei Kinder. Mit dem Auf und Ab im Windschatten des Familienlebens und im Bett ganz zufrieden mit ihrem Mann, war ihr erotisches Interesse an Frauen gleich null. Die gleichgeschlechtlichen Abenteuer im Schlafsaal des Studentinnen-Wohnheims waren ad acta gelegt, genauso wie auch das Nasenpiercing aus Tijuana in einer Schublade mit der Aufschrift »Verrücktheiten während der Teenagerzeit« gelandet war. Doch dann zerbrach ihre Ehe, und eine Woche vor ihrem fünfundvierzigsten Geburtstag kehrte sie auf den Partnermarkt zurück.

Wie viele Frauen mittleren Alters graute Cartwright bei dem Gedanken, sich erneut auf die Suche begeben zu müssen. Sie machte sich Sorgen, wie ihre Kinder auf einen neuen Partner reagieren würden. Außerdem fand sie ihr Aussehen frustrierend – die Falten, die Cellulite, die Kaiserschnittnarbe. Um ihr Selbstbewusstsein zu stärken, engagierte sie eine professionelle Fotografin, die Aufnahmen für ihr Profil auf einer Dating-Plattform machte. Diese Aufnahmen änderten alles, aus zwei Gründen. Erstens bewirkten sie, dass sich Cartwright wieder sexy fühlte. »Ich war anfangs so gehemmt, dass ich nicht einmal in die Kamera blicken konnte«, erinnert sie sich. »Aber als wir Platz nahmen und uns Fotos von älteren Frauen wie Helen Mirren anschauten, dachte ich nur: »Wenn sie sich begehrenswert fühlen, kann ich das auch, oder?«, und von da an lief es blendend. Und zweitens ertappte sich Cartwright am Ende dabei, dass sie die Fotografin heimlich musterte. Auf dem Nachhauseweg rauchte ihr der Kopf. »Später am Abend, als ich den Fragebogen für mein erstes Online-Dating-Profil ausfüllte, kam ein Abschnitt, in dem ich angeben musste, wonach ich suchte, und ohne wirklich darüber nachzudenken, kreuzte ich das Kästchen ›Frauen‹ an. Ich habe keine Ahnung, ob ich schon immer auf Frauen stand oder ob das neu war, aber wie auch immer, mit fünfundvierzig hatte ich genug Selbstbewusstsein, um mich dazu zu bekennen.«

Die ersten Online-Datings glichen einer Achterbahnfahrt und Cartwright musste ihren Anteil an schrägen und schrillen Typen ertragen: die Frau, die jedes Mal in Tränen ausbrach, wenn sie ihren Ex erwähnte; die Frau, die nicht aufhören konnte, an ihren Haare zu zupfen; die Frau, die vor dem Nachtisch die Toilette aufsuchte und nie mehr zurückkehrte. Doch schließlich fand sie die Nadel im Heuhaufen in Form einer Lehrerin namens Naz. »Wir fühlten uns auf Anhieb zueinander hingezogen«, sagt Cartwright. »Es war wie ein Stromschlag.« Nach ein paar Verabredungen landeten sie miteinander im Bett. Ein verträumter Ausdruck huscht über Cartwrights Gesicht, als sie sich an ihre erste lesbische Erfahrung erinnert. »Es war heiß, spitze, sinnlich, schlüpfrig – alles, was ich mir erhofft hatte.«

Die Affäre mit Naz ging zu Ende, aber sie bewirkte, dass sich Cartwright wesentlich besser mit ihrem Alter arrangierte. »Ich erkenne inzwischen, dass man in jungen Jahren einfach nicht die Erfahrung, das Selbstbewusstsein oder den Mumm hat, zu sagen: ›So bin ich, das brauche ich, und das wünsche ich mir‹«, sagt sie. »Das alles können wir erst, wenn wir älter sind, und diese Entwicklung ermöglicht uns, die Flügel auszubreiten.«

Die Lust am Abenteuer hat sich von ihrem Schlafzimmer aus auch in andere Lebensbereiche verbreitet. Cartwright begann mit dem Freiklettern und lernte Spanisch – zwei Aktivitäten, von denen sie nie gedacht hätte, dass sie mit Ende vierzig auf ihrer To-do-Liste stehen könnten. »Ich war früher richtig deprimiert, wenn ich ans Alter dachte, aber heute sehe ich die Dinge in einem anderen Licht«, sagt sie. »Altern kann in Wirklichkeit ein Geschenk sein, wenn man sich bemüht, mehr über sich selbst zu erfahren, und neue Möglichkeiten entdeckt, das Leben zu genießen.«

Jürgen Schröder befindet sich auf derselben Wellenlänge. Er war ein treuer Ehemann und in München mit seiner Jugendliebe verheiratet, bis zu ihrem Tod vor drei Jahren. Ihre Ehe war harmonisch, sie zogen ihre vier gemeinsamen Kinder groß. »Wir hatten ein gutes Leben, deshalb bin ich nie fremdgegangen«, sagt Schröder, der Elektriker ist. »Dass ich im Umgang mit Frauen wenig Selbstbewusstsein besaß, mag auch dazu beigetragen haben.« Ein erstaunliches Bekenntnis. Mit 64 ist Schröder ein attraktiver Mann, großgewachsen und schlank, mit einem vollen grauen Haarschopf. Er lacht gerne und hat die verführerische Gabe, den Eindruck zu erwecken, als wäre er fasziniert von dem, was andere zu sagen haben. Ein teutonischer Cary Grant. Aber Schröder hat sich nie so gesehen. In der Schule wurde er verspottet, weil er pummelig war, und so schleppte er das Gefühl, unansehnlich zu sein, auch dann noch mit sich herum, als er den Babyspeck längst abgelegt hatte. Erst mit fünfzig wurde er selbstsicherer in Gesellschaft von Frauen. Als er mit einundsechzig Witwer wurde, war er bereit, die verlorene Zeit wettzumachen. Als wir uns in einem lärmintensiven Café in München trafen, sagte er als Erstes: »Das Beste am Altern ist das Selbstvertrauen, das man entwickelt.« Dann erzählte er mir, dass er gleichzeitig drei Eisen im Feuer hat, Frauen zwischen siebenundvierzig und achtundsechzig, die voneinander wissen.

Schlafen Sie mit allen dreien?, erkundige ich mich.

»Klar!«, erwiderte er mit dem selbstzufriedenen Grinsen eines Katers, der die Sahneschüssel geleert hat. »Mit jeder Frau ist es anders, aber es ist der beste Sex, den ich je hatte.« Wie viele Menschen in einer späteren Lebensphase hat Schröder sein sexuelles Repertoire nicht eingeengt, sondern erweitert. Mit der einen Herzensdame erforscht er eine entschärfte Bonding-Variante, mit der anderen Maskeraden und Rollenspiele. Und die dritte überredete ihn, zum ersten Mal in seinem Leben an Gruppensex teilzunehmen.

Die größte Überraschung war für Schröder jedoch die Entdeckung der kopfgesteuerten Freuden einer Romanze. Nach eigenen Aussagen gehörte er in seiner Jugend nicht zu den Männern, die ein Mädchen mit Pralinen, Blumen oder Gedichten verwöhnten, doch nun hätte er Casanova noch etwas beibringen können. Er schmuggelt Liebesbriefe in die Handtaschen seiner Herzensdamen und schickt ihnen WhatsApp-Videos, auf denen er Liebeslieder singt. Er kocht anspruchsvolle italienische Gerichte für sie und seine Fußmassagen sind legendär. »Ich habe entdeckt, wenn es um Erotik zwischen zwei Menschen geht, beginnt die Lust im Kopf«, sagt er. »Das Gehirn ist das wichtigste Sexualorgan.«

Und wie wir bereits gesehen haben, gleicht das Gehirn einem

exquisiten Wein: Es reift mit dem Alter und wird in vieler Hinsicht besser.

Die Popkultur bietet heute tatsächlich mehr Raum für die Vorstellung, dass sexuelle Leidenschaft auch bei Menschen existiert, die nicht mehr blutjung sind. Auf die Bedürfnisse ihrer älteren Leser eingehend, veröffentlichen die Autoren von Liebesromanen, von Nora Roberts bis Emma Miller, inzwischen erheblich mehr Bücher mit Protagonisten über vierzig. Das Fernsehen hat den gleichen Kurs eingeschlagen, bringt mehr Sendungen über Senioren, die sich ver- und entlieben. In der US-amerikanischen Comedy-Fernsehserie *Grace and Frankie* läuft das Leben von zwei siebzigjährigen Paaren aus dem Ruder, als die beiden Ehemänner ihre Frauen verlassen – um als schwules Paar miteinander zu leben. Die britische Comedy-Serie *Mum* hat traumhafte Rezensionen für die bittersüße Darstellung einer Frau mittleren Alters erhalten, die in eine Liebesaffäre mit einem gleichaltrigen Mann stolpert. Das Filmdrama *The Wife* aus dem Jahr 2017 wird mit einer unverhüllten Sexszene zwischen Glenn Close und Jonathan Pryce eröffnet, die zum Zeitpunkt der Dreharbeiten beide siebzig waren. Abseits der Kinoleinwand heben ältere Promis wie Jennifer Lopez, Madonna, Sam Taylor-Johnson, Julianne Moore, Robin Wright und Jennifer Aniston die Dating-Regeln aus den Angeln, indem sie sich einen wesentlich jüngeren Partner zulegen. Brigitte Macron ist vierundzwanzig Jahre älter als ihr Mann, der französische Präsident.

Eine kleine Warnung: Das Letzte, wonach uns der Sinn stehen sollte, ist, das Tabu der »Runzel-Romantik« gegen die Erwartung einzutauschen, dass jeder bis zum Sterbebett hemmungslos seiner Lust frönen sollte. Die Langlebigkeitsrevolution bestmöglich zu nutzen bedeutet, die Möglichkeit zu haben, frei zu entscheiden, ohne Scham- oder Schuldgefühle, wie die Rolle der Romantik oder Sexualität in unserem Leben beschaffen sein soll. Viele möchten ihr einen Platz an vorderster Front oder in der Mitte der Werteskala einräumen. Andere ziehen es vielleicht vor, sich nur von Zeit zu Zeit damit zu befassen. Und andere sind damit zufrieden, sich nach und nach von ihr zu verabschieden.

In der Geschichte gibt es immer wieder Beispiele dafür, dass Menschen mit Erleichterung auf das Ausklingen der romantischen und sexuellen Turbulenzen reagieren. Im fünften Jahrhundert, als der griechische Dichter Sophokles in fortgeschrittenem Alter gefragt wurde, ob er noch fähig sei, sich zu verlieben, erwiderte er: »Seid still, ich bitte Euch: Zu meiner großen Freude bin ich diesem Zustand entronnen und es fühlt sich an, als wäre ich von einem rasenden und grausamen Zuchtmeister befreit.« Ein Jahrhundert später pries der Bischof der frühchristlichen Kirche Isidor von Sevilla das Alter, weil es »uns von den gestrengsten Zuchtmeistern befreit … es zerschmettert die Kraft der Begierden, erhöht die Weisheit und gewährt klügeren Rat.« Selbst in unserer heutigen Zeit mit ihrem ungeheuren kulturellen Druck, sexuell aktiv zu sein oder zumindest einen Partner zu haben, kämpfen Menschen für ihr Recht, auf beides dankend zu verzichten. Einige feministische Vordenkerinnen wie Germaine Greer, Gloria Steinem, Diana Kurz und Nancy K. Miller schreiben der Menopause das Verdienst zu, Frauen aus der Zwangsjacke der Sexualität befreit zu haben.

Jüngere Leute verleihen dieser Botschaft ihre eigene Note. Shanthony Exum brachte unlängst einen Rap-Song heraus, der die Freuden des Singledaseins in späteren Lebensjahren schildert. Der Titel lautet »Paper Mache (Single AF)«, und der Star des flippigen Videos war eine Sechzigjährige. »Ich möchte das Narrativ verändern, das sich um das Alleinleben im Alter rankt«, sagt Exum. »Wir brauchen mehr Geschichten über ältere Menschen, die auch ohne einen Partner ein erfülltes, interessantes Leben führen.«

Solange Sie sich nicht einsam fühlen, sind mit dem Alleinleben im Alter durchaus Vorteile verbunden. Sie haben mehr Zeit und Energie für Ihre eigenen Interessen und Belange. Sie müssen weder das Badezimmer noch die Schokolade oder die Fernbedienung mit jemandem teilen. Sie bestimmen, wo's langgeht.

Und darüber hinaus haben Sie die Möglichkeit, sich in stärkerem Maß in die Welt einzubringen.

10. KAPITEL

SOZIALES ENGAGEMENT: WIR STATT ICH

Wenn man aufhört, zu geben und dem Rest der Welt etwas zu bieten, ist es an der Zeit, die Lichter zu löschen.

George Burns zugeschrieben

Müll ist im Libanon ein großes Problem. Er ist buchstäblich überall. Er türmt sich an den Straßen und auf den Stränden. Schwimmt auf dem Meer. Liegt verstreut in den Wassergräben. Weht durch Parks und über Felder wie Steppenläufer. Die unkontrollierte Abfallentsorgung scheint hier ein Nationalsport zu sein, ausgeübt von den Einheimischen, die fröhlich Plastikflaschen, Einwickelpapier und anderen Unrat aus Privatautos und Bussen werfen. Wenn die Temperaturen steigen, verpestet ein widerlicher Fäulnisgeruch die Luft.

Das Problem der Abfallbeseitigung spitzte sich 2015 zu einer handfesten Krise zu. Der Libanon sah sich gezwungen, seine größte Mülldeponie zu schließen, ohne eine Alternative in petto zu haben. Ergebnis: Privathaushalte und Unternehmen begannen, den Abfall wild zu entsorgen. 2017 zog der Müllberg in der Nähe des Flughafens von Beirut so viele Seemöwen an, dass sie eine Bedrohung für die startenden und landenden Flugzeuge darstellten. Nicht bereit oder fähig, einen neuen Standort für die illegalen Müllkippen zu finden, schickten die lokalen Behörden Jäger aus, um den Vögeln den Garaus zu machen.

Die meisten Libanesen führen diese katastrophalen Verhältnisse auf das Versagen ihrer politischen Elite zurück, das Land nach dem Ende des langen Bürgerkriegs im Jahre 1990 wiederaufzubauen. Heute ist der Libanon von Korruption, Misswirtschaft und religiösen Konflikten lahmgelegt. Die Menschen, die genug von der Müllkrise haben, schließen sich zu Protestbewegungen zusammen und ziehen mit dem Slogan »Ihr stinkt« gegen die heimischen Politiker zu Felde.

Kaum verwunderlich also, dass Bürgerinitiativen in die Bresche gesprungen sind und nicht kommerzielle Konzepte entwickelt haben, um das Müllproblem in den Griff zu bekommen. Und wer bildet die Speerspitze des Widerstands? Die libanesischen Millenials, um die Jahrtausendwende geboren, rühren in den sozialen Medien unverdrossen die Werbetrommel für ihr Anliegen, doch die meistgefeierte Müllabwehrkriegerin ist eine Frau, die lange vor der Zeit geboren wurde, als Flash Mobs und Crowdfunding in aller Munde waren. Ihr Name lautet Zeinab Mokalled und sie ist einundachtzig Jahre alt.

An einem heißen, dunstigen Tag im Hochsommer fahre ich ins Gebirge im Südlibanon, wo ich mit ihr verabredet bin. Sie lebt in Arab Salim, einer kleinen Stadt unweit der Grenze zu Israel. Während der Fahrt von Beirut präsentiert sich mir ein Mikrokosmos der Umweltsünden. Jede Straße ist von Müll gesäumt, ein Teil in Säcken verpackt, der Rest wild verstreut, und in der Julihitze stinkt alles gleichermaßen. Selbst die Olivenhaine, seit Jahrhunderten das Auffangnetz der lokalen Wirtschaft, sind mit Plastiktüten durchsetzt, die wie Spielzeugfahnen im Wind flattern. Inmitten dieser Abfallwüste wirkt Arab Salim wie eine Oase der Ordnung und Sauberkeit – wie ein kleines Fleckchen

Schweiz mitten im Libanon. Zugegeben, ganz so makellos ist es nicht – Besucher werfen bei der Durchfahrt nach wie vor ihren Abfall aus dem Fenster –, aber gemessen an libanesischen Verhältnissen macht der Ort einen erstaunlich sauberen und aufgeräumten Eindruck.

In den Außenbezirken erspähe ich ein einstöckiges Gebäude mit einem Wellblechdach. Wandmalereien mit Bäumen, Fahnen und einer Sonne schmücken die weiß getünchten Mauern. Auf einem Schild heißt es in Französisch und Arabisch: »Recycling«. Ich steige aus, um einen genaueren Blick darauf werfen zu können. Im Innenbereich sind dicht an dicht Kartons und Säcke aufgereiht, die von Papier, Glas und Plastikmüll überquellen. Ein Mann namens Mohamed Mazraani bedient eine Schreddermaschine, die Kunststoffabfälle zerkleinert. Als ich ihm erzähle, dass ich zu Besuch bin und in London lebe, zuckt er die Schultern, als wollte er sagen: Na und, zu uns kommen ständig Ausländer! Seine Miene hellt sich auf, als ich ihn nach Mokalled frage. »Sie hat Arab Salim zu Ansehen verholfen«, sagt er und macht eine weit ausholende Armbewegung. »Das alles hat sie in die Wege geleitet.«

Als ich schließlich ihr Haus erreiche, wartet Mokalled, eine ehemalige Lehrerin, im Wohnzimmer auf mich, eine frische Brise durchweht den Raum. Ein Tablett, auf dem sich verschiedene Sorten Baklava übereinandertürmen – ein zuckersüßes, mit Nüssen, Mandeln oder Pistazien gefülltes Blätterteiggebäck –, steht auf dem Couchtisch wie ein Kreuzfahrtschiff zum Auslaufen bereit. Sie trägt einen schlichten lachsrosa Hidschab, das traditionelle kapuzenartige Kopftuch der Frauen, das Haare, Schultern und Brustbereich bedeckt. Ihre Stimme ist so leise, dass ich mich vorbeugen muss, um sie zu verstehen, aber in ihrem Auftreten macht sich eine eiserne Entschlossenheit bemerkbar, die darauf hinweist, dass mit ihr nicht zu spaßen ist. Während sie mir eine Tasse schwarzen gesüßten Tees einschenkt, erkundige ich mich, wie es ihr gelungen ist, als Frau im Libanon ein Aushängeschild der Ökobewegung zu werden. Die Frage entlockt ihr ein Kichern, das klingt wie bei einem Schulmädchen. Sie trinkt einen Schluck Tee, bevor sie in die Vergangenheit zurückkehrt, in die Zeit der israelischen Besatzung während der 1980er- und 1990er-Jahre.

Es war eine Zeit extremer Entbehrungen im Südlibanon, erinnert sie sich. Durch die zahlreichen Bodenkämpfe und Bombardements kamen viele öffentliche Dienstleistungen in Arab Salim zum Stillstand. Überall in der Stadt türmten sich die Müllberge, zogen Fliegen und Ratten an, stellten ein Krankheitsrisiko für die Kinder dar, die draußen spielten. 1995 beschloss Mokalled, nun sei es genug. Damals war sie fast sechzig, in einem Alter, in dem man von libanesischen Frauen, vor allem in der muslimischen Gesellschaft, erwartet, dass sie sich stillschweigend aus der Öffentlichkeit zurückziehen und sich um ihre Enkel kümmern. Mokalled dachte nicht daran; sie verwandelte sich in eine Umweltschutzaktivistin.

Sie steckte sich weitere Ziele als die Beseitigung des Mülls aus dem Straßenbild – sie wollte Arab Salim zum ersten Ort im Libanon machen, der den heimischen Abfall wiederverwertet. Da die Stadt weder einen eigenen Bürgermeister noch eine Stadtverwaltung besaß, war ihre erste Anlaufstelle der Provinzgouverneur, der sie abwimmelte. »Er meinte: ›Was haben Sie sich denn dabei gedacht? Arab Salim ist schließlich nicht Paris‹«, erinnert sie sich. »Da wurde mir klar, dass ich selber Abhilfe schaffen muss.« Und damit setzte sie eine Recycling-Revolution in Gang.

Mokalled begann, ihren eigenen Müll zu trennen, und überredete ein Dutzend anderer Frauen in ihrer Nachbarschaft, ihrem Beispiel zu folgen. Gemeinsam unterteilten sie den Ort in zwei Sektoren und gingen von Tür zu Tür, um weitere Anhänger zu gewinnen. Es war ein hartes Stück Arbeit. Im Libanon gab es damals keine einzige Recycling-Anlage zur Aufbereitung des Hausmülls, und viele Einheimische erklärten, die Frauen sollten lieber an den Herd zurückkehren und das Essen für ihre Familien zubereiten, statt ihre Zeit mit dem Versuch zu verschwenden, den Planeten zu retten. Doch Mokalleds Müllrebellinnen machten munter weiter und benutzen ihre Privatfahrzeuge, um den getrennten Müll einzusammeln, bis eine der Mitstreiterinnen das Geld für einen schrottreifen alten LKW zusammengekratzt hatte. Mokalled stellte ihren Hinterhof als Lagerplatz zur Verfügung und durchforstete das Land auf der Suche nach Firmen, die bereit waren, die Wiederaufbereitung von Hausmüll zu übernehmen. Als sich immer mehr Familien in Arab Salim ihrer Initiative anschlossen, gründeten die Frauen eine Nichtregierungsorganisation namens Nidaa Al Ard (Weckruf der Erde), die dazu beitrug, Spenden aus dem In- und Ausland zu beschaffen.

Die Korruption war stets ein Hindernis. Erinnern Sie sich an das Recycling-Depot mit der Schreddermaschine, an der Mohammed Mazraani stand und Plastikmüll zerkleinerte? Ursprünglich wurde das gleiche Fabrikat aus Europa angeliefert, aber es verschwand unterwegs, sodass nur die Bedienungsanleitung in Arab Salim eintraf. Doch statt aufzugeben, fand Mokalled einen technisch versierten Mechaniker vor Ort, dem es gelang, das Gerät anhand der Beschreibung von Grund auf nachzubauen. »Das Recycling-Projekt war ein langer, ununterbrochener Kampf, der uns viele Opfer abverlangt hat«, sagt sie.

Schließlich hatten die Frauen genug Geld beisammen, um ein Recycling-Depot zu errichten, einen neuen LKW zu kaufen und

Mazraani einzustellen. Heute sammeln die Bewohner von Arab Salim jeden Monat zwei Tonnen Plastik, die gleiche Menge Papier und eine Tonne Glas für die Wiederaufbereitung. Ihre Initiative hat auch in anderen Regionen des Libanon Nachahmer gefunden und weitere lokale Umweltschutzprojekte inspiriert. Heute decken viele Haushalte in Arab Salim ihren Warmwasserbedarf mithilfe einer Solaranlage, und es gibt bereits Pläne für die Errichtung einer Kompostieranlage.

Alle diese Initiativen stellen unter dem Strich eine bemerkenswerte Leistung dar, die Mokalled zur Galionsfigur der Umweltschutzbewegung macht. Sie hat internationale Auszeichnungen gewonnen und erscheint regelmäßig in den Medien. Aber man erkennt auf Anhieb, dass der Prominentenstatus sie nicht im Geringsten interessiert. Was für sie zählt, ist verantwortungsbewusstes Handeln. »Ich wollte etwas für meine Heimat, für die Umwelt und für meine Landsleute tun«, sagt sie. »Ich hatte das untrügliche Gefühl, das sei meine Berufung.«

Ich möchte wissen, ob das Alter eine Rolle dabei gespielt habe, dieser Berufung zu folgen. Sie nickt. »In jungen Jahren ist man im Allgemeinen damit ausgelastet, Beruf und Familie unter einen Hut zu bringen«, sagt sie. »Wenn man älter ist, kann man sich mehr auf die eigenen Vorhaben und Bestrebungen konzentrieren.«

War es reiner Zufall, dass ihr Projekt dem Gemeinwohl diente? Hätte sie ihre Energie nicht genauso gut in den Aufbau einer Kapitalbeteiligungsfirma oder eines Online-Wettbüros investieren können? Oder besteht eine natürliche Verbindung zwischen dem Altern und Altruismus? Mokalled denkt einen Augenblick nach. »Ich bin der festen Überzeugung, dass wir uns in gleich welchem Alter bemühen sollten, der Gesellschaft etwas zurückzugeben, doch der Drang, sich aktiv einzubringen, scheint im späteren Leben größer zu sein. Vielleicht werden wir mit den Jahren weniger selbstsüchtig.«

Das bringt mich ins Grübeln. Ist das so? Sind wir tatsächlich eher bereit, anderen zu helfen und der Gesellschaft etwas zurückzugeben, wenn wir älter werden? Erinnert der Alterungsprozess das Ego-Gen mit sanftem Druck daran, dass es angeraten wäre, einen Schritt zurückzutreten? Mein innerer Skeptiker beginnt sofort, die lange Liste derer abzuspulen, die diese Theorie widerlegen. Der Anlagebetrüger Bernie Madoff fühlte sich mit Sicherheit nicht dem Gemeinwohl verpflichtet, als er im Alter von siebzig Jahren den größten Investmentfonds der US-amerikanischen Geschichte nach dem sogenannten Ponzi-Schema betrieb – eine Masche, die wie ein Schneeballsystem funktioniert. Auch Präsident Trump hat keinerlei philanthropische Neigungen erkennen lassen. Zugegeben, Ebenezer Scrooge, der literarische Schutzpatron der grantigen Geizhälse, entdeckte am Ende doch noch seine altruistische Ader – aber erst, als drei Geister ihn halb zu Tode erschreckten.

Gleichzeitig wächst die Hilfsbereitschaft bei vielen jüngeren Menschen. Man schaue sich nur die vielen Angehörigen der Millenials an, die sozial orientierte Organisationen ins Leben rufen und dem Gemeinwohl einen höheren Stellenwert einräumen als dem Gewinnstreben, oder die jungen Plutokraten des Silikon Valley, die philanthropische Gesellschaften gründen, um einen Teil ihres Reichtums einem karitativen Zweck zuzuführen.[1] Bei der Wahl des Arbeitsplatzes bevorzugen viele junge Menschen Arbeitgeber, die gute Werke fördern.

Die Einkommensschere zwischen den Generationen lässt weitere Zweifel an Mokalleds Theorie von der spezifischen Verbindung zwischen Altern und Altruismus aufkommen. Viele Ruheständler sitzen in einem beneidenswert gut gepolsterten

Nest, dank der Vergünstigungen, zu denen die meisten ihrer Mitbürger unter vierzig heute keinen Zugang mehr haben: Immobilienbesitz, kostenlose Ausbildung, grundsolide Rente, sicherer Arbeitsplatz. Schließen sich ältere Wähler zusammen, um lautstark radikale Reformen und eine Umverteilung von Einkommen und Vermögen zu fordern? Sie denken nicht im Traum daran!

Doch Mokalled hat dennoch etwas entdeckt. Obwohl die älteren Wähler wenig Lust verspüren, eine politische Agenda zur Umverteilung des Wohlstands unter den Generationen zu unterstützen, zeigen sie in ihrem Alltagsleben durchaus eine altruistische Haltung. Überall auf der Welt neigen Menschen nach dem fünfunddreißigsten Lebensjahr dazu, mehr Zeit und Geld für wohltätige Zwecke zu investieren. In Großbritannien ist die Spendenbereitschaft der über Sechzigjährigen doppelt so hoch wie bei den unter Dreißigjährigen, und Amerikaner über fünfundfünfzig verbringen jedes Jahr 3,3 Milliarden Stunden mit ehrenamtlichen Tätigkeiten. Viele große und kleine Wohltätigkeitsorganisationen rund um den Globus könnten ohne die unbezahlte Arbeit älterer Mitbürger nicht überleben. Wie lässt sich das erklären? Eine Theorie lautet, dass soziales Engagement im Alter leichter fällt, weil wir mehr zu geben haben: mehr Geld, mehr Zeit, mehr Fähigkeiten und mehr Erfahrung. Allerdings zeigen andere Studien, dass der Impuls, dem Gemeinwohl in einer späten Lebensphase einen höheren Stellenwert einzuräumen als dem persönlichen Gewinnstreben, genauso stark ist, unabhängig von Einkommen, Bildung oder Gesundheit.

Bühne frei für eine zweite Theorie: Der Alterungsprozess selbst löst einen tiefer greifenden existenziellen Wandel der Lebens- und Weltperspektive aus. Der deutsch-amerikanische Psychoanalytiker Erik H. Erikson prägte den Begriff »Generativität«, um die Fähigkeit zu beschreiben, »über persönliche Interessen hinauszuwachsen, um die Sorge und Fürsorge für Angehörige jüngerer und älterer Generationen als persönliche Verantwortung aufzufassen und zu berücksichtigen«. Nach seiner Einschätzung überkommt uns diese altruistische Anwandlung irgendwann zwischen dem vierzigsten und vierundsechzigsten Lebensjahr. Der Soziologe Lars Tornstam würde ihm zustimmen. Er erfand das Wort, »Gerotranszendenz«, um zum Ausdruck zu bringen, dass mit dem Älterwerden das Interesse an materiellen Dingen schwindet und das Gefühl der Verbundenheit mit anderen Menschen wächst. Andere Experten behaupten, dass die mit dem Alter zunehmende Wahrnehmung des Todes uns zu mehr Fürsorge für andere motiviert. Stephen Levine hebt in seinem Buch *Noch ein Jahr zu leben* hervor, dass für Menschen, die von ihrem nahen Tod wissen, das letzte Lebensjahr oft das liebevollste, besinnlichste und fürsorglichste ist – selbst dann, wenn sie unter Konzentrationsmangel, den Nebenwirkungen von Medikamenten und dergleichen leiden.

Fazit: Wenn wir älter werden, nimmt das Interesse an der Meinung anderer ab, aber das Interesse am Wohlergehen anderer zu.

Helen Dennis aus Kalifornien erlebt diese Verlagerung jeden Tag hautnah mit. Sie ist Autorin der in mehreren Zeitungen erscheinenden Kolumne *Successfull Aging* und eine Expertin, wenn es gilt, nicht nur »erfolgreich zu altern«, sondern dabei auch neue berufliche Wege einzuschlagen. Sie hat mehr als 15 000 Menschen aus allen Bereichen beraten, Buchhalter, Spitzenmanager, Ingenieure und Fabrikarbeiter inbegriffen, und ist zu der Überzeugung gelangt, dass Mokalled ins Schwarze getroffen hat. »Das scheint ein ganz natürlicher Teil unseres Lebenslaufs zu sein«, sagt sie. »Wenn uns bewusst wird, dass unsere Zeit auf Erden begrenzt ist, kommen Fragen auf wie: Habe ich in der Welt, in meiner Familie, in meiner Gemeinde etwas bewegt? Welchen Fußabdruck hinterlasse ich? Was ist mein Vermächtnis?«

Zahlreiche Forschungsprojekte gehen diesen Fragen nach. In einer Umfrage erklärten fünfundachtzig Prozent der Ruheständler in den USA, der berufliche Erfolg biete nicht nur die Möglichkeit, »gut zu leben«, sondern vor allem »Gutes zu tun«.[2] Im Klartext bedeutet das: Der Aufstieg auf der Karriereleiter oder das Auspolstern des eigenen Rententopfs wird weniger wichtig als die Unterstützung von Menschen und Initiativen, die in der Welt etwas bewirken wollen. Die französische Schriftstellerin und Philosophin Simone de Beauvoir betrachtete das Engagement für einen höheren Lebenszweck in einem höheren Lebensalter als Bürgerpflicht und existenziellen Imperativ zugleich. »Wollen wir vermeiden, dass das Alter zu einer spöttischen Parodie unserer früheren Existenz wird«, schrieb sie 1970 in ihrem Buch *Das Alter*, »so gibt es nur eine einzige Lösung, nämlich weiterhin Ziele zu verfolgen, die unserem Leben einen Sinn verleihen: das hingebungsvolle Tätigsein für Einzelne, Gruppen oder eine Sache, Sozialarbeit, politische, geistige oder schöpferische Arbeit.«

Studien zeigen, dass solche Hilfeleistungen für andere das Immunsystem stärken, den Blutdruck senken und das allgemeine Wohlbefinden verbessern – allesamt gute Neuigkeiten für das Älterwerden.[3] Außerdem können sie den zuvor beschriebenen Positivitätseffekt im emotionalen Erleben befeuern. In China gibt es ein Sprichwort, das besagt: »Wenn du eine Stunde lang glücklich sein möchtest, mach ein Nickerchen. Wenn du einen Tag lang glücklich sein möchtest, geh angeln. Wenn du ein Jahr lang glücklich sein möchtest, erbe ein Vermögen. Wenn du dein Leben lang glücklich sein möchtest, hilf jemandem.« Der heilige Franz von Assisi würde zustimmen, denn er beobachtete im 13. Jahrhundert, dass wir nur im Geben empfangen. Und Winston Churchill verwandelte das gleiche Gefühl in eine Lebensweisheit, die oft in den sozialen Medien die Runde macht: »Wir bestreiten unseren Lebensunterhalt mit dem, was wir bekommen, und wir leben von dem, was wir geben«. Selbst die Wissenschaft unterstützt diese Ansicht zum Thema Altruismus inzwischen. In Experimenten, bei denen fMRT-Aufnahmen des Gehirns verwendet wurden, hat man nachgewiesen, dass beim Akt des Gebens die gleichen Hirnregionen wie beim Essen oder beim Sex aktiviert werden.[4] Das stimmt mit meinen eigenen Erfahrungen überein. Einige meiner schönsten Erinnerungen leiten sich aus den ehrenamtlichen Tätigkeiten in jungen Jahren her, vom Füttern gelähmter Patienten in einer Klinik bis hin zur Arbeit mit Straßenkindern in Brasilien. Das Beste ist, dass ich mich in Zukunft auf noch intensivere Erfahrungen freuen kann. Warum? Weil Studien belegen, dass gemeinnütziges Handeln im Alter dem Dasein mehr emotionalen Tiefgang verleiht.[5]

Die Verbindung zwischen Altern und Altruismus ist inzwischen so fest im öffentlichen Bewusstsein verankert, dass einige dafür plädieren, der Maslow'schen Bedürfnispyramide eine weitere Ebene hinzuzufügen. Nennen Sie es, wie Sie wollen – Philanthropie, Vermächtnis, Transzendenz –, unter dem Strich läuft es auf dasselbe hinaus: auf das menschliche Bedürfnis, sich für einen sinnvollen Zweck zu engagieren, der über das eigene Selbst hinausgeht und die Welt in einen besseren Ort verwandelt.

Das ist aus vielen Gründen eine gute Nachricht. Sie deutet darauf hin, dass wir auch im Alter ein aktives, erfülltes Leben führen können, was zugleich die Vorstellung torpediert, alte Menschen wären eine Last. Es bedeutet auch, dass der Altersboom dazu beitragen kann, die Welt in einen besseren, weniger selbstzentrierten Ort zu verwandeln. Man rechnet damit, dass die Ruheständler in den USA im Verlauf der nächsten zwei Jahrzehnte acht Billionen Dollar – ja, Sie haben richtig gelesen, Billionen – in Form von Geld und ehrenamtlichen Tätigkeiten spenden.[6] Einige Utopisten sind der Meinung, dass solche Dienste an unseren Mitmenschen angesichts einer alternden Bevölkerung zum neuen Statussymbol einer globalen Wirtschaft werden und mehr Bewunderung ernten könnten als hochtrabende Berufsbezeichnungen und Vermögenswerte.

Immer mehr Menschen verleihen Mokalleds Theorie Glaubwürdigkeit, indem sie ihrem Beispiel folgen. Wie die dreiundfünfzigjährige Jacki Zehner, die jüngste Frau, die als Partnerin an Bord des weltweit tätigen Investmentbanking- und Wertpapierhandelsunternehmens Goldman Sachs geholt wurde. Trotz der Verdienstmöglichkeiten, die mit dieser Stellung verbunden waren, verließ sie das Unternehmen und widmete ihr Leben der Aufgabe, das Schicksal von Mädchen und Frauen zu verbessern: Sie wurde Vorstandsvorsitzende von Women Moving Millions, einer Organisation ohne wirtschaftliche Gewinnziele, deren Mitglieder große Summen bereitstellen, um gemeinnützige Projekte aller Art zu finanzieren, vom Schulbau bis zum Dokumentarfilm. Kanadische Senioren haben Millionenspenden für Großeltern in Afrika gesammelt, die ihre Enkelkinder großziehen, nachdem sie zu Aids-Waisen geworden sind. Grandmother Power, eine Initiative, die von der siebzigjährigen Fotojournalistin Paola Gianturco ins Leben gerufen wurde, spornt Frauen in aller Welt an, Strategien zu entwickeln, um Bildung, Gesundheitswesen und Menschenrechte für die nächste Generation zu verbessern. Carol

Fox ging noch einen Schritt weiter, indem sie im Alter die Regeln der Philanthropie für sich neu definierte. Sie hängte ihre beruflichen Aktivitäten im Kunst- und Museumsbereich an den Nagel, um die neuen Reichen Chinas zum Spenden zu motivieren. Inzwischen, mit Mitte siebzig, jettet sie kreuz und quer durch die Welt, um finanzielle Mittel für Umweltschutz-, soziale und kulturelle Projekte, die noch vor ein paar Jahren ignoriert worden wären, in die entsprechenden Bahnen zu lenken.

Altruismus im Alter ist heute so weit verbreitet, dass es sogar Auszeichnungen dafür gibt. Jedes Jahr verleiht die AARP, eine US-amerikanische Lobbyorganisation, die sich für die Belange älterer Menschen einsetzt, den Purpose Prize an fünf Amerikaner über sechzig, die ihren Beitrag zum Gemeinwohl geleistet haben. Die Preisträger der letzten Jahre haben Gefängnisinsassen bei der Schulbildung geholfen, Pflegefamilien unterstützt, ein kenianisches Waisenhaus mit Frauenhygieneprodukten ausgestattet und Mädchen ermutigt, sich für die Naturwissenschaften zu interessieren. Jede neue Geschichte legt Zeugnis ab von der Empathie, der Lebensklugheit und der Erfahrung, die mit dem Altern einhergeht. Robert Chambers gehörte ebenfalls zu den Gewinnern; er gründete More Than Wheels, eine Firma, die Kraftfahrzeugkredite zu niedrigen Zinsen an die einkommensschwachen Bewohner ländlicher Regionen vergibt. Als Autoverkäufer hatte er miterlebt, wie schwer es ihnen fällt, bei den Händlern eine faire Finanzierung zu bekommen. Bei der Preisverleihung im Weißen Haus sagte Chambers: »Ich war alt genug, um Ungerechtigkeit auf den ersten Blick zu erkennen – und erfahren genug, um etwas dagegen zu unternehmen.«

Viele springen auf den Altruismus-Zug bereits auf, während sich ihre Karriere noch in voller Fahrt befindet. Mit neunundvierzig Jahren schaltete Michael Sheen seine Arbeit als Schauspieler einen Gang herunter und wurde zur Leitfigur einer Kampagne, die Menschen mit geringem Einkommen den Zugang zu finanziell tragbaren Krediten ermöglicht. Laila Zahed war ungefähr im gleichen Alter und als Genetikerin in einer Topklinik in Beirut tätig, als sie begann, mehr Zeit in soziale Projekte zu investieren. Um libanesischen Mittelschichtkindern die Kultur ihrer zugewanderten Hausmädchen nahezubringen, schrieb und veröffentlichte sie Bücher über Sri Lanka, Äthiopien und die Philippinen. Im Alter von sechsundfünfzig Jahren begab sie sich 2016 auf einen steinigen Weg, um die beiden größten Herausforderungen ihres Landes gleichzeitig in Angriff zu nehmen – die Situation der Flüchtlinge und das Abfallproblem.

Mehr als eine Million Syrer sind seit 2011 vor dem Bürgerkrieg in ihrer Heimat geflohen und haben Asyl im benachbarten Libanon gesucht. Viele sitzen seit Jahren dort fest, leben in Behelfslagern oder mit der Großfamilie in unvorstellbar beengten Wohnverhältnissen, halten sich mit Almosen oder Gelegenheitsjobs über Wasser, müssen Ausgangssperren beachten und wissen nicht, wann oder ob sie überhaupt jemals in ihre Heimat zurückkehren können. Zaheds Idee: ihnen beizubringen, wie man aus Plastiktüten kunsthandwerkliche Produkte herstellt.

Inzwischen sind sieben Frauen Teil ihres Projekts in der Bekaa-Hochebene, die sich unmittelbar hinter der Grenze zu dem von Kämpfen verwüsteten Syrien befindet. Sie sammeln Plastiktüten, die gefaltet und in Streifen geschnitten werden, um ein haltbares Garn daraus zu machen. Damit häkeln sie Handtaschen, Beutel, Flaschenhalter, Haushaltspapierspender und Tischsets. Da sie im siebzig Kilometer entfernten Beirut wohnt, benutzt Zahed WhatsApp, um die Entwürfe und Verkaufsstrategien mit der Gruppe zu besprechen. »Ich muss sichergehen, dass die Produkte, die sie herstellen, hochwertig und verkäuflich sind«, sagt sie. »Sie dürfen nicht zu kitschig oder traditionell sein.« Die bunten Handarbeiten werden auf Märkten und bei Facebook zum Verkauf angeboten, aber Zahed selbst verdient nichts daran. Sämtliche Gewinne werden umgehend in das Projekt reinvestiert oder an die Frauen ausbezahlt, die in einem guten Monat an die hundert US-Dollar verdienen können, für sie ein ansehnliches Einkommen.

Als ich in der Bekaa-Hochebene ankomme, warten fünf syrische Frauen im Erdgeschoss eines spartanisch eingerichteten, heruntergekommenen Gebäudes auf mich. Die Luft ist stickig und es riecht nach modrigem Mauerwerk. Auf einem niedrigen Tisch stehen schwarzer Tee und Kekse bereit. Nach der herzlichen Begrüßung verdüstert sich die Stimmung, als die Frauen von ihrem Leid erzählen, das alle Flüchtlingen weltweit eint: die Sehnsucht nach ihrer Heimat. Die vereitelten Lebensziele. Die physischen Unannehmlichkeiten. Gewalt und Langeweile. Sorge um die Zukunft der Kinder. Endloser Papierkram und zerbröckelnde Selbstachtung. Die kalte Schulter der Einheimischen, die die Nase voll haben von den ungebetenen Gästen in ihrer Mitte. Nur ein Thema kann die Stimmung aufhellen: das Plastiktütenprojekt.

Amina Hafez Al Zouhouri floh mit ihrem Mann und sieben Kindern 2011 in den Libanon. Die Neunundfünfzigjährige war Schneiderin in ihrer Heimat, deshalb war es für sie ein Kinderspiel, sich Zaheds Initiative anzuschließen. Ihr Mann, der hier keine Arbeit findet, verwandelt die Plastiktüten in Garn, während sie das Häkeln übernimmt. »Das Geld ist unser Lebensretter«, sagte sie. »Aber ich habe auch das Gefühl, dass ich meine Selbstachtung und Würde wiedergewonnen habe, weil ich arbeite und kreativ sein kann.« Lächeln, Nicken und Hand-aufs-Herz-Gesten verbreiten sich wie eine Welle im Raum.

Ich habe das Gefühl, dass es mir ähnlich ergeht, als ich mich nach meiner Rückkehr mit Zahed in Beirut treffe. Sie ist klein und zierlich, hat kurze braune Haare, ein breites Lächeln und die rastlose Energie eines Menschen mit einer langen To-do-Liste. Ihre Gesellschaft wirkt belebend; ihr Bestreben, die Welt zu verbessern, und ihre Überzeugung, dass sich Türen mit zunehmendem Alter nicht schließen, sondern vielmehr öffnen, ist mitreißend. »Ich bin sehr glücklich, dass ich dieses Häkelprojekt auf die Beine gestellt habe, weil ich sehe, wie es den Frauen hilft; aber wer weiß, was als Nächstes kommt?« sagt sie lächelnd. »Ich weiß nur, dass irgendetwas folgen wird, und ich kann es kaum erwarten, herauszufinden, was es sein könnte.«

Die Zeit, die ich mit Mokalled und Zahed verbracht habe, veranlasst mich, meine eigene Beziehung zum Altruismus unter die Lupe zu nehmen. Ich habe meine ehrenamtlichen Aktivitäten Mitte zwanzig aufgegeben, als sich Arbeit und Familie an die erste Stelle setzten. Obwohl ich als Autor und Referent von dem Wunsch beseelt bin, die Welt in einen besseren Ort zu verwandeln, verspüre ich zunehmend das Bedürfnis, mehr zu tun. Aber wo fange ich an? Ich frage Zahed um Rat. »Nicht lange nachdenken«, empfiehlt sie. »Es ist unwahrscheinlich, dass Sie Ihr Traumprojekt am Schreibtisch entwickeln. Tauchen Sie einfach in die Realität ein, probieren Sie etwas aus, schauen Sie, ob es sich richtig anfühlt. Bleiben Sie offen für alles, was kommt, und bauen Sie Schritt für Schritt etwas auf. Ich hätte mir nie im Leben vorgestellt, dass ich eines Tages ein Projekt mit Plastiktüten und syrischen Flüchtlingen auf den Weg bringe, aber sobald man Gutes tut in der Welt, führt eins zum anderen.«

Andere folgen einem schnurgeraden Weg zum sozialen Engagement im späteren Leben: Sie stellen die Fähigkeiten, die sie im Lauf der Jahre entwickelt haben, kostenlos zur Verfügung.

Das ist der Grundgedanke hinter Volunteers in Medicine, einer nicht auf Gewinn ausgerichteten Organisation, in der sich annähernd hundert Kliniken in den USA zusammengeschlossen haben. Über 600 Ärzte, Krankenschwestern, Zahnärzte und Sozialarbeiter mit langjähriger Berufserfahrung betreuen 30 000 Patienten im Jahr, die keine Krankenversicherung haben – unentgeltlich. Auch Dr. Jack McConnell, der Gründer der Initiative, bezeichnete solch ehrenamtliche Tätigkeiten in einer späteren Lebensphase des Menschen als eine regelrechte »Welle«, die künftig auf uns zurollen wird.

Genauso fühlt es sich in der Ruffin Family Clinic in Las Vegas an. Das lichtdurchflutete neue Gebäude am Rande des Stadtzentrums ist für die sozial Schwachen – die sich keine Krankenversicherung leisten können und in Scharen herbeiströmen, um sich behandeln zu lassen – ein Geschenk des Himmels. Als ich an einem Nachmittag unter der Woche dort eintreffe, kümmert sich Janet Maran, eine einundsiebzigjährige Krankenschwester mit kurzen silbergrauen Haaren und einem Stethoskop um den Hals, um die Patienten. Kurz angebunden, aber freundlich, erzählt sie mir, dass sie seit dem sechzigsten Lebensjahr ehrenamtlich tätig ist und vier Stunden in der Woche in der Ruffin Klinik arbeitet. Als ich wissen möchte, ob das Alter eine bessere Krankenschwester aus ihr gemacht hat, nickt sie. »Die menschliche Komponente hat heute einen größeren Stellenwert und ich nehme eher wahr, wie Patienten mit ihrer Situation zurechtkommen«, sagt sie. »Statt mein Wissen nach dem Gießkannenprinzip anzuwenden, passe ich meine Herangehensweise den individuellen Bedürfnissen an.« Ein weiteres Beispiel dafür, dass Geduld und Empathie, die sich oft erst im späteren Leben einstellen, die berufliche Kompetenz steigern können.

Janet Maran wurde vom Ehrenamtfieber ergriffen, als die

Liste ihrer familiären Aufgaben kleiner wurde. Seither hat sie begonnen, sich auf verschiedenen Gebieten sozial zu engagieren, auch über den medizinischen Bereich hinaus. Sie erteilt Englischunterricht, hilft im Speisesaal eines lokalen Obdachlosen- und Flüchtlingsheims aus und bietet Krebspatienten Qigong-Kurse an, eine Heil- und Selbstheilungsmethode aus der traditionellen chinesischen Medizin. Ihr Motto lautet: »Hör nie auf, die Welt zu erforschen.« Außerdem zieht sie in Betracht, sich den »sozialen Aktivisten« anzuschließen. »Vielleicht mache ich als Nächstes einen Vorstoß in diese Richtung«, sagt sie. Maran plant keineswegs, die ehrenamtlichen Tätigkeiten aufzugeben. Wie so viele Menschen im späteren Leben möchte sie auch weiterhin der Gesellschaft etwas zurückgeben, bis zum letzten Atemzug. »Mich im Ruhestand den üblichen Freizeitbeschäftigungen zu widmen, wäre für mich eine grauenvolle Vorstellung«, sagt sie. »Bingo, Ausflüge, Golf und Tanzkurse – in so einem Umfeld würde ich eingehen.« Natürlich ist das keine Entweder-oder-Entscheidung: Man kann im Ruhestand einer ehrenamtlichen Tätigkeit nachgehen und gleichzeitig einen Salsa-Kurs belegen oder Stunden auf dem Übungsgrün des Golfplatzes verbringen.

Es ist Zeit für einen weiteren kleinen Hinweis: Selbst wenn mit fortschreitendem Alter der Wunsch immer größer wird, der Gesellschaft etwas zurückzugeben, sollten wir die späteren Lebensjahre nicht als die einzige Zeit betrachten, in der wir dem Gemeinwohl dienen können. Altruistisches Denken und Handeln kann und sollte in jedem Alter ein Thema sein – und die Langlebigkeitsrevolution kann dazu beitragen, den Blick darauf zu lenken. Warum? Weil philanthropische Anwandlungen ansteckend sind. Studien belegen: Wenn alte und junge Menschen gemeinsam an der Lösung eines Lebensproblems arbeiten, färbt der Altruismus der Ersteren auf Letztere ab.[7] Das lässt sich bei den syrischen Flüchtlingsfrauen in der Bekaa-Ebene mit ihrem Häkelprojekt beobachten. Auf die Frage, was Laila Zahed, das Energiebündel mittleren Alters, sie gelehrt hat, erwidert das jüngste Mitglied der Gruppe, die zweiundzwanzigjährige Alaa Aslan Al Zouhouri: »Sie hat in mir den Wunsch geweckt, anderen zu helfen.«

Doch um dieses positive Ansteckungspotenzial zu erhöhen, müssen sich die verschiedenen Generationen zuerst einmal auf Augenhöhe begegnen – und die einzige Möglichkeit dazu besteht in einem wesentlich stärkeren gesellschaftlichen Miteinander, als es derzeit der Fall ist.

11. KAPITEL

ÜBER DIE GENERATIONEN HINWEG: GEMEINSAM SIND WIR STARK

*Verkehre mit solchen, die dich bessern
wollen, lass jene zu dir, die du zu bessern
vermagst! Das erfolgt gegenseitig.*

Seneca

Patrick Stoffer ist dabei, eine zukunftsweisende Gemüsefarm aufzubauen. In einem Schiffscontainer, ohne Erdreich und Sonnenlicht, scheint sein Garten Eden im Miniaturformat einem Science-Fiction-Film entsprungen zu sein. An den Wänden aus rostfreiem Stahl sind Sensoren befestigt, die Feuchtigkeit, Temperatur und Kohlendioxidgehalt messen. Blaues und rotes Spektrallicht, miteinander kombiniert, verleiht dem tunnelähnlichen Raum einen gespenstischen purpurfarbenen Schimmer. Vierhundert Pflanzen, darunter verschiedene Arten Kopfsalat, hängen an Gummistreifen von der Decke herab. Von Zeit zu Zeit sprüht ein hoch entwickeltes intelligentes Softwaresystem

Nährstoffe aus aufgereihten Plastikbehältern auf die frei liegenden Wurzeln.

Bei meiner Ankunft inspiziert Stoffer gerade seine Pflanzen. Mit seinem kahl geschorenen Schädel, dem exakt getrimmten Bart und seiner offenkundigen Vorliebe für ohrenbetäubende Hip-Hop-Musik gleicht er eher Moby, dem Sänger einer lautstarken Disco-Funk-Band, als einem Mann, der sich für agronomische Zukunftsvisionen interessiert. Obwohl er seinen Hightech-Garten mithilfe seines iPads mobil hegen und pflegen kann, verbringt er zwanzig Stunden in der Woche mit landwirtschaftlichen Aktivitäten vor Ort. Er hat sich zum Ziel gesetzt, der Welt vor Augen zu führen, wie man frische landwirtschaftliche Produkte mit beinahe null Abfall erzeugt. Unlängst erklärte er bei einer lokalen TEDx-Innovationskonferenz, dass hydroponische Systeme – also der Anbau von Pflanzen ohne Erde wie in der von ihm angelegten Gemüsefarm – gesunde Nahrungsmittel liefern, zum Wiederaufbau sozialer Gemeinschaften beitragen und den Planeten retten können.

Man könnte meinen, dass ein Pionier wie Stoffer, der achtundzwanzig Jahre alt ist, seine landwirtschaftliche Revolution in einer großen Stadt in Gang setzt, zum Beispiel in einem Biotop für aufstrebende Hochtechnologiefirmen, die mit ihm zusammenarbeiten. Falsch gedacht! Sein Schiffscontainer befindet sich auf dem Gelände von Humanitas, einem Seniorenheim in Deventer, einer Kleinstadt im Herzen der Niederlande.

Vor ein paar Jahren hatte der Heimleiter versucht, die Atmosphäre ein wenig zu beleben, indem er einer Handvoll Studierender eine unentgeltliche Unterkunft bot. Als Gegenleistung verpflichteten sich die jungen Leute, sich dreißig Stunden im Monat um die Insassen der 150 Betten umfassenden Einrichtung zu kümmern. Das Ergebnis: Das Haus ist inzwischen wegweisend für die Überwindung von Hürden zwischen den Generationen geworden. Wissenschaftler und Heimleiter aus aller Welt machen sich vor Ort ein Bild, und ähnliche Modelle wurden in Frankreich, Spanien und den USA eingeführt. Senioren und Studierende stehen Schlange, um hier einen Platz zu ergattern, angezogen von den begeisterten Berichten über das generationenübergreifende Miteinander.

Ein Programm, das darauf abzielt, eine engere Beziehung zwischen Alt und Jung herzustellen, hätte unsere Vorfahren in Erstaunen versetzt. In den meisten geschichtlichen Epochen und Kulturen mussten Angehörige aller Altersgruppen in öffentlichen und privaten Lebensräumen wohl oder übel miteinander auskommen: in Haus und Hof, in den öffentlichen Parks und auf Märkten, bei gesellschaftlichen Veranstaltungen und religiösen Versammlungen. Der moderne Lebensstil hat einiges dazu beigetragen, dieses Miteinander zu untergraben. Heute stellen Schulen, Altersheime und Wohnanlagen für Senioren naturgemäß altersspezifische Gettos dar. Landflucht, Individualismus und rückläufige Geburtenraten haben bewirkt, dass mehrere Generationen einer Familie unter einem Dach eine Seltenheit geworden sind, selbst in Ländern wie China, Japan oder Indien, in denen traditionsgemäß noch großer Wert auf die Pflicht der Kinder gelegt wird, den Eltern Respekt zu erweisen. Panik angesichts der »Flüchtlingswelle« und die Polarisierung des Immobilienmarktes haben einen weiteren Keil zwischen Jung und Alt getrieben. Ich beobachte diese altersspezifische Bündelung in meinem eigenen Wohnbezirk in London, in dem die Leute sich mit Ende zwanzig oder Anfang dreißig niederlassen und mit vierzig wegziehen. In meiner Nachbarschaft leben überwiegend junge Familien, weshalb die Gegend auch auf den Namen »Windel-Valley« getauft wurde.

Von einem Miteinander der Generationen aber profitieren alle Beteiligten. Wie wir bereits gesehen haben, werden die Jungen altruistischer. Und für ältere Mitbürger hat der Schulterschluss mit jüngeren Menschen eine positive Auswirkung auf die Gesundheit, Zufriedenheit und Selbstachtung, wie Studien belegen.[1] Es fällt ihnen leichter, ihre Erfahrungen zu teilen und ihren Wunsch, der Welt etwas zurückzugeben, in die Tat umzusetzen. Außerdem bleiben sie auf dem Laufenden, was neue Ideen und Entwicklungen angeht. Deshalb legt Ms. Q., die siebzigjährige chinesische Rucksacktouristin, die Sie an früherer Stelle des Buches kennengelernt haben, großen Wert darauf, in Jugendherbergen abzusteigen und sich bei ihren Reisen mit jungen Leuten zu umgeben. »Ich unterhalte mich gerne mit ihnen, und sie haben viel Neues zu erzählen«, sagt sie.

Im Humanitas-Seniorenheim halten Studierende Workshops ab, angefangen von Streetart-Projekten bis hin zu Rollstuhl-Breakdance oder zum Umgang mit einem Tablet-PC. Einer von ihnen veranstaltete ein Xbox-Fußballturnier im Speisesaal, während sich ein anderer mit einem Heiminsassen auf dem Elektromobil ein Wettrennen lieferte und das Videomaterial auf YouTube hochlud. Patrick Stoffer schmuggelt unbekannte Lebensmittel auf den Speiseplan, von denen manche, beispielsweise Hummus, zu einem festen Bestandteil werden. Einige der Senioren haben sogar Trinkspiele wie »Bierpong« gelernt, wobei ein Achtzigjähriger mit seinen Tischtennisbällen so oft den Becher trifft, dass ihn alle in ihrem Team haben wollen.

Wohin man auch schaut, im Humanitas-Heim blühen überall Freundschaften zwischen den Generationen auf. Das sonntägliche Abendessen in der Haupthalle ist eine fröhliche Angelegenheit, wobei Jung und Alt oft mit der Faust auf den Tisch hauen, um ihrer Meinung Nachdruck zu verleihen. Zwei Akkordeonspieler geben Klassiker wie *The More We Get Together* zum Besten, während sich Patrick Stoffer den Weg durch die Tischreihen bahnt, seine hausgemachten Käsesticks anbietet und im Vorübergehen plaudert und die Damenwelt bezirzt. Als er seine erste Geburtstagsparty im Humanitas ausrichtete, kamen sogar einige der Bewohner auf einen Sprung vorbei, die sich normalerweise abzuschotten pflegten. Mittlerweile ist Harry Ter Braak hier sein engster Freund geworden, ein neunzigjähriger ehemaliger Herrenfriseur mit akkurat frisierten weißen Haaren und einem spitzbübischen Lächeln. Oft kocht das Duo in der Gemeinschaftsküche zusammen oder diskutiert über die Welt bei ein paar Bierchen. Ter Braak ist ein Schwerenöter, der stets einen Witz auf Lager oder Lust hat, jemandem einen Streich zu spielen. »Wir unterhalten uns über Mädels und das Leben im Allgemeinen«, sagt Stoffer. »Ich kann mit Harry genauso gut abhängen wie mit Gleichaltrigen.«

Marty Weulink kennt das Gefühl. Sie lebt in einer Wohnung, die vollgestopft ist mit Puppenwagen aus längst vergangenen Zeiten, die sie repariert, ihre Freizeitbeschäftigung. Alles, was sich im Raum befindet, vom Lampenschirm bis zur iPad-Schutzhülle, von den Rosen in der Vase bis zu ihrer Kleidung, ist in ihrer Lieblingsfarbe Rot gehalten. Ein Highlight in ihrem Tagesablauf ist der Besuch von Sores Duman, der Kommunikationswissenschaften studiert und auf einen Plausch vorbeischaut. Mit seinem runden flachen Porkpie-Hut, den schwarzen Locken und der Halskette aus Knochen könnte der Siebenundzwanzigjährige als Straßenkünstler durchgehen, der eine Übernachtungsmöglichkeit sucht. »Ich habe Sores sozusagen adoptiert, weil er wie ein geprügelter Hund aussieht, der eine anständige Mahlzeit braucht«, lacht Weulink, die einundneunzig Jahre alt ist. Zu Beginn ihrer Freundschaft fuhr sie mit ihrem Roller los, um in einem Imbiss in der Nachbarschaft sein Lieblingsgericht zu besorgen, Hühnchen mit Reis. Sie interessiert sich inzwischen für alles, was mit seiner kurdischen Heimat zu tun hat, und informiert sich online drüber. Als ich in ihrer Wohnung eintreffe, unterhalten sich die beiden gerade angeregt, trinken Tee, lachen über Dinge, die sich Außenstehenden nicht erschließen, und stupsen sich spielerisch an. »Wir verstehen uns prächtig«, sagt Duman. Weulink strahlt und zwinkert ihm zu. »In Sores Gegenwart ist Alter kein Thema«, sagt sie. »Wir sitzen zusammen, essen und haben Spaß – wir unterhalten uns gerne miteinander.«

Das Konzept von Humanitas, Studierende aufzunehmen, hat sich in einem solchen Maße als positiv bewährt, dass ständig über neue Möglichkeiten nachgedacht wird, um das Haus in eine generationenübergreifende Begegnungsstätte zu verwandeln. Die Mitglieder des örtlichen Billardclubs, alle im mittleren Alter, nutzen inzwischen die Billardtische im Heim und schließen sich den Aktivitäten und Feiern an. Kinder aus einem nahe gelegenen Kindergarten kommen zum Spielen hierher, malen und singen mit den Bewohnern, und die Ausbildungsleiter einer Kochschule bereiten gemeinsam mit den Bewohnern der Demenzstation traditionelle Gerichte zu. Eines der neuesten Programme bringt Teenager aus sozial schwachen Familien mit »Ersatzomas« aus dem Heim zusammen. Ein positiver Kreislauf hat begonnen: Das generationenübergreifende Miteinander trägt zum Wohlbefinden der Heimbewohner bei, was wiederum dazu beiträgt, Humanitas als Begegnungsstätte bei jungen Menschen attraktiver zu machen.

Auch die Studierenden profitieren von dieser »Mehrgenerationen-WG«. Die langsamere Gangart im Heim regt sie an, ihr eigenes hektisches Leben noch einmal zu überdenken. »In der Welt draußen soll alles so schnell wie möglich passieren, aber hier tritt man durch die Eingangstür und alles wird langsamer – sogar der Fahrstuhl«, sagt Stoffer. »Wenn dich hier drinnen jemand fragt, wie dein Tag war, möchte er es wirklich wissen, und das gefällt mir. Ich habe daraus gelernt, nicht länger auf der Schnellspur unterwegs zu sein und den scheinbar belanglosen Dingen mit mehr Aufmerksamkeit zu begegnen.« Die Studentin Sharmain Thenu wird von den Heimbewohnerinnen mit guten Ratschlägen in Liebesangelegenheiten überschüttet, die ihr dringend nahelegen, nicht überstürzt zu heiraten. »Aus den Gesprächen mit den älteren Frauen habe ich gelernt, dass es wichtig ist, achtsam mit mir selbst umzugehen.«

Natürlich herrscht nicht immer und überall Harmonie im Humanitas. Die Studierenden murren manchmal, wenn ihre schwerhörigen Nachbarn das Fernsehgerät auf volle Lautstärke drehen. Aber niemand käme auf die Idee, das Heim wieder in ein »Altengetto« zu verwandeln. Ganz im Gegenteil: Die älteren Insassen reagieren begeistert auf den frischen Wind, den die jungen mitbringen. Oft stehen sie gerade auf, um zum Frühstück zu gehen, wenn die Studierenden, die nachts um die Häuser gezogen sind, todmüde ins Bett fallen. Und wenn sie zufällig mitbekommen, wie jemand mit einer neuen Flamme oder einem neuen Verehrer im Schlepptau das Haus betritt, wissen es bis zum Mittagessen alle im Heim. »Unsere Senioren lieben Klatsch und Tratsch«, sagt Stoffer. »Wir bringen die Außenwelt zu ihnen und liefern ihnen Geschichten, die sie mit den anderen und mit ihren Familien teilen können.« Ter Braak erklärt, das sei eine willkommene Abwechslung von den üblichen Unterhaltungen in Altersheimen, bei denen sich alles um Medikamente, Schmerzen und Arzttermine dreht. »Die jungen Leute als Mitbewohner aufzunehmen war die beste Entscheidung, die wir jemals getroffen haben«, sagt er.

Ich bin geneigt, ihm zuzustimmen. Fast alle Alters- und Pflegeheime, denen ich einen Besuch abgestattet hatte, hinterließen bei mir ein Gefühl tiefster Niedergeschlagenheit – die lastende Stille, die Einsamkeit, der Geruch, die forcierte Fröhlichkeit, der Eindruck, dass man nur noch herumsitzt und die Tage bis zum Tod zählt. Humanitas ist kein Feriendomizil. Nicht alle Bewohner sind in der Lage – oder gewillt –, sich auf die Studierenden einzulassen. Auch hier findet man Leid, Einsamkeit und Tod. Doch die Atmosphäre insgesamt ist unbeschwert und optimistisch. Selbst die Einrichtung ist sorgfältig ausgewählt worden und trägt gewiss dazu bei. Die öffentlichen Räume sind mit Holzfußböden, Kerzenleuchtern und modernen Sesseln ausgestattet, und eine gute Kaffeemaschine und Teller mit Keksen runden das einladende Ambiente ab. Ein Raum wurde wie eine traditionelle holländische Schänke gestaltet, ein anderer erinnert an eine Strandszene. Die Bewohner können sich auf der Dachterrasse niederlassen oder auf den Übungsrädern im hauseigenen Fitnessbereich mithilfe der Virtual-Reality-Brillen Amsterdam oder Paris erkunden. Die Badezimmer sind blitzsauber und die Gänge frei vom typischen Altenheim-Geruch. Doch die gute Stimmung ist in erster Linie auf das generationenübergreifende Miteinander zurückzuführen. Ich kann mir ohne Weiteres vorstellen, hier zu leben – gleich ob mit zwanzig oder achtzig.

Das Zusammenleben von Menschen unterschiedlicher Altersstufen unter einem Dach könnte das beste Mittel gegen die Altersdiskriminierung sein. Infolge dieses hautnahen Miteinanders sind ältere Menschen gezwungen, die leichtfertige

Annahme zu überdenken, dass die junge Generation es »noch nie so gut hatte wie heute«, während die jüngeren Mitbewohner erkennen, dass man »nicht alle alten Menschen über einen Kamm scheren sollte«. Alle Beteiligten lernen, dass der Alterungsprozess auch zahlreiche Vorteile bietet und dass sich Menschen, gleich welchen Alters, oft das Gleiche wünschen: starke Beziehungen, gute Gesundheit, etwas Neues lernen, Spaß haben, eine sinnvolle Arbeit, Unabhängigkeit, Selbstachtung, die Möglichkeit, anderen zu helfen. Forschungen haben gezeigt, dass wir weniger altersfeindlich auf Leute reagieren, die wir persönlich kennen,[2] und eine breit angelegte Studie in Australien belegt: Je mehr Kontakt zwischen den Generationen besteht, desto positiver ist die Einstellung zum Altern und zu alten Menschen.[3] »Klischeevorstellungen und Diskriminierung werden vor allem durch die Abschottung der Generationen ermöglicht«, sagt Ashton Applewhite, die im Kampf gegen die Altersfeindlichkeit an vorderster Front steht. »Wenn Menschen aller Altersgruppen zusammenrücken, werden sie der natürlichen Ordnung der Dinge gerecht: Wo Angehörige verschiedener Herkunft friedlich zusammenleben, herrscht weniger Rassismus, und wo Angehörige verschiedener Altersgruppen friedlich zusammenleben, herrscht weniger Altersfeindlichkeit.«

Im Humanitas-Heim sieht man, wie dieses Zusammenleben in der Praxis funktioniert. Alle Studierenden haben die gleiche Erfahrung gemacht: Sie sind mit Vorurteilen eingetroffen und haben gelernt, den Alterungsprozess und diejenigen, die ihnen auf diesem Weg ein Stück voraus sind, mit neuen Augen zu sehen. »Früher habe ich beim Anblick alter Menschen nur die Einschränkungen wahrgenommen und Mitleid empfunden, aber heute erkenne ich die Möglichkeiten, die sie auch im Alter ausschöpfen können, und weiß, dass sie kein Mitleid wollen«, sagt

Duman. »Was mich selbst betrifft, so könnte ich mir jetzt vorstellen, bis zum Ende ein erfülltes Leben zu führen.«

Das generationenübergreifende Miteinander kann selbst bei den unverbesserlichsten Altersfeinden wahre Wunder wirken. Ein Beispiel ist Tom Kamber. Korpulent, gesellig und mit schütterem Haar, setzte sich der Fünfzigjährige bis zum dreißigsten Lebensjahr aktiv für die Belange von Obdachlosen ein und arbeitete ehrenamtlich im sozialen Wohnungsbau. Doch trotz seiner hochlöblichen beruflichen Laufbahn war er genau wie ich ein eingetragenes Mitglied der Altersfeindlichkeitsfraktion. »Ich hielt mich für einen altruistischen Menschen, dem das Wohl anderer am Herzen lag, aber wenn es um Senioren ging, war ich ein Mistkerl«, gestand er. »Sie haben mich genervt, wenn sie im Schneckentempo auf dem Gehsteig entlangschlichen oder wenn sie verschroben waren und ständig meckerten; ich hatte keine Lust, mich mit ihnen abzugeben.«

In einer, nach eigener Aussage, »Machofamilie« aufgewachsen, baute Kamber seine Identität auf dem Fundament der physischen Leistungsfähigkeit auf. Er fuhr gerne Rad, ging Segeln und Tanzen, und befürchtete, auf diese Aktivitäten im Alter verzichten zu müssen. »Ich war der Meinung, dass Älterwerden furchtbar ist und ich an einen Punkt gelange, wo ich keinerlei Bedeutung mehr für die Welt habe, wo sich niemand mehr für mich interessiert und niemand mehr Lust auf meine Gesellschaft hat«, sagt er.

Die erste Kerbe wurde in diese Angst vor dem Alter geschlagen, als Kamber einer fünfundachtzigjährigen Frau namens Pearl Privatstunden im Umgang mit dem Computer erteilte. Ihre vollkommene Unkenntnis bestätigte zunächst seine schlimmsten Befürchtungen hinsichtlich des Alters. »Als ich sie bat, mit der Maus auf eine bestimmte Stelle auf dem Bildschirm zu zeigen, hob sie die Maus hoch und richtete sie auf den Bildschirm«, lachte er. Aber Pearl besaß eine rasche Auffassungsgabe. Als sie erwähnte, dass die besten Jahre ihres Lebens erst nach dem siebzigsten Geburtstag begonnen hatten, konnte Kamber, damals fünfunddreißig, es kaum fassen. Er war fasziniert von ihrer Tatkraft und ihrem Wunsch, neue Erfahrungen zu machen. »Es war eine Offenbarung für mich«, sagt er. »Ich hatte immer gedacht, dass alte Leute nur nach Florida ziehen, um dort den ganzen Tag lang Bingo und Golf zu spielen.«

Von Pearl inspiriert, gründete Kamber Senior Planet, das nicht gewinnorientierte Technologiezentrum für ältere Mitbürger, dem wir schon an früherer Stelle des Buches einen Besuch abgestattet haben. Damit wurde das generationenübergreifende Miteinander Teil seines Tagesablaufs, aber das altersfeindliche Vorurteil war hartnäckig. »Ich muss zugeben, dass ich die alten Leute in den ersten Jahren immer noch als ›anders‹ betrachtete. Sie gehörten einer Kategorie von Menschen an, denen ich zwar helfen wollte, aber mit denen ich mich nicht identifizieren konnte. Von Herablassung konnte keine Rede sein, aber auch nicht von einer Verbindung auf Augenhöhe. Sie waren mehr oder weniger wie meine Kunden.«

Im Lauf der Zeit hinterließ der generationenübergreifende Schulterschluss gleichwohl seine Spuren. Den Geschichten zu lauschen, die ältere Menschen zu erzählen haben, und mitzuerleben, wie sie Sieg und Niederlage gleichermaßen als Hochstapler entlarven, versetzte Kambers restlicher Altersfeindlichkeit schließlich den Todesstoß. Heute hat er Freunde, die älter sind als seine Eltern und mit ihm durch die Salsa-Nachtclubs in Manhattan ziehen.

Wir wären wie die Studierenden im Humanitas-Heim gut beraten, dem Weg zu folgen, den Kamber für uns geebnet hat:

Er führt von Angst und Grauen vor dem Alter zu einem besseren Verständnis und mehr Optimismus, Eigenschaften, die uns dabei helfen, das Leben so zu nehmen, wie es ist. Kamber kann sich inzwischen vorstellen, alt zu sein, ohne dass ihm dabei schwer ums Herz wird. Er geht davon aus, dass er noch jahrzehntelang Rad fahren, segeln und tanzen kann – und findet das Wissen tröstlich, dass es danach andere Möglichkeiten gibt, das Nachlassen der Körperkräfte zu kompensieren. »Ich zerbreche mir weniger den Kopf über das Alter, sondern freue mich sogar darauf«, gesteht er. »Nicht nach dem Motto ›Bringen wir es hinter uns, ich habe keine Lust mehr, fünfzig zu sein‹, sondern ich freue mich auf die Möglichkeiten, die sich dadurch eröffnen. Zum Beispiel ganz bei sich selbst zu sein, sich in seiner eigenen Haut wohlzufühlen, langsamer zu treten, ein gewisses Maß an innerem Frieden und Gelassenheit zu finden, das Gefühl zu haben, dass man in seinem Leben etwas geleistet hat, sich weniger Stress wegen der eigenen Versäumnisse oder der Meinung zu machen, die andere von einem haben.«

Sie müssen nicht unter demselben Dach schlafen, arbeiten oder studieren, um von dem generationenübergreifenden Miteinander zu profitieren. Oft reicht schon der soziale Kontakt aus, um diesen Zweck zu erfüllen. Zurück in Warschau, beim Open-Air-Festival im Wilanów-Park, belagern die Nachtschwärmer verschiedener Altersgruppen die Stände rund um die Tanzfläche, unterhalten sich angeregt bei Erdbeer-Cocktails und Pommes frites. Ich entdecke Eryk Mroczek mit seinem Markenzeichen, der Sonnenbrille à la Jack Nicholson, der als Sprachrohr seiner Gruppe einen lautstarken Toast ausbringt. Ich geselle mich dazu.

Benjamin Diamoutene, fünfundzwanzig Jahre alt und Anhänger des kraftvollen und impulsiven, auf der Straße entstandenen Streetdance-Stils mit zarter Statur und Ziegenbärtchen, erzählt mir, dass er mit Mroczek befreundet ist, seit sie sich vor zwei Jahren bei einer anderen generationenübergreifenden Tanzveranstaltung kennengelernt haben. Wie langjährige Trinkkumpane schwelgen sie in Erinnerungen an frühere Besäufnisse und ziehen sich gegenseitig gnadenlos auf. Neulich machten sie die Nachtclubs unsicher, um Mroczeks achtzigsten Geburtstag zu feiern. »Er ist ein echter Partylöwe, hat eine tierische Kondition«, sagt Diamoutene. »Als ich um drei Uhr morgens den Club verließ, tanzte und flirtete er immer noch mit den Frauen.« Mroczek nickt, lächelt und setzt eine gespielt mitleidige Miene auf. »Tut mir leid; ich weiß, dass es hart für dich ist, zu akzeptieren, dass ich der bessere Tänzer von uns beiden bin«, sagt er. Die zwei brechen in schallendes Gelächter aus.

Während weitere Cocktails anrollen, holt Mroczek sein Handy heraus, um einen Anruf von einem Freund entgegenzunehmen, der über fünfzig ist und sich auf dem Weg zum Festival befindet. Er beschreibt ihm, wo genau er sich befindet, und beendet das Gespräch mit einem triumphierenden Grinsen. »Er kommt gleich – und bringt zwei Frauen mit!«

Diamoutene lächelt nachsichtig und erzählt mir dann, dass das Leben in Paulina Brauns generationenübergreifender Welt keine endlose Party ist: Es gibt auch Tränen. Vor ein paar Monaten hatte er mit einer siebenundsechzigjährigen Freundin namens Basia eine Tanzveranstaltung in Warschau besucht. Ein paar Tage später war sie tot. »Viele Leute in meinem Alter denken nicht wirklich über den Tod nach, aber wenn man ältere

Freunde hat, ändert sich das«, sagt er. »Man macht sich bewusst, dass es immer das letzte Mal sein könnte, dass man sich mit ihnen trifft oder tanzen geht.«

Wir haben bereits gesehen, dass das Wissen über unsere Endlichkeit ein Ansporn sein kann, das Beste aus der Zeit zu machen, die uns verbleibt. Das ist eine willkommene Nebenwirkung des Alterungsprozesses, die nicht auf den Lebensabend beschränkt sein muss. Sterben ist schließlich keine Unannehmlichkeit, die in einer fernen Galaxie stattfindet und ausschließlich alte Menschen heimsucht. Der Tod ist ein natürlicher Teil des Lebens, der jeden von uns zu jeder Zeit ereilen kann.

Zu seiner Überraschung musste Diamoutene entdecken, dass seine Angst vor dem Alter geschwunden ist, seit er hautnah miterlebt, wie ältere Freunde das Ende ihres Lebens erreichen. »Es liegt auf der Hand, dass es traurig ist, wenn jemand stirbt, aber es erinnert uns auch daran, wie glücklich wir uns schätzen dürfen, zu leben«, sagt er. »Ich zerbreche mir bei dem Gedanken, dass ich eines Tages sterben werde, nicht mehr den Kopf über das Älterwerden: Die Vorstellung hat vielmehr das Bedürfnis in mir geweckt, mein Leben voll auszukosten.«

Damit wären wir bei einem weiteren überraschenden Vorteil des Altersbooms: Der Tod nimmt einen sichtbareren Platz in unserer Kultur ein. In Japan etwa haben die Buchläden getrennte »shukatsu«-Ecken eingerichtet, mit Lektüre, die zum Nachdenken und Planen des Lebensendes anregen soll, und die Sarghersteller des Landes bieten ein Probeliegen vor dem Kauf an, um Gespräche über das Sterben in Gang zu bringen. Englische Leser verschlingen Bücher über den Tod wie *Death: A Graveside Companion* (Tod: Ein Gefährte am Grab), es gibt YouTube-Serien über Bestattungsunternehmen, Online-Gruppen, die eine positive Einstellung zur Sterblichkeit fördern, und Death Cafés, in denen

Trauernde bei Kaffee und Kuchen darüber sprechen, was sie bewegt. Man kann sogar eine »Doula« engagieren, eine psychologisch geschulte Sterbebegleitung, mit der man den finalen Abgang plant.

Um zu sehen, ob die Konfrontation mit dem Tod die gleiche Wirkung auf mich hat wie auf Diamoutene, lade ich eine App namens WeCroak herunter, was so viel heißt wie »Wir sterben«. Sie schickt in unregelmäßigen Abständen eine Nachricht an mein Smartphone, die besagt: »Vergiss nicht, dass du sterblich bist.« Als ich nach links wische, wird meine Aufmerksamkeit von einer Seite mit Zitaten über den Tod gefesselt, die von großen Denkern wie Laotse, Pablo Neruda, Henry David Thoreau oder Margaret Atwood stammen. Als Erstes fällt mein Blick auf eine Aussage des Philosophen Martin Heidegger: »Wenn ich dem Tod Eingang in mein Leben gewähre, ihn zur Kenntnis nehme und mich ihm offen und ehrlich stelle, befreie ich mich von der Angst vor dem Tod und der Trivialität des Lebens – und nur dann werde ich frei sein, der Mensch zu werden, der ich bin.«[4] Harter Tobak, mit dem man schon beim Frühstück zu kämpfen hat. Ich war nicht davon ausgegangen, dass mir die App gefallen könnte, doch das erwies sich als Irrtum. Sie erinnert mich in einer Weise an den Tod, die nicht morbide, sondern fast schon spielerisch anmutet. Manchmal reagiere ich leicht gereizt auf die Botschaften, ähnlich wie auf die Ankündigungen, die mich auf die nächste aktualisierte Software-Version von Adobe Reader aufmerksam machen. Doch oft verleiht mir die Aufforderung, innezuhalten und nachzudenken, sogar Auftrieb. Neulich tauchte eine WeCroak-Nachricht auf meinem Handy auf, als ich im Restaurant saß und damit beschäftigt war, die klein gedruckten Buchstaben auf der Speisekarte zu entziffern – wobei ich insgeheim meine altersbedingte Sehschwäche verfluchte. Ich wischte nach links und fand dort ein Zitat vor, das besagte, es sei klug, sich nicht über Kleinigkeiten aufzuregen. Es hatte die gewünschte Wirkung. Plötzlich kam mir meine nachlassende Sehkraft wie ein belangloses Ärgernis vor, von dem ich mir nicht den Abend verderben lassen sollte. Ich bat die junge Bedienung beherzt, mir die Speisekarte vorzulesen, und genoss mein Essen.

Ob wir in zehn oder zwanzig Jahren immer noch WeCroak benutzen, steht auf einem anderen Blatt. Je älter wir werden, desto weniger müssen wir daran erinnert werden, dass der Tod hinter der nächsten Ecke wartet. Memento mori ist nützlicher – und willkommener – in jungen Jahren; deshalb sind wohl die meisten WeCroak-Nutzer unter fünfunddreißig. Doch die App befindet sich noch auf meinem Handy.

Um die Botschaft von WeCroak auch ohne Smartphone zu verinnerlichen, sollten wir uns vorstellen, dass wir alle Teilnehmer an einem »Alterstraining« sind. Auf den ersten Blick erscheint dieser Begriff, von der Geriatrieexpertin Joanne Lynn geprägt, ziemlich sonderbar, wenn nicht sogar ein wenig abgeschmackt, doch dann wird klar, dass dieses Konzept einen Prozess beschreibt, der unserer künftigen Entwicklung Rechnung trägt und den wir begrüßen sollten. Es erinnert daran, dass unser Leben eine lange Reise mit vielen Stationen ist, die irgendwann zu Ende geht – wenn wir Glück haben, als Hochbetagte –, und dass Älterwerden und Sterben ein Schicksal ist, das jeden von uns erwartet. Es reißt die Hürden zwischen unserem gegenwärtigen und unserem künftigen Selbst nieder, macht es uns in jedem Alter leichter, zu akzeptieren, wer wir sind. »Wir wissen nicht, wer wir sind, wenn wir nicht wissen, wer wir sein werden«, schrieb Simone de Beauvoir. »Erkennen wir uns in diesem alten Mann oder in jener alten Frau ... Das ist unerlässlich, wenn wir unsere menschliche Situation als Ganzes erkennen wollen.«

Applewhite ist der gleichen Meinung. »Wenn wir akzeptieren, dass wir alle, ohne Ausnahme, in das Alterstraining eingebunden sind, würden wir Scham und Selbstverachtung einen Riegel vorschieben«, sagt sie. »Es befreit und regt uns an, unser Potenzial zu entfalten – altersbewusst, nicht alterslos –, ungeachtet dessen, an welchem Punkt unserer Entwicklung wir uns gerade befinden.«

Das leuchtet mir ein. Wenn ich mir vorstelle, Teilnehmer eines Alterstrainings zu sein, sehe ich mich auf Anhieb veranlasst, mehr über mein vergangenes, gegenwärtiges und zukünftiges Leben nachzudenken. Wie bin ich an den Punkt gelangt, an dem ich mich heute befinde? Was ist mir jetzt wichtig? Wohin soll mich mein Weg führen? Sich mit diesen Fragen auseinanderzusetzen macht die Aussicht, irgendwann tatsächlich alt zu sein, weniger beängstigend.

Die Vorstellung, dass wir alle an einem Alterstraining teilnehmen, kann der Altersdiskriminierung und Altersfeindlichkeit einen tödlichen Schlag versetzen. »Damit streichen wir das ›Wir-und-die-anderen-Gefühl‹, die Antriebskraft hinter allen Vorurteilen, aus unserem emotionalen Repertoire«, sagt Applewhite. »Das schafft Raum für mehr Empathie. Es macht es uns leichter, kritisch zu durchleuchten, was das Alter in unserer Gesellschaft bedeutet, und sich gegen die diskriminierenden sozialen Strukturen und Fehlauffassungen zur Wehr zu setzen, die darauf angelegt sind, unseren Alterungsprozess zu prägen.«

Es ist leichter, das Alterstraining zu akzeptieren, wenn man Zeit mit Menschen verbringt, die älter sind als wir – und der zunehmende Trend zum generationenübergreifenden Miteinander macht diese Entwicklung wahrscheinlicher. Zum Teil wird sie von wirtschaftlichen Zwängen diktiert. Aufgrund der hohen Mietpreise zieht es immer mehr junge Erwachsene ins Elternhaus zurück. Zugegeben, das kann ein Albtraum sein, aber viele haben festgestellt, dass dieses Arrangement ganz gut funktioniert. Heute machen viele Generationen der gleichen Familie gemeinsam Urlaub, und die Anzahl der alleinstehenden Karrierefrauen, die mit ihren Nichten und Neffen verreisen, ist dermaßen gestiegen, dass die Tourismusbranche dafür einen eigenen Begriff gefunden hat: PANK = Professional Aunts with No Kids, sprich: kinderlose berufstätige Tanten.

Dass die Generationen in der heutigen Zeit mehr verbindet als trennt, trägt ebenfalls dazu bei. Als ich jung war, schien mein Vater in einer fernen Galaxie zu leben: Wir trugen unterschiedliche Kleidung, hatten einen unterschiedlichen Musikgeschmack und sahen unterschiedliche Fernsehsendungen. Obwohl der Altersunterschied zwischen meinem Sohn und mir dreißig Jahre beträgt, gibt es kulturell wesentlich mehr, was uns verbindet. Wir treiben beide den gleichen Sport, hören die gleichen Bands auf Spotify und lieben beide die Serie *Breaking Bad*. Wir haben eine ähnlich saloppe Umgangssprache, und ohne iPhone wäre bei uns beiden Katastrophenstimmung angesagt. Selbst unser Kleiderschrank ist ähnlich bestückt, sodass wir Kleidung und Schuhe tauschen und teilen könnten. Kein Wunder also, dass sich Kinder in Gesellschaft ihrer Eltern heute besser fühlen als früher: Wir gleichen weniger den peinlichen Aliens vom Planeten Nerd.

Überall fallen die kulturellen Mauern und Schranken zwischen den Generationen. Bands, die schon vor Jahrzehnten berühmt waren, wie U2, Kiss, die Rolling Stones oder Earth, Wind and Fire, füllen heute noch oder wieder die Konzerthallen mit

Fans aller Altersgruppen. In den 1970er-Jahren waren die Stars, die beim Glastonbury Musik- und Kunstfestival auftraten, im Durchschnitt fünfundzwanzig; jetzt sind sie einundvierzig. Burt Bacharach schaffte es mit siebenundachtzig auf die Pyramid Stage, die Hauptbühne des Glastonbury Festivals. Das Gleiche gilt für den Film- und Fernsehbereich. Der Klassiker *Krieg der Sterne* und die US-amerikanische Science-Fiction-Serie *Stranger Things* ziehen ein Publikum quer durch alle Generationen an. Der alte Schlachtruf der 1960er-Jahre – Trau niemandem über dreißig! – scheint aus der Zeit gefallen zu sein. Neuerdings und allen Warnungen zum Trotz, das Alter sei Gift an der Wahlurne, liegen junge Wähler auch bereits ergrauten Politikern wie Bernie Sanders zu Füßen.

Selbst die Definition von »cool« verliert ihre altersdiskriminierende Note. Früher war alt gleichbedeutend mit spießig. Cool und jung waren die beiden Seiten derselben Münze. Heute ist das immer seltener der Fall. Die Lifestyle-Influencer jenseits der fünfzig, sechzig und darüber hinaus, die mit ihrer starken Online-Präsenz Meinungen machen, werden von Zuschauern aller Altersgruppen bewundert. Die größte Follower-Gruppe des Instagram-Stars Grey Fox ist zwischen fünfundzwanzig bis vierunddreißig Jahre alt. 2017 war die jüngste Person auf der Liste der zehn coolsten Personen der Welt, die das US-Medienhaus Trending Top Most veröffentlichte, fünfunddreißig und die älteste siebenundsiebzig Jahre alt.

Jungle Boogie, eine Rave-Veranstaltung zu Ehren von Sir David Attenborough, eroberte die britischen Universitätscampus im Sturm. Episoden aus *Der blaue Planet*, einer bahnbrechenden Naturdokumentation des neunzigjährigen Briten über das Leben in den Ozeanen, laufen hinter dem DJ auf riesigen Bildschirmen, und Clips von seiner Stimme werden in die Tonspuren eingespielt. Die Raver machen Selfies, die sie mit lebensgroßen Pappmaché-Figuren des legendären Tierforschers und Naturfilmers zeigen, und tragen Masken mit seinem Gesicht bei ihren ekstatischen Tänzen, einem Potpourri aus verschiedenen elektronischen Musikstilen wie House, Soul, Funk und Disco. »Er ist eine Art Ikone in Studentenkreisen«, sagt Louis Jadwat, der fünfundzwanzigjährige Organisator der Veranstaltung. »Er ist unheimlich beliebt.« Und nicht nur bei Studierenden: Auch Dreißig- und Vierzigjährige kommen zu den Rave-Partys.

Während die Generationen immer mehr Gemeinsamkeiten entdecken, mehren sich auch jene Projekte wie im Seniorenheim Humanitas, das Studierenden Unterkunft bietet, die auf mehr Vielfalt setzen. Berlin hat das erste LGBT-, das erste Lesbian-Gay-Bisexual-Transgender-Mehrgenerationenhaus aus der Taufe gehoben; dort leben demnach schwule, lesbische, bisexuelle und Transgender-Bewohner, die von den Nazis verfolgt wurden, unter einem Dach mit IT-Arbeitern, die um die Jahrtausendwende geboren wurden. In den USA finden im San Diego County alljährlich die Intergenerational Games statt, wo Kinder und Senioren in verschiedenen sportlichen Disziplinen gegeneinander antreten, von Frisbee bis Feldhockey. Überall auf der Welt laden Schulen und Kindertagesstätten ältere Mitbürger ein, Hausaufgabenbetreuung oder Spielstunden zu übernehmen. Seniorenheime in Großbritannien haben »Pimp My Zimmer«-Programme eingeführt, bei denen Kinder den Bewohnern helfen, etwa ihren Rollator mit Flitter, bunten Schnüren, gestrickten Überzügen, Fußballfanschals und Blumen aufzuwerten, zu schmücken und ihm so eine persönliche Note zu verleihen.

Weltweit richten die Städte Spielplätze für alle Altersgruppen ein, die Spaß haben und sich körperliche Bewegung verschaffen wollen. Als ich einen dieser Fitness- und Funparks in

Barcelona besuche, treffe ich dort drei Generationen der Familie Ferrer an. Die beiden Kinder turnen auf dem Klettergerüst herum und geben vor, die Superhelden der Comicserie *The Avengers* zu sein. Die Mutter tritt derweil in die Pedale eines Standrads. Oriol, der Großvater, macht Fitnesstraining auf dem Crosstrainer. »Früher hätte ich auf einer Bank gesessen und meinen Enkelkindern beim Spielen zugeschaut«, sagt er. »Heute spielen wir gemeinsam.«

Das generationenübergreifende Miteinander findet auch im Netz statt. Menschen aller Altersgruppen sitzen vor dem Bildschirm und pflegen ihre Hobbys: von Spielen wie Bridge über Scrabble und Schach bis hin zur Ego-Shooter-Serie *Halo* oder Computerspielreihen wie *Call of Duty*. Shirley Curry verbringt immer noch Zeit mit ihrer alten Handarbeitsgruppe, in der Quilts genäht werden und niemand den Unterschied zwischen Skype und dem Computer-Rollenspiel *Skyrim* kennt, doch die vielen Stunden, die sie online verbringt, haben sie zur Vertrauten vieler Mitglieder ihrer weit jüngeren Fangemeinde gemacht; mit einigen ist sie sogar befreundet. Sie tauscht regelmäßig handgeschriebene Briefe mit einer Collegestudentin aus und pflegt via Videochats den Kontakt zu einem jungen Mann, der ihr Tipps gibt, wie sie ihre Spielstrategien beim Online-Rollenspiel aufpolieren kann. Nun plant sie eine Reise an die Westküste, um ihren Spiel-Best-Friend-Forever persönlich kennenzulernen. Als ich nach dem Alter ihrer »besten Freundin für immer« frage, ist Curry perplex. »Ich habe keine Ahnung, ehrlich gesagt, vielleicht Mitte bis Ende dreißig«, erwiderte sie. »Wir skypen ständig und ich möchte sie unbedingt treffen, weil ich sicher bin, dass wir uns blendend verstehen. Man erweitert seinen Horizont, wenn man Freunde aus verschiedenen Altersgruppen hat, und ich lerne genauso viel von ihnen wie sie von mir.«

Um das Verständnis zwischen den Generationen zu verbessern, ist es aber immer noch am besten, Kinder so früh wie möglich mit älteren Menschen zusammenzubringen. Ein gutes Beispiel dafür ist der Kindergarten auf dem Gelände von Nightingale House, einem Seniorenheim in London. Die Drei- und Vierjährigen kommen auf Schritt und Tritt mit den älteren Heimbewohnern in Kontakt. Viele Kinder stammen aus Familien, die das generationenübergreifende Miteinander als eine Möglichkeit betrachten, die fehlenden Großeltern zu ersetzen. Als ich dort eintreffe, sitzen ein Dutzend Kinder und Heimbewohner einträchtig beieinander, trinken Traubensaft und singen Lieder, um Havdala zu feiern, ein religiöses Ritual im Judentum, mit dem das Ende des Schabbat und der Beginn der neuen Woche eingeläutet wird. Die dreijährige Martha eilt immer auf kürzestem Weg zu Anna, die über neunzig ist. Heute unterhalten sich die beiden über den bevorstehenden Friseurbesuch. »Meine Haare werden länger«, sagt Martha. »Du hast wunderschöne Haare«, erwidert Anna, streicht ihr über die wirren blonden Locken und fügt hinzu, als führte sie ein Selbstgespräch: »Kaum zu glauben, dass der Altersunterschied zwischen uns neunzig Jahre beträgt.«

Dann erkundigt sich Anna bei Martha nach der grünen Farbe auf ihrer Hose. »Wir haben heute Morgen Bilder gemalt«, sagt Martha. »Aber das ist nicht grün, sondern blau.« Anna lacht. »Oh, meine Augen sind auch nicht mehr das, was sie mal waren!« Martha blickt sie fürsorglich und verständnisvoll an, dann wendet sie sich mir zu. »Manchmal sehen die Leute nicht mehr so gut, wenn sie älter werden«, erklärt sie mir und legt ihre Hand auf Annas.

Judith Ish-Horowicz leitet die generationenübergreifenden Projekte und ist erstaunt, wie schnell selbst die jüngsten Kinder die Einschränkungen der älteren Bewohner wahrnehmen. Sie erinnern sich, wer Schmerzen in den Händen oder Füßen hat, wer schlecht hört oder ein Problem mit dem Aufstehen hat, oder wer manchmal mitten im Spiel einschläft. Statt sich darüber lustig zu machen oder zurückzuschrecken, nehmen sie Rücksicht und bieten ihre Hilfe an – die perfekte Doppelstrategie im Kampf gegen die Altersdiskriminierung. »Sie lernen, dass sie nicht der Mittelpunkt der Welt sind und Menschen sich altersbedingt voneinander unterscheiden«, sagt Ish-Horowicz. »Der Aufenthalt hier im Seniorenheim vermittelt ihnen eine Vorstellung von der Zukunft, das Gefühl, dass Altern ein natürlicher Teil der Lebensreise ist, und sie reagieren mit viel Empathie und Intuition auf diese Erfahrung.«

Ein kleiner Hinweis am Rande: Studien belegen, dass die Altersdiskriminierung schneller gestoppt werden kann, wenn die Generationen einen Eins-zu-eins-Kontakt aufbauen können. In Gruppen dauert es länger, Zugang zueinander zu finden. Das bedeutet, dass man nicht einfach Angehörige der verschiedenen Altersgruppen bunt zusammenwürfeln und dann einfach mal abwarten sollte, was passiert: Es gilt vielmehr, den Überblick zu behalten, anzuleiten und die Grundregeln festzulegen – sonst läuft auch das bestangelegte Projekt aus dem Ruder.

Die Babayagas-Wohnanlage in Montreuil, einer Kleinstadt östlich von Paris, ist ein warnendes Beispiel. Als alternatives Seniorenheim für Frauen über sechzig mit ausgeprägtem sozialem Verantwortungsbewusstsein gegründet, brach es mit seiner hochtrabenden Rhetorik wie ein Wirbelsturm über den Ort herein, versprach, das Leben in der Gemeinde und das Altern an sich neu zu definieren. Wie bei Humanitas waren auch hier einige Wohneinheiten für junge Menschen reserviert. Doch zwei Jahrzehnte später war der Traum ausgeträumt und was blieb, war ein Scherbenhaufen. Ich tauche just zu dem Zeitpunkt dort auf, als der Bürgermeister den Pachtvertrag verlängert. Die Atmosphäre ist eisig, man spürt den Unfrieden, der herrscht. Nur wenige Bewohner sind zum mittäglichen Festessen erschienen und alle klagen über das mangelnde Zusammengehörigkeitsgefühl. Immer wieder wird Kritik an den jungen Mitbewohnern laut, die in einem separaten Flügel im Erdgeschoss untergebracht sind und lieber unter sich bleiben. »Wir könnten genauso gut auf verschiedenen Planeten leben«, sagt eine ältere Frau. Bei Humanitas kam es nie zu solchen Verbalattacken, da bei der Planung zwei Aspekte berücksichtigt wurden, an die sich Babayagas nicht gehalten hat: Bei Humanitas sind die Zimmer der Studierenden über das gesamte Gebäude verteilt und die Studierenden verpflichten sich beim Einzug, Zeit mit den Senioren zu verbringen. Wie Gea Sijpkes, die Heimleiterin, sagte: »Wir brechen die Gruppenstruktur auf, sodass sich die einzelnen Personen kennenlernen können.«

Lässt sich dieses Prinzip mit demselben Ergebnis auch auf den Arbeitsplatz übertragen? Darauf können Sie wetten!

Eine Studie nach der anderen deutet darauf hin, dass sich das Aufbrechen der »Altengettos« unter dem Strich rechnet. Forscher der Lancaster University Management School in Großbritannien haben festgestellt, dass die Kundenzufriedenheit in McDonald's-Filialen mit gemischtaltriger Belegschaft um zwanzig Prozent höher bewertet wurde.[5] Andere Umfragen haben ergeben, dass die Kooperationsbereitschaft in Teams, die sich aus Angehörigen verschiedener Altersstufen zusammensetzen, am höchsten ist.[6] Die älteren Mitarbeiter spielen dabei eine wichtige Rolle: Sie sind sozial beweglicher und verstehen sich besser darauf, andere anzuspornen, ihr Bestes zu geben. Haig Nalbantian, Seniorpartner im Beratungsunternehmen Mercer, sagt: »Der Beitrag der älteren Mitarbeiter manifestiert sich allem Anschein nach in einer Produktivitätssteigerung der Personen, die in ihrem Umfeld tätig sind.«

Die Deutsche Bank hat erkannt, dass das generationenübergreifende Miteinander die individuellen Stärken und Schwächen ausgleicht. »Bei den operativen Tätigkeiten können sich ältere Mitarbeiter als langsamer erweisen, aber dafür bringen sie größere Erfahrung mit und machen weniger Fehler, sodass sie insgesamt nicht weniger produktiv sind«, sagt Gernot Sendowski, Leiter von Diversity & Inclusion. »Wenn wir nur Teams mit älteren Mitarbeitern hätten, wären sie zu langsam; wenn die Teams ausschließlich aus jungen Leuten bestünden, gäbe es zu viele Fehler und nicht genug Erfahrung. In den besten Teams sind alle Altersgruppen vertreten.«

Erfahrung, Geduld und das ganzheitliche vernetzte Denken der älteren Mitarbeiter können in Kombination mit der unermüdlichen Energie der jüngeren Generation in jeder Branche ein gutes Gespann bilden. Mit anderen Worten: Die Langlebigkeitsrevolution vermag, genau das zu liefern, was die globale Wirtschaft braucht: eine gelungene Mischung aus denjenigen, die vorpreschen und Dinge übers Knie brechen wollen, und denjenigen, die ein gemäßigtes Tempo anschlagen und infrage stellen, wie oder ob Neuerungen überhaupt eingeführt werden sollen.

Wie Yin und Yang in der Praxis zusammenwirken, kann man bei Humanitas beobachten, wo Patrick Stoffer gemeinsam mit zwei Heimbewohnern einen Hofladen aufbaut. Die über achtzigjährige Ans hatte einige Ideen zur Gestaltung. Ter Braak trug zur Bepflanzung des hydroponischen Gartens bei und arbeitet nun im Verkauf mit. »Patricks Erfahrungen im Geschäftsleben sind begrenzt, deshalb unterstütze ich ihn bei der Planung und beim Abschluss von Lieferverträgen«, sagt er. »Bei Besprechungen übernehme ich die Begrüßungsrede und eröffne die Verhandlungen, dann übergebe ich Patrick das Wort.« Bei der Präsentation des hydroponischen Systems bei der TEDx-Innovationskonferenz erschienen sie zu dritt auf der Bühne.

Wenn die Langlebigkeitsrevolution weiterhin unaufhaltsam voranschreitet, wird die Wissensübermittlung an nachfolgende Generationen für jeden Arbeitsplatz von grundlegender Bedeutung sein. Doch das sogenannte Mentoring, bei dem Mitarbeiter ihre Erfahrung und ihr Fachwissen an jüngere Kollegen weitergeben, ist in großen komplexen Unternehmen nicht leicht durchzuführen. Es gibt viele Faktoren, angefangen von Arbeitszeiteinteilungen bis hin zur Hintertreppenpolitik oder bürokratischen Hürden, die verhindern, dass Arbeitsbeziehungen wie die von Stoffer und Ter Braak entstehen. Eine mögliche Lösung wären formale Mentoring-Programme.

Programme, bei denen die Alten die Jungen regelrecht coachen, schießen derzeit wie die Pilze aus dem Boden – beispielsweise beim Flugzeughersteller Boeing, beim internationalen Medienkonzern Time Warner, beim Baumaschinenhersteller Caterpillar, beim Halbleiterhersteller Intel, beim globalen Unternehmensnetzwerk KPMG und bei dem weltweit verzweigten Chemiekonzern Dow Chemicals. Viele Versicherungsvertreter von Work At Home Vintage (WAHVE) haben die Aufgabe übernommen, jüngeren Kollegen zur Seite zu stehen, und Scripps Health, ein gemeinnütziges Gesundheitssystem in Kalifornien, ist noch einen Schritt weiter gegangen und hat einen ganz neuen

Arbeitsplatz geschaffen: Mentor im klinischen Pflegebereich. Der deutsche Autobauer Daimler holt seine Ruheständler zurück, um jungen Managern zu zeigen, wo's langgeht, und John Deere, Weltmarktführer im Bereich der Landtechnik, macht das Gleiche, um seinen derzeitigen Mitarbeitern bei der Entwicklung von Software für seine landwirtschaftlichen Geräte auf die Sprünge zu helfen.

Die Weitergabe von Erfahrungen ist nicht der einzige Vorteil der offiziellen Mentoring-Programme. Vor einigen Jahren entschied Skanska, ein multinationales Bauunternehmen, dass der Wissenstransfer zwischen den fünf Generationen zu bruchstückhaft sei. Heute nehmen einige hundert Mitarbeiter an einem Mentoring-Programm teil, das der Arbeitskultur einen mächtigen Auftrieb verliehen hat. Der Wissensaustauch ist heute nicht nur reger als jemals zuvor, sondern auch die Zusammenarbeit, Innovation und Risikoanalyse haben sich merklich verbessert. Die Mentoren tragen dazu bei, jene Mitarbeiter, die schnell befördert werden müssen, früh zu erkennen, und sowohl die Arbeitsmoral als auch die Mitarbeiterbindung haben sich im gesamten Unternehmen verbessert. »Die Leute haben das Gefühl, dass man sie jetzt mehr schätzt«, sagt Israil Bryan, Leiter des Diversity-Bereichs von Skanska. »Sie sehen einen zusätzlichen Sinn in ihrer Arbeit, weil es nicht mehr ausschließlich um das Projekt geht, an dem sie beteiligt sind, sondern um die Förderung der nächsten Mitarbeitergeneration.« Nachdem ich einen Nachmittag in der Unternehmenszentrale außerhalb von London verbracht und mich mit den Teilnehmern am Mentoring-Programm unterhalten habe, leide ich unter einem heftigen Anflug von Mentoring-Neid. Ich stelle fest, dass ich mir wünsche, man hätte mich zu einem früheren Zeitpunkt meiner beruflichen Laufbahn mit einem altgedienten Journalisten zusammengespannt.

Natürlich können die älteren Belegschaftsmitglieder auch von den jüngeren lernen. Von General Electric in den 1990er-Jahren auf den Weg gebracht, ist das sogenannte »Reverse Mentoring« inzwischen in zahlreichen Unternehmen verbreitet, angefangen vom größten US-Discounteinzelhändler Target bis hin zu Microsoft, dem Telekommunikationsriesen Cisco und dem Unternehmensnetzwerk Ernst & Young. BBC legte ein Programm für seine zwanzig- bis dreißigjährigen Mitarbeiter auf, die den älteren Managern verständlich machen sollten, wie die jüngeren Zuhörer und Zuschauer »ticken«. Fakt ist jedoch, dass die fruchtbarsten Mentoring-Aktivitäten keine Einbahnstraßen sind, sondern stets in beide Richtungen verlaufen. Skanska bezeichnet seine Mentoren und Mentees als »Buddies« oder Teamkameraden, um das gegenseitige Lernen zu fördern, und sowohl in der United States Military Academy in Westpoint als auch bei den Marines, einer Elitetruppe der US-Streitkräfte, findet die Ausbildung altersgemischt statt, sodass Jung und Alt voneinander lernen können.

Das altersgemischte Mentoring am Arbeitsplatz kann auch dazu beitragen, das Konfliktpotenzial zwischen den Generationen abzubauen. Ältere Mitarbeiter finden es oft schwierig, einem jüngeren Vorgesetzten Rede und Antwort zu stehen, während sich die jüngeren Vorgesetzten von den älteren Mitarbeitern mit mehr Erfahrung in ihrer Position bedroht fühlen.[7] Eine Studie, an der einundsechzig deutsche Firmen teilnahmen, fand heraus, dass bei einem Chef, der zwei Jahre jünger ist als seine Mitarbeiter, die Gesamtleistung des Teams um fünf Prozent einbricht; mit zunehmendem Altersunterschied erhöht sich der Rückgang entsprechend.

Das klingt alarmierend, aber es gibt gute Gründe für die Annahme, dass sich dieses Problem im Lauf der Zeit von alleine löst.

Ein Grund ist, dass junge und ältere Mitarbeiter weitgehend die gleichen Wünsche haben: flexible Arbeitszeiten, gutes Arbeitsklima, genug Freizeit, sinnvolle Aufgaben und lebenslanges Lernen. Die alljährliche Auszeichnung als bester Arbeitgeber für Arbeitnehmer über fünfzig – vergeben von der US-amerikanischen Organisation AARP, die sich für die Interessen älterer Mitbürger einsetzt –, geht häufig an Unternehmen, die ein harmonisches Umfeld für Mitarbeiter aller Altersgruppen schaffen.

Es gibt auch Präzedenzfälle, die in die Geschichte eingegangen sind. Der Massenansturm der Frauen auf die Arbeitswelt, der in den 1970er-Jahren begann, löste apokalyptische Warnungen über den Zusammenbruch der Befehlsstrukturen aus. »Komme ich damit klar, einem weiblichen Chef unterstellt zu sein?«, fragten sich die Männer. Heute denkt niemand mehr lange über die Geschlechtszugehörigkeit der Person nach, die uns am Arbeitsplatz sagt, was wir tun und lassen sollen. Ebenso wird das Lebensalter immer weniger ins Gewicht fallen, wenn wir uns an die beidseitigen Lehr- und Lernprozesse gewöhnt haben.

Und was ist mit den Spannungen zwischen den Generationen? Wirken die wie eine Bombe am Arbeitsplatz, die angesichts der verlängerten Lebensspanne jeden Moment hochgehen kann? Das könnte man meinen, wenn man die reiche Geschichte der Generationenkonflikte bedenkt. Früher standen jüngere Männer oft mit ihren Vätern auf Kriegsfuß, weil diese das Vermögen der Familie horteten oder mit ihnen um jüngere Ehefrauen konkurrierten. Cicero berichtet, wie im antiken Griechenland die Söhne des Sophokles zu der Schlussfolgerung gelangten, dass Sophokles seinen Hausstand vernachlässigte, da er viel zu viel Zeit mit dem Verfassen von Theaterstücken verbrachte. Um ihm die Kontrolle über das Familienanwesen zu entziehen, brachten sie ihn vor Gericht, mit der Begründung, er habe den Verstand verloren.

Sophokles gewann den Prozess, indem er aus seinem neuesten Drama *Ödipus auf Kolonos* vorlas und die Richter fragte, ob sie glaubten, der Verfasser eines solchen Werks sei verrückt. Mehr als eineinhalbtausend Jahre später, im Mittelalter, beklagten sich die Franzosen regelmäßig und unverhohlen über »le père qui vit trop«, den Vater, der zu lange lebt. Und nicht zu vergessen die reiche und weltweit verbreitete Tradition, sich in Theaterstücken und Gedichten über ältere Menschen lustig zu machen. Im Gegenzug wurde die Jugend von der älteren Generation in gleich welchem Zeitalter oftmals als unmoralisch, faul, respektlos, anspruchsvoll, schwach und unentschlossen betrachtet. »Sie glauben, alles zu wissen«, wetterte Aristoteles im 4. Jahrhundert v. Chr. Und der englische Dichter Chaucer drückte es gemäßigter aus, als er im 14. Jahrhundert erklärte: »Jung und Alt sind oft in Auseinandersetzungen verstrickt.«

Doch selbst dann führte das Säbelrasseln nie zu einem Krieg zwischen den Generationen. Gelegentlich mag es den Anschein haben, als würde der Generationenkonflikt eskalieren, wie nach der Jugendrevolte in den 1968er-Jahren oder bei der Brexit-Abstimmung 2016, aber die Brandreden kühlten sich stets ab, bevor die Feindseligkeiten ihren Höhepunkt erreichten. Warum? Weil keine Generation vollkommen homogen denkt und handelt. Bei den Angehörigen ein und derselben Altersgruppe findet man eine breit gefächerte Palette von Ansichten, Wertvorstellungen und wirtschaftlichen Interessen. Nicht jeder über sechzig ist ein konservativer Hausbesitzer und nicht jeder über zwanzig ein mittelloser Liberaler – auch hier werden Klischees gesprengt, wenn das Lebensalter an Bedeutung verliert.

Um das Beste aus unserem langen Leben zu machen, müssen wir Vertrauen, Verständnis und Respekt quer durch alle Generationen aufbauen – und das geht nur, wenn Menschen aller Altersgruppen häufiger den Schulterschluss proben. Das heißt auch, dass die Räume, in denen wir leben, arbeiten und Freizeit verbringen, in stärkerem Maße der Altersvielfalt Rechnung tragen müssen. Doch unser schlussendliches Ziel sollte nicht darin bestehen, jede einzelne Situation auf das Miteinander der Generationen abzustimmen. Das Mantra »Alter ist nur eine Zahl« rüttelt auf, ist aber auch irreführend. Selbst wenn das Lebensalter generell an Bedeutung verliert, fällt es im Einzelfall ins Gewicht. Niemand ist mit achtzig genau so, wie er mit sechzig, vierzig oder zwanzig war. Das Älterwerden verändert uns, und jede Lebensstufe verfügt über ein eigenes, einzigartiges Bestandsbuch, in dem Pro und Kontra eingetragen werden. Wie Muhammad Ali sagte: »Der Mensch, der die Welt mit fünfzig noch genau so betrachtet wie mit zwanzig, hat dreißig Jahre seines Lebens verschwendet.«

Das heißt, altersbedingte Separierung wird es immer geben. Bei einigen Formen des Konkurrenzkampfs, beispielsweise im Sport und bei Schönheitswettbewerben, ist es sinnvoll, Altersgruppierungen vorzunehmen. Unlängst habe ich bei einem Hockeyturnier für die Altersklasse über fünfunddreißig mitgemacht und war froh, dass ich nicht gegen Zwanzigjährige antreten musste, die wie der Wind über das Spielfeld rasen. Seien wir doch ehrlich: Manchmal ist es ganz entspannend, von Gleichaltrigen umgeben zu sein, die unsere kulturellen Bezüge aus der eigenen Kindheit kennen und sich am gleichen Punkt im Lebenszyklus befinden. Das generationenübergreifende Miteinander allein kann niemals die Antwort auf alle Probleme sein.

Zurück in der urbanen Gärtnerei von Humanitas widmet sich Patrick Stoffer der Pflege seiner Pflanzen. Er füllt die Nährstoffe in den Plastikbehältern auf, überprüft die Temperaturanzeigen und dreht an ein paar Knöpfen und Einstellrädern. Das Gemisch chemischer und pflanzlicher Düfte verleiht der Treibhausluft ein angenehmes Aroma.

Obwohl Stoffer bewusst ist, dass das generationenübergreifende Miteinander seine Grenzen hat, plant er, diesen Weg fortzusetzen, wenn er Humanitas verlässt. Und das bedeutet auch, dass er weiterhin mit Ter Braak in Kontakt bleiben wird. Als ich ihn nach der wichtigsten Lektion frage, die er aus dem Zusammenleben mit erheblich älteren Menschen gelernt hat, erwiderte er wie aus der Pistole geschossen: »Ich habe gelernt, dass man im Leben alles Mögliche machen kann, nur um am Ende festzustellen, dass es die einfachen Dinge sind, die zählen«, sagt er. »Man ist ständig auf der Suche nach dem Glück, und dabei befindet es sich, egal wie alt du bist, direkt vor uns.«

FAZIT
DIE ZEIT IST REIF

Alter ist kein Verlust der Jugend,
sondern eine neue Phase der Chancen und Stärken.

Betty Friedan

Ellen Langer hatte einen leisen Verdacht. Die Harvard-Psychologin vermutete, dass allein der Gedanke, alt zu sein, zum Abbau der körperlichen und geistigen Kräfte führt, während der Gedanke, jung geblieben zu sein, die gegenteilige Wirkung hat. 1981 überprüfte sie ihre Theorie anhand einer Studie mit verblüffenden Ergebnissen, die jedoch aufgrund ihrer unorthodoxen Vorgehensweise nie bei einer medizinischen Fachzeitschrift zur Veröffentlichung eingereicht wurde.

Ihr Plan sah vor, acht Männer über siebzig davon zu überzeugen, dass sie in Wirklichkeit zweiundzwanzig Jahre jünger waren – und im Anschluss die Auswirkungen auf ihren Gesundheitszustand zu messen. Zu diesem Zweck mieteten sie und ihr Team ein ehemaliges Kloster in einer entlegenen ländlichen Gegend des US-Bundesstaats New Hampshire. Sie gestalteten die Räume wie in einer Zeitkapsel, wählten jedes Detail der Einrichtung mit Bedacht aus, um die Lebenswelt des Jahres 1959 wiederauferstehen zu lassen. Zeitschriften und Bestseller aus jenem Jahr wurden in die Regale gelegt und im Raum verteilt. Ein altertümlicher Schwarz-Weiß-Fernseher brachte die Ed Sullivan

Show, und aus dem Rundfunkgerät von anno dazumal erklangen Schlager von Perry Como. Im Abendprogramm des Fernsehens wurden Filme wie *Anatomie eines Mordes* mit James Stewart gezeigt. Man entfernte alles, was die Teilnehmer des Experiments an ihr tatsächliches Alter erinnern könnte, angefangen von den Spiegeln bis hin zu moderner Kleidung. Es waren nur Fotos von ihnen zu sehen, auf denen sie jünger waren.

Die Männer wurden aufgefordert, der Vergangenheit nicht nachzutrauern, sondern sich vielmehr vorzustellen, wieder jung zu sein, und sich in ihr früheres Selbst hineinzuversetzen. Langer und ihr Team behandelten sie entsprechend: Sie überließen es ihnen beispielsweise, ihr Gepäck ohne Hilfe eines Portiers die Treppe hinaufzuschleppen. Jeden Tag unterhielten sich die Männer über die Schwarz-Weiß-Filme, die sie gesehen hatten, die gerade »aktuellen« Spitzensportler wie den Basketballer Wilt Chamberlain, oder die »neuesten« Nachrichten, beispielsweise die Machtübernahme Fidel Castros in Kuba. Alle Gespräche, die auf die 1950er-Jahre verwiesen, wurden in der Gegenwartsform geführt.

Die Männer verbrachten eine Woche im Kloster – und als sie es verließen, war die Verwandlung so verblüffend, dass sich Langer an die Wunderheilungen von Lourdes erinnert fühlte. Der Gesundheitszustand der Männer hatte sich merklich verbessert, ungeachtet des Maßstabs, den man zugrunde legt. Sie waren gelenkiger und litten weniger unter arthritischen Schmerzen und Schwellungen. Der Griff war kraftvoller und die Körperhaltung aufrechter. Gedächtnisleistung, Hör- und Sehvermögen hatten sich verbessert und sie erzielten bessere Ergebnisse bei kognitiven Tests. Nach Aussage unabhängiger Beobachter sahen sie auch jünger aus. Am letzten Tag des Experiments, als die Männer darauf warteten, die Heimreise anzutreten, bahnte sich aus dem Stegreif ein Touch-Footballspiel an – eine Abwandlung des Rugby: eine Szene, die der Rentnertruppe aus dem Film *Cocoon* nach dem Bad im »verjüngenden« Swimmingpool alle Ehre gemacht hätte.

Die Ergebnisse von Langers »Gegen-den-Uhrzeigersinn-Studie« wurden nie von Experten überprüft.[1] Das gleiche Experiment fand, mit unterschiedlichen Ergebnissen, auch im britischen, südkoreanischen und niederländischen Fernsehen statt, aber nie in einem Umfeld, das auf wissenschaftlichen Grundlagen basiert. Dennoch trug Langer dazu bei, den Weg für viele weitere Untersuchungen zu ebnen, die ausnahmslos zur gleichen Schlussfolgerung gelangten: Die innere Einstellung zum Altern wirkt sich darauf aus, wie wir altern.

Das könnten wunderbare Neuigkeiten sein, wenn unsere Einstellung zum Älterwerden positiv wäre. Doch das ist sie nicht. Wie bei der Präsentation innovativer Konzepte zum Thema Alter im Londoner Stadtteil Shoreditch schon zu beobachten war, neigen wir dazu, Katastrophenszenarien heraufzubeschwören und in den geschenkten zusätzlichen Lebensjahren keine Bereicherung, sondern eher eine Belastung zu sehen. Langers Kloster-Experiment war erfolgreich, weil die Männer den Alterungsprozess als trostlos empfanden.

Was können wir tun? Wir können uns entweder in die Vergangenheit flüchten, unser Alter leugnen und uns einreden, jünger zu sein, als wir sind. Oder wir packen das Problem bei den Wurzeln und entwickeln eine positivere Einstellung zum Alterungsprozess selbst.

Dieser Einstellungswandel wird nicht leicht sein. Ungeachtet dessen, wie viele Goji-Beeren wir in uns hineinschaufeln und wie viele Liegestütze mit Hockstrecksprung wir noch vor dem Frühstück machen, der Alterungsprozess verändert Körper- und

Hirnfunktionen auf eine Weise, die wir uns nicht wünschen. Er führt zum allmählichen Verlust unseres reproduktiven Prestiges, fordert unseren Überlebensinstinkt heraus und hält für einige von uns grausame und gruselige Veränderungen bereit. Die Endphase vor dem Tod bietet selten einen Grund zum Lachen. Und um dem Ganzen die Krone aufzusetzen, ist in unserer modernen Welt fast alles darauf ausgerichtet, die Jugend zu hofieren und auf ihre spezifischen Bedürfnisse einzugehen: Sprache, Design, Werbung, Technologie, Kunst, Arbeit, Bildung, Freizeitaktivitäten, Medien, Sport, Mode und Medizin. Unter dem Strich ist das Alter ein Auslaufmodell, das nur schwer verkäuflich ist. Aber unmöglich ist es nicht. Und wir wissen inzwischen, dass es drei triftige Gründe gibt, optimistisch in die Zukunft zu blicken.

Erstens ist der Alterungsprozess nicht annähernd so unheilvoll, wie viele befürchten. Er ist keineswegs ein »Massaker«, wie von Philip Roth vorhergesagt. Auch wenn unsere Leistungen in einigen Bereichen nachlassen, werden wir in anderen besser. Das Leben kann sogar reicher, tiefer und erfüllender sein, unseren schlimmsten Erwartungen zum Trotz. Diese Entdeckung machte auch Victor Hugo, Autor von *Les Misérables* und ein Titan im französischen Literaturpantheon. »Mein Körper verfällt«, schrieb er 1869 im Alter von siebenundsechzig Jahren in einem Brief. War er damals ein sabbernder Greis, der über der Lektüre von *Le Monde* oder einer anderen Tageszeitung seiner Epoche eindöste? Mitnichten. Er setzte nicht nur seine steile Karriere als Literat reibungslos fort, sondern wurde auch als Abgeordneter und anschließend, im Alter von fünfundsiebzig Jahren, als Mitglied des französischen Senats, politisch aktiv. Ein Jahr später bemerkte sein Freund Gustave Flaubert: »Der alte Bursche ist jünger und angenehmer im Umgang als jemals zuvor.« Gegen Ende seines Lebens schien sich Hugo sogar in einen glühenden

Verfechter des Alterungsprozesses verwandelt zu haben. »Wenn sich der Anmut Falten hinzugesellen, ist sie bewundernswert«, erklärte er. »Dem Glück des Alters ist eine unaussprechliche Morgendämmerung beschieden.«

Der zweite Grund für einen optimistischen Blick in die Zukunft ist, dass wir heute ein ziemlich klares Konzept davon haben, wie wir besser alt werden: Fitness für Körper und Geist. Eine positive Einstellung und Sinn für Humor. Soziale Beziehungen, so viele wie möglich. Übermäßigen Stress vermeiden. Eine gesunde Ernährung, Alkohol in Maßen und Verzicht auf Nikotin. Wenn wir uns an diese Anleitung halten, haben viele von uns die Chance, länger und gesünder zu leben als jemals zuvor.

Der letzte – und vielleicht überzeugendste Grund – für unseren Optimismus liegt in der Beobachtung begründet, dass sich die Welt in einer Weise verändert, die ein goldenes Zeitalter des Alterns ankündigt. Jeden Tag gelingt es den Ärzten, Krankheiten und Verfallserscheinungen des Lebens besser in den Griff zu bekommen. Ständig werden neue Methoden entwickelt, um das Hör- und Sehvermögen wiederherzustellen, und Neurowissenschaftler suchen fieberhaft nach Möglichkeiten, das Gehirn zu nutzen, um Arm- und Beinprothesen zu bewegen und Computer kraft der Gedanken zu steuern. Die Designer liefern sich ein Kopf-an-Kopf-Rennen beim Bau tragbarer elektronischer Geräte zur Steigerung der Funktionsfähigkeit des alternden Körpers, und die Technologie bahnt neue Wege, die eine lebenslange Teilhabe an der Welt ermöglichen. Unternehmen passen ihre Arbeitsplätze an die Bedürfnisse ihrer älteren Mitarbeiter an, und der Einzelhandel ist bemüht, Geschäfte, Verpackungen, Werbung und Produkte seniorengerecht zu gestalten. Die Welt ist heute ein wesentlich besserer Ort für jemanden über fünfzig als noch vor zwanzig Jahren. Wenn wir unser Blatt klug ausspielen, werden wir in zwanzig Jahren noch bessere Karten haben.

Der demografische Wandel verlagert sich ebenfalls zugunsten des Alters. Jedes Jahr nimmt die Anzahl alter Menschen auf unserem Planeten zu – und damit die Macht, die mit der zahlenmäßigen Überlegenheit verbunden ist. Es wird schwieriger, einen ständig wachsenden Anteil der Bevölkerung abzuwerten oder aufs Abstellgleis zu schieben, vor allem, wenn so viele von ihnen das Leben bei den Hörnern packen. Die Palette der Vorbilder für ein gutes Altern ist heute breiter gefächert als jemals zuvor. Während einige Musterexemplare der Seniorenriege zeigen, was in ihnen steckt, indem sie mit über achtzig noch mit dem Mountainbike Berge erklimmen oder mit neunzig noch Spaß beim Kitesurfen haben, trägt die große Mehrheit der Normalsterblichen zur Ehrenrettung des Alters bei, indem sie es als Chance nutzt, um Kontakte zu knüpfen und zu pflegen, zu reisen, einer beruflichen oder ehrenamtlichen Tätigkeit nachzugehen, sich zu verlieben, Kunstwerke zu produzieren, eine Firma oder eine Familie zu gründen, zu tanzen, Sport in der realen oder virtuellen Welt zu treiben und sexuelle Erfüllung zu finden. Nimmt man das alles zusammen, gelangt man zu der gleichen Schlussfolgerung wie die Historikerin Pat Thane, der wir am Anfang des Buches schon mal begegnet sind: »Unsere heutige Zeit ist die beste in der Geschichte, um alt zu werden, und es besteht kein Grund, warum sie sich nicht fortsetzen sollte.«

Aber wir sollten uns nicht verrennen. Unser Ziel ist nicht, den Jugendkult durch den Gerontokratie-Kult zu ersetzen. Keine Altersklasse sollte verherrlicht oder verteufelt werden, weil jede ihre eigenen Freuden und Leiden hat. Im Klartext bedeutet das: Es gibt keine »falsche« Seite, auf die man jenseits der dreißig, vierzig oder fünfzig wechselt. Jedes Alter kann lebenswert sein. Und jedes Alter sollte gefeiert werden – einfach nur deshalb, weil wir es erreicht haben und es kein unrealistisches Luftschloss mehr ist.

Ein halbes Jahrhundert nachdem der Begriff geprägt wurde, ist die Altersdiskriminierung oder Altersfeindlichkeit so heftig wie nie zuvor unter Beschuss geraten. In Filmen, Fernsehsendungen und in der Werbung tauchen immer häufiger Gesichter von älteren Menschen auf, und die Medien beginnen, den Lebensabend nicht länger als finstere Einöde, in der Verfall und Verzweiflung herrschen, sondern eher wie ein reich gedecktes Büffet darzustellen. Prominente sagen altersfeindlichen Provokateuren im Netz den Kampf an. 2018 erntete die Popsängerin Pink viel Beifall, als sie jemanden ins Visier nahm, der ihr auf Twitter vorhielt, dass sie mit achtunddreißig älter aussah als in ihren Zwanzigern. »Ich vertrete die Einstellung, dass es ein Segen ist, alt werden zu dürfen«, twitterte sie zurück. »Und dass die Falten um Augen und Mund Zeugnis von einem Leben ablegen, in dem man viel gelacht hat. Ich bete, dass ich in zehn Jahren älter aussehe, denn das bedeutet, dass ich lebe.« In der gleichen Woche zwang der öffentliche Druck den New Yorker Lebensmittel-Lieferservice Postmates, eine zutiefst altersfeindliche Werbeanzeige zurückzuziehen. Sie lautete: »Wenn du eine ganze Torte für dich alleine haben möchtest, weil du dreißig wirst, was im Prinzip fünfzig bedeutet, was im Prinzip so gut wie tot bedeutet.« Die Altersdiskriminierung hat ihren Zenit überschritten.

Überall gewinnen die Feldzüge gegen die Altersfeindlichkeit an Boden, von Australien (EveryAGE Counts) bis Amerika (The Radical Age Movement), und eine wachsende Anzahl von Studierenden entscheidet sich für einen Abschluss im Studiengang Gerontologie. In Anlehnung an die frühen Jahre der Frauenbewegung schließen sich immer mehr Menschen zu Gruppen zusammen, mit dem Ziel, die Wahrnehmung für die Altersdiskriminierung zu schärfen und zu zeigen, dass es sich um ein gesamtgesellschaftliches Problem handelt, das nur durch eine generationenübergreifende Zusammenarbeit gelöst werden kann. Jo Ann Jenkins, Leiterin der AARP (American Association of Retired Persons), ist der Meinung, dass wir den Höhepunkt der Altersfeindlichkeit bereits überschritten haben und über den Berg sind. »Vor zehn Jahren mussten wir Prominente praktisch auf Knien anflehen, auf der Titelseite unserer Zeitschrift zu erscheinen«, sagt sie. »Heute werden wir ständig von Stars angesprochen, die auf die Titelseite möchten.«

Zwei Faktoren scheinen dieser Verlagerung schließlich den entscheidenden Antrieb zu verleihen. Zum einen wird der Kampf gegen die Altersdiskriminierung von einer Welle auf breiterer Front mitgetragen, die mehr Vielfalt einfordert und unsere Einstellung zu Geschlechts- und ethnischer Zugehörigkeit oder zur Sexualität revolutioniert hat. Zum anderen trifft die Altersdiskriminierung auch wohlhabende weiße Männer, eine demografische Gruppe, die über die Macht und die Mittel verfügt, sich massiv zur Wehr zu setzen.

Die These, dass der Altersboom eine Gesellschaft in den Ruin treibt, wird ebenfalls stärker als jemals zuvor unter die Lupe genommen, wobei sich inzwischen einige der lautesten Stimmen unter den Wirtschaftswissenschaftlern *für* die Langlebigkeitsrevolution begeistern. Die Weltbank gelangte vor geraumer Zeit zu der Schlussfolgerung, dass »… Altern nicht zwangsläufig eine Erhöhung der Abhängigkeitskennziffern, Produktivitätseinbußen oder drastische Entscheidungen zwischen unhaltbaren fiskalischen Positionen und weitverbreiteter Armut der älteren Bevölkerung bedeuten muss«.

Blickt man hinter die Fassade der trockenen Technokraten-Sprache, wird die Botschaft klar: Wir können es uns finanziell leisten, länger zu leben. Das Weltwirtschaftsforum geht noch einen Schritt weiter: Es preist die Vorteile an, die mit der zunehmenden Langlebigkeit verbunden sind: »… Gesellschaften mit einer Vielzahl erfahrener Bürger haben Zugriff auf eine Ressource, die keinem unserer Vorfahren jemals zur Verfügung stand: Eine große Anzahl von Menschen mit beträchtlichem Wissen, emotionaler Ausgeglichenheit, praktischen Talenten, kreativer Problemlösungskompetenz, Engagement für künftige Generationen und der Motivation, ihre Fähigkeiten und Fertigkeiten zu nutzen, kann eine Gesellschaft auf nie dagewesene Weise verbessern.« Aus dieser Perspektive betrachtet, erscheint die Zuckerberg-Doktrin geradezu töricht und der Alterungsprozess erheblich ansprechender.

Die Langlebigkeitsrevolution gleicht einer tektonischen Verschiebung, die sich auf jede Gesellschaftsschicht auswirkt und uns vor die Alternative stellt: Entweder wir schlagen das Geschenk des demografischen Wandels aus und klammern uns an die altbekannte Altersfeindlichkeit oder wir begrüßen unsere zusätzlichen Lebensjahre und nutzen sie als Ansporn für die Gestaltung einer Welt, in der wir alle besser altern können. Ich bin der Meinung, wir sollten uns für die zweite Option entscheiden.

Dennoch haben wir noch einen langen Weg vor uns. Einen sehr langen, steinigen Weg. Um das Beste daraus zu machen, müssen wir die Regeln in fast jedem gesellschaftlich relevanten Bereich umschreiben: Arbeit, Medizin, Finanzen, Bildung, Konsum, Wohnungswesen, Design, im Wirtschaftssektor genauso wie in der Sozialfürsorge. Wir müssen für eine saubere, sichere, fußgängertaugliche Umgebung und für mehr sozialen Zusammenhalt sorgen. Wir brauchen Finanzprodukte, die uns gestatten, im Verlauf des Lebens flexibler Geld zu sparen und auszugeben, und ein Rentensystem, das eine größere Vielfalt von Arbeitsmustern umfasst und allen ermöglicht, am Ende des Erwerbslebens ihren Lebensunterhalt zu bestreiten. Wir müssen nach Möglichkeiten Ausschau halten, die Kosten zu bestreiten, die mit der Versorgung einer alternden Bevölkerung einhergehen, und ein Modell schmieden, das den Sterbeprozess humaner und weniger erschreckend gestaltet als der übermedikalisierte Status quo. Da die Maschinen immer mehr Arbeitsplätze verschlingen, gilt es, sowohl die Produktivität in allen Altersgruppen zu steigern als auch die Arbeit und ihre Früchte gerechter zu verteilen. Es ist außerdem an der Zeit, den heute noch gängigen Lebensplan mit seinen drei starren Stationen – Lernphase, Erwerbsphase, Ruhestandsphase – durch ein Konzept zu ersetzen, das fließender ist. Wie genau es aussehen sollte, ist schwer zu sagen, doch der Ausgangspunkt liegt klar auf der Hand: Jeder sollte die Freiheit haben, Arbeit, Ruhestand, Betreuung von Kindern oder pflegebedürftigen Angehörigen, ehrenamtliche Tätigkeit, Lernen und Freizeit so zu kombinieren, wie es seinen Bedürfnissen entspricht, ungeachtet des Alters.

Um auch nur eines dieser Ziele zu erreichen, ist jedoch ein Umdenken, ein Einstellungswandel von gigantischem Ausmaß erforderlich. Wir müssen lernen, den Wert eines Menschen in einer Weise zu bemessen, die über seine Wirtschaftsleistung hinausgeht, müssen die Vorteile der Entschleunigung begrüßen und akzeptieren, dass die Abhängigkeit von anderen ein Teil des Lebens ist. Wenn wir das alles auf einen guten Weg bringen, wird das Ergebnis unter dem Strich eine Welt sein, in der jeder die Chance erhält, länger und besser zu leben.

Ein ehrgeiziger, aber kein utopischer Plan, und jeder von uns kann dazu beitragen, ihn zu verwirklichen. Wie? Indem wir unsere Sprachgewohnheiten, unsere Denkweise und unser Verhalten ändern. Beginnen wir mit scheinbaren Nebensächlichkeiten, hinter denen sich jedoch eine Herausforderung oder auch ein Akt der Rebellion verbergen kann: Machen Sie keinen Hehl aus Ihrem Alter, beispielsweise in Online-Foren. Gehen Sie Aktivitäten nach, bei denen alle anderen Teilnehmer älter oder jünger sind als Sie. Wagen Sie ein Experiment: Lassen Sie Ihre grauen Haare wachsen. Posten Sie ungeschönte Fotos in den sozialen Medien. Hören Sie niemals auf, die Welt zu erkunden. Nutzen Sie jeden Geburtstag, indem Sie ihn als Gelegenheit betrachten, Frieden zu schließen mit dem, was Sie verloren haben, zu feiern, was Sie gewonnen haben, und sich auf das zu freuen, was die Zukunft für Sie bereithält. Streben Sie auch weiterhin danach, neue Fähigkeiten zu erwerben, die Sie zwingen, Ihre Komfortzone zu verlassen. Wie Mary Ho, die zur Gitarre griff, plant der Demenzexperte Craig Ritchie, Klavierunterricht zu nehmen, wenn er fünfundsechzig ist. »Man ist nie zu alt, um sich ein neues Ziel zu setzen oder einen neuen Traum zu träumen«, sagte der irische Schriftsteller C. S. Lewis, der die Kinderbuchserie *Die Chroniken von Narnia* schrieb und mit über fünfzig die Liebe seines Lebens fand.

Gemeinsam sollten wir die Art und Weise verändern, wie wir über das Altern sprechen. Die Sprache prägt Ansichten und Verhaltensweisen, und deshalb finden hitzige Debatten über die Formulierungen statt, wenn es um ethnische Zugehörigkeit, Geschlechtsidentität und Sexualität geht. Dieser Diskurs sollte nun auch das Alter einbeziehen. Solange Begriffe wie »alt«, »älter«, »altern« oder »ältlich« mit Grauen und Geringschätzung konnotiert werden, sollten wir uns bemühen, einen positiven Ersatz dafür zu finden. Mir gefällt beispielsweise, dass die abchasische Bevölkerungsgruppe in Georgien ältere Menschen »Langlebige«

nennt. Gina Pell, eine Internet-Unternehmerin, prägte den Begriff »Perennials«, um diejenigen zu beschreiben, die es ablehnen, sich ausschließlich über ihr Alter definieren oder sich davon einschränken zu lassen. »Zu den Perennials gehören Menschen jeden Alters, die krisenfest sind, wissen, was sich in der Welt abspielt, sich technologisch auf dem Laufenden halten und Freunde aus allen Altersgruppen haben«, sagt sie. »Wir engagieren uns, bleiben neugierig, nehmen andere unter unsere Fittiche und sind leidenschaftlich, empathisch, kreativ, selbstbewusst, teamfähig, global denkend und risikofreudig.«

Selbst wenn wir einige neue Begriffe und Redewendungen in unser Vokabular einführen, sollten wir manche Formulierungen, die wir benutzen, noch einmal überdenken. Beginnen wir bei »Großmutter« und »Großvater«. Viele empfinden es als bittersüße Erfahrung, Enkelkinder zu haben, bitter deshalb, weil die Statusänderung dem Alter einen wenig schmeichelhaften Beiklang verleiht. Der englische Schriftsteller Martin Amis verglich den Eintritt ins Großelterndasein einmal mit dem »Erhalt eines Briefs aus der Leichenhalle«; und als ich entdeckte, dass ich der älteste Spieler bei besagtem Hockeyturnier war, war mein erster Gedanke, mich als Methusalem der Mannschaft auf die Abschussliste zu setzen. Auf der einen Seite ist es also ein wohltuendes Korrektiv, wenn Grandma Mary mit ihrer Elektrogitarre die Bühne rockt, die Power-Großmütter von Wooln mit ihren Luxus-Strickwaren hohe Wellen schlagen, Deshun Wang als sexy Großvater den Laufsteg erobert und Gruppen wie Grandmother Power die Welt bereisen, um gute Taten zu vollbringen. Doch andererseits kann es bevormundend sein, wenn man Senioren in einem Gespräch automatisch das Großeltern-Etikett anhängt. Das ist genau so, als würde man sagen, alle schwulen Männer verstünden etwas von Mode oder alle Schwarzen hätten den Rhythmus im Blut. Viele alte Leute sind keine Großeltern und werden es auch niemals sein. Und selbst diejenigen, die Enkelkinder haben, sind nicht immer erpicht darauf, ausschließlich über diesen Status definiert zu werden.

Wir werden erst dann feststellen, dass wir die Altersfeindlichkeit und Altersdiskriminierung besiegt haben, wenn die Wooln-Mitarbeiterinnen nicht mehr als strickende Großmütter, sondern als Powerfrauen Bewunderung ernten, wenn Männer und Frauen über siebzig eine steile Musikkarriere hinlegen, ohne sich den Titel Grandma oder Grandpa zuzulegen, oder wenn eine Vollblutkomikerin wie Jeanne d'Arc Zarazir alias Jaco sich über andere Dinge als ihr fortgeschrittenes Alter lustig machen kann.

Einige Begriffe und Redewendungen sind reif für den Ruhestand. Mit »senil«, »für dein Alter« und »Anti-Aging« könnte man anfangen. Ich achte inzwischen darauf, einen Bogen um das Wort »noch« zu machen, wenn ich von jemandem spreche, der in fortgeschrittenem Alter bestimmten Aktivitäten nachgeht. Für mich spielen Leute mit fünfzig Hockey, haben mit sechzig Sex und leiten mit achtzig ihre eigene Firma; das Wort »noch« kommt nicht darin vor. Instagram-Star David Evans, der Grey Fox, meidet Redewendungen wie »im Herzen jung geblieben«. »Das ist absolut bedeutungslos«, sagt er. »Man ist so alt, wie man ist, die innere Einstellung wird vom Alter beeinflusst, und das Alter bringt Vorteile mit sich.«

Auch Klischees wie »fünfzig ist das neue dreißig« oder »sechzig das neue vierzig« sollte man ausmustern. Die Rechnung geht nicht auf. Fünfzig und sechzig sind nach wie vor fünfzig und sechzig – und daran wird sich nichts ändern. Geändert hat sich nur, dass es heute in unserer Macht steht, die Lebensqualität in jedem Alter zu verbessern. Diesen Durchbruch zu feiern, indem wir vorgeben, um Jahrzehnte jünger zu sein, als wir sind, untergräbt die Altersdiskriminierung nicht, sondern untermauert sie noch.

Wenn es ums Alter geht, ist Ehrlichkeit die beste Strategie. Wenn wir unser Alter verleugnen, selbst im Scherz, verleugnen wir unsere Gegenwart, unsere Vergangenheit und unsere Zukunft. Damit verleihen wir der Zahl eine Macht, die sie nicht verdient. Wenn wir zu unserem Alter stehen, können wir einen Schlussstrich unter Schamgefühl und Selbstverachtung ziehen, die oft mit dem Älterwerden verbunden sind. Kommt noch eine gesunde Portion Widerstandsgeist hinzu, haben wir die Möglichkeit, der Altersdiskriminierung und Altersfeindlichkeit Paroli zu bieten. Wenn man Sie nach Ihrem Alter fragt, besteht der Trick darin, ehrlich zu antworten, aber unverzüglich mit der Gegenfrage zu kontern, warum die andere Person es wissen will. Auf diese Weise richten Sie den Scheinwerfer auf die Annahmen und Vorurteile, die mit der Zahl einhergehen – und bringen sie möglicherweise sogar ins Wanken.

Dieses Verhalten ist auch dann empfehlenswert, wenn jemand sagt, dass Sie gut aussehen für Ihr Alter. Meine erste Reaktion ist, mich geschmeichelt zu fühlen – hurra, ich habe mich besser gehalten als meine Altersgenossen! Doch dann macht sich ein ungutes Gefühl breit, weil mir bewusst wird, dass es sich um ein zweifelhaftes Kompliment handelt. Die Botschaft, die sich dahinter verbirgt, lautet ungeachtet der Absicht, die damit verbunden sein mag: »Du siehst gut aus, sofern in deinem Alter davon noch die Rede sein kann.« Ashton Applewhite empfiehlt die Anwendung einer verbalen Jiu-Jitsu-Technik, um den Angreifer mit den eigenen Waffen zu schlagen. Wenn jemand sagt: »Du siehst fantastisch aus für dein Alter«, erwidern Sie: »Du siehst auch fantastisch aus … für dein Alter.« Lassen Sie die peinliche Stille ruhig eine Weile wirken, damit die betreffende Person darüber nachdenken kann, warum sich ihr vermeintliches Kompliment nicht wie ein Kompliment anfühlt. Es ist einfacher, ein Vorurteil als solches zu erkennen, wenn man selbst davon betroffen ist. Außerdem wirkt es zutiefst befreiend – vor allem, wenn man zu begreifen beginnt, dass Altersdiskriminierung nicht auf einem persönlichen Problem oder Versagen beruht, sondern ein gesamtgesellschaftliches Problem ist, das kollektives Handeln erfordert. Das Leben ist besser, wenn wir auch diese Hürde genommen haben, so viel ist gewiss.

Es ist außerdem besser, wenn wir mehr über unser eigenes, künftiges Selbst nachdenken. Welche Rolle sollen Arbeit, Betreuung von Familienangehörigen, Dienstleistungen, Kindererziehung, Romantik, Kreativität, Sex, Lernen, Freizeit oder Reisen in meinem späteren Leben spielen? Wie viel Geld muss ich verdienen und sparen? Wie gehe ich mit Trauerfällen um? Wer hilft mir, wenn ich nicht mehr für mich selbst sorgen kann? Was für einen Tod wünsche ich mir? In diesem Sinne hat Tom Kamber, der Gründer von Senior Planet, mit einem Augenzwinkern eine Liste der Dinge zusammengestellt, die man nach Ansicht seiner Senioren im Alter besonders gut kann. Dazu gehören bisher: Sich zwölf Tage ohne Schuldgefühle zu Hause einigeln und lesen. Den Mut und die Ehrlichkeit aufbringen, zu sagen, was man denkt, geharnischte Zuschriften an Tageszeitungen eingeschlossen. Beziehungen mit Tiefgang aufbauen. Mit dem Sammeln beginnen, egal von was. Sex mit mehr emotionaler Bindung und Selbstbewusstsein genießen. »Letzteres war für mich ein wenig überraschend«, sagt er. »Aber Sex ist bei älteren Menschen offenbar ein Thema.«

Meine Teenager-Tochter spielt mit ihren Freundinnen ein Spiel, bei dem sie sich ihr Leben als alte Damen vorstellen. Ihre

Freundin möchte wie Ms. Q die Welt bereisen und sich so punkig wie Helen Ruth Van Winkle kleiden. Der Traum meiner Tochter ist traditioneller: Sie möchte Wolljacken tragen, stricken, backen und mit ihren Enkelkindern Brettspiele spielen. Warum nehmen wir uns nicht ein Beispiel an ihnen und ermutigen Kinder im Schulunterricht, über die Lebensphasen nachzudenken, die jeder Mensch durchläuft, und wie man sich auf jede einzelne vorbereiten kann? Später könnten wir ihnen zu Beginn jedes neuen Jahrzehnts eine Alterszulassung ausstellen, die einen Gesundheitstest und die Erklärung beinhaltet, wie sich die nächsten zehn Jahre auf Körper und Geist auswirken und wie wir diese Veränderungen am besten steuern.

Pläne für unser späteres Leben beizeiten unter Dach und Fach zu bringen kann auch dazu beitragen, die Angst vor dem Alter abzubauen. Der aus dem französischen Rennes stammende Lehrer Jacques Durand, mittlerweile über vierzig, hat sich mit zehn Freunden dazu entschieden, eine Alters-WG in einem großen Bauernhaus in der Bretagne zu gründen. Sie wollen sich gegenseitig unterstützen und ihre Fähigkeiten und Fertigkeiten in einen Topf werfen, angefangen von Finanzkenntnissen bis hin zu Klempnerarbeiten, Pflegediensten und landwirtschaftlichen Aktivitäten. »Seit ich mir vorstellen kann, wie mein Leben im Alter aussehen wird, finde ich das Älterwerden nicht mehr so beängstigend«, sagt Durand. »Es kommt mir vielmehr wie ein spannendes Projekt vor – und ich freue mich beinahe schon darauf.«

Das Schlüsselwort ist hier »beinahe«. Das Alter bedingungslos zu lieben ist schwer, weil es schmerzliche Verluste mit sich bringt, vor allem in der Endphase des Lebens. Dennoch kann ich nicht länger die Augen davor verschließen, gleich ob es mich selbst oder andere betrifft. Ich bin inzwischen froh, so alt zu sein wie ich bin, weil es für mich bedeutet, dass ich ein halbes Jahrhundert erfülltes Leben auf meinem Konto verbuchen kann. Doch wie alle anderen zerbreche auch ich mir noch gelegentlich den Kopf darüber, welche Auswirkungen der Lauf der Zeit auf meine Gesundheit, meine Finanzen, mein äußeres Erscheinungsbild und die Menschen haben wird, die mir nahestehen. Und ich möchte genauso wenig, dass mein Leben endet. Doch solche Gedanken sind weniger belastend, seit ich weiß, dass mit ein wenig Glück und der richtigen inneren Einstellung in den kommenden Jahren viel Gutes auf mich wartet. Ich freue mich darauf, der Mensch zu werden, der schon immer in mir angelegt war.

In Anbetracht dessen, wie diese Reise begonnen hat, besteht die schönste Nebenwirkung in meinen Augen darin, dass ich mich für die Jahreszahl in meiner Geburtsurkunde nicht mehr schäme und mich auch nicht mehr eingeschränkt fühle. Für mich haben die Entscheidungen, wie ich mein Leben gestalte, an jedem Tag der Woche einen höheren Wert als das Lebensalter. Dass dieser innere Wandel tatsächlich stattgefunden hat, erkenne ich, als ich zwei Jahre später erneut bei einem Hockeyturnier in Gateshead antrete.

Ein rascher Blick durch die Halle bestätigt mir, dass ich nach wie vor der Methusalem der Mannschaft bin, aber das macht mir nichts mehr aus. Mit den anderen Spielern darüber zu scherzen macht mir Freude und lässt mich nicht mehr erschaudern. Mir ist nicht wichtig, wie alt ich bin, sondern dass ich gut spiele und Spaß habe. Mein Team ist in einem Haus in der Nähe des Sportzentrums einquartiert und wir bleiben lange wach, trinken, spielen Karten und ziehen uns gegenseitig auf, so wie das Freunde gleich welchen Alters tun. Obwohl ich in diesem Jahr kein Tor aus dem Face-off erziele, gelingen mir ein paar Spielzüge, die mir später ein stolzes Lächeln entlocken. Statt im Halbfinale mit Pauken und Trompeten unterzugehen, schaffen wir es dieses Mal ins Finale und schrammen haarscharf am ersten Platz vorbei.

Ob ich in einem Jahrzehnt noch an einem Hockeyturnier teilnehme? Ich hoffe es, aber wer kann das schon sagen? Ich weiß nur, dass ich mich bereits darauf freue, nächstes Jahr wieder dabei zu sein – und vielleicht endlich den Pokal zu gewinnen.

DANKSAGUNG

Obwohl mein Name der einzige ist, der sich auf der Titelseite befindet, haben viele Personen zur Entstehung des Buches beigetragen.

Mein Agent Patrick Walsh zog die Verlagsverträge an Land, die das Projekt überhaupt erst ermöglichten. Craig Pyette von Knopf Canada und Ian Marshall von Simon & Schuster UK waren geduldig, scharfsinnig und peinlich genau – genau das, was man sich von einem Lektoratsteam wünscht. Miranda France und Pamela Honoré vollbrachten wie gewohnt Zauberkunststücke mit dem Manuskript, und Cordelia Newlin de Rojas steuerte die unschätzbar wertvolle Recherche bei.

Meine Bücher bauen auf dem Fundament von Reportagen aus aller Welt auf, was bedeutet, ich war in hohem Maß auf logistische Hilfe von anderen angewiesen. Ich danke den Dolmetschern, die mir Interviews in Thailand, Libanon, Deutschland und Südkorea ermöglichten: Ittiyada Chareonsiri, Samar Shahine, Hannah Weber, Kim Seo-Yun und Park Yeon-Han. Zu den weiteren Personen, die mich großherzig unterstützt haben, gehören Carmela Manzillo, Scott Ellard, Ashton Applewhite, Debora Price, Esme Fuller-Thomson, Eric Kaufmann, Hiba Farhat, May Nassour, Paulina Braun, Laila Zahed, Damo Cornil, Kathy Katerina, James Kinsey, Kat Ray und Marina Rozenman.

Und schließlich möchte ich mich noch bei den zahlreichen Personen in aller Herren Länder bedanken, die sich die Zeit genommen haben, mir etwas über das Altern zu erzählen. Ohne ihr Wissen, ihre Geschichten und ihre Erkenntnisse gäbe es dieses Buch nicht.

ZWÖLF REGELN FÜR LACHFALTEN UND EIN GLÜCKLICHES ALTERN

1 Versprechen Sie sich, dass Sie fortwährend lernen und experimentieren wollen. Das Sprichwort, dass man einem alten Hund keine neuen Tricks mehr beibringt, trifft nicht einmal auf Hunde zu. Neue Fähigkeiten und Kenntnisse zu erwerben fördert die Energie und das Engagement.

2 Bauen Sie starke Beziehungen auf und pflegen Sie sie.

3 Lassen Sie sich von Vorbildern inspirieren. Denken Sie an die Schauspielerin Helen Mirren, den Tierfilmer und Naturforscher David Attenborough oder an den Maler und Bildhauer Michelangelo Buonarroti, der die Kuppel des Petersdoms neu gestaltete, als er bereits über achtzig war.

4 Halten Sie Körper und Geist fit – achten Sie auf ausreichend Bewegung und gesunde Ernährung.

5 Eifern Sie Ordnungsexpertinnen wie Marie Kondo nach. Wenn Ihnen etwas keine Freude mehr bereitet, sollten Sie sich davon trennen. Räumen Sie auf in Ihrem Leben, damit jeder Augenblick zählt.

6 Halten Sie nach Aktivitäten Ausschau, die Ihrem Leben Sinn geben und für die Sie brennen.

7 Seien Sie aufrichtig, wenn Sie nach Ihrem Alter gefragt werden. Lügen verleihen den Zahlen eine Macht, die sie nicht verdienen – und verstärken den Mythos, dass jung automatisch besser bedeutet. Zum eigenen Alter zu stehen ist der erste Schritt auf dem Weg, das Beste daraus zu machen.

8 Bleiben Sie flexibel und offen für Veränderungen, Wachstum und Entwicklung. Wie der chinesische Philosoph Laotse sagte: »Der Weiche und Nachgiebige ist der Schüler des Lebens. Der Harte und Starke wird vergehen. Das Weiche und Schwache wird fortdauern.«

9 Ignorieren Sie die Schwarzmaler, die behaupten, die Jugend hätte ein Vorrecht auf Sex, Liebe und Romantik, sie irren sich. Sie können unabhängig von Ihrem Alter Liebe, Romantik und Sex genießen, wenn Sie Lust dazu haben.

10 Wenn Sie daran glauben, dass alt zu werden eine Qual ist, wird es eine Qual sein. Seien Sie positiv und richten Sie Ihre Aufmerksamkeit auf die Vorteile des Alterns: Sich in der eigenen Haut wohler zu fühlen, tiefere Beziehungen einzugehen, größere Zufriedenheit zu empfinden, Altruismus und Kreativität zu leben, Wissen und Erfahrung angesammelt zu haben und vor allem selbstbewusster zu sein, darauf kann die Jugend neidisch sein.

11 Pflegen Sie Ihren Sinn für Humor. Lachen fördert die Gesundheit und ein langes Leben. Wie George Bernard Shaw sagte: »Man hört nicht auf zu lachen, wenn man alt wird; man wird alt, wenn man aufhört zu lachen.«

12 Lassen Sie Gedanken an den Tod zu. Die Wahrnehmung, dass unsere Zeit auf Erden begrenzt ist, verleiht dem Leben Struktur und Bedeutung – und treibt uns an, das Hier und Jetzt bestmöglich zu nutzen und zu genießen.

WEITERFÜHRENDE LITERATUR

Applewhite, Ashton: This Chair Rocks. A Manifesto Against Ageism, o. O., Networked Books 2016.

Benjamin, Marina: The Middlepause. On Life After Youth, London, Scribe UK 2017.

Buettner, Dan: The Blue Zones (2nd Edition). 9 Lessons for Living Longer From the People Who've Lived the Longest, Washington DC, National Geographic 2012.

Butler, Robert N.: Why Survive. Being Old in America, Baltimore, The John Hopkins University Press 2002.

Cappelli, Peter: Managing the Older Worker. How to Prepare for the New Organisational Order, Brighton, Harvard Business Review 2010.

Carstensen, Laura: A Long Bright Future. Happiness, Health and Financial Security in an Age of Increased Longevity, New York, PublicAffairs 2011.

Cohen, Gene D.: Vital und kreativ. Geistige Fitness im Alter, Düsseldorf, Walter Verlag 2006.

Freedman, Marc: The Big Shift. Navigating the New Stage Beyond Midlife, New York, PublicAffairs 2012.

Gawande, Atul: Sterblich sein. Was am Ende wirklich zählt, Frankfurt, S. Fischer 2015.

Gilleard, Christopher: Cultures of Ageing. Self, Citizen and the Body, London, Routledge 2000.

Grant, Adams: Nonkonformisten. Warum Originalität die Welt bewegt, München, Droemer 2016.

Gratton, Lynn und Andrew Scott: The 100-Year-Life. Living and Working in an Age of Longevity, London, Bloomsbury Business, London 2017.

Grierson, Bruce: What Makes Olga Run? The Mystery of the 90-Something Track Star and What She Can Teach Us About Living Longer, Happier Lives, Toronto, Vintage 2014.

Gullette, Margaret Morganroth: Agewise. Fighting the New Ageism in America, Chicago, University of Chicago Press 2011.

Karpf, Anne: How to Age, London, MacMillan 2014.

Kreamer, Anne: Going Grey. How to Embrace your Authentic Self with Grace and Style, London, Little Brown Book Group, 2009.

Magnus, George: The Age of Aging. How Demographics are Changing the Global Economy and Our World, Hoboken, John Wiley & Sons 2008.

Mayer, Catherine: Amortality. The Pleasures and Perils of Living Agelessly, London, Vermillion 2011.

Minois, George: History of Old Age. From Antiquity to the Renaissance, Cambridge, Polity Press 1989.

Price, Joan: Naked at Our Age. Talking Out Loud About Senior Sex, Berkeley, Sea Press 2011.

Segal, Lynne: Out of Time. The Pleasures and the Perils of Ageing, London, Verso Books 2013.

Shea, Gordon F. und Adolf Haasen: The Older Worker Advantage. Making the Most of Our Aging Workforce, Westport, Praeger 2005.

Strauch, Barbara: Da geht noch was. Die überraschenden Fähigkeiten des erwachsenen Gehirns, Berlin, Berlin Verlag 2011.

Thane, Pat (Hrsg.): Das Alter. Eine Kulturgeschichte, Darmstadt, Primus Verlag 2005.

Thomas, Bill: Second Wind. Navigating the Passage to a Slower, Deeper and More Connected Life, New York, Simon & Schuster 2015.

ANMERKUNGEN

EINFÜHRUNG

1. Townshend, Pete: »My Generation«, Brunswick, Erstveröffentlichung am 5. November 1965.
2. Feinberg, Scott: »Judi Dench on Beating Failing Eyesight, Bad Knees and Retirement«, in: The Hollywood Reporter, 21.2.2014.
3. Boswell, James: Dr. Samuel Johnson, Leben und Meinungen, Zürich, Diogenes 2008.
4. Markterhebungen und Prognosen gibt es u. a. von Market Data Forecast oder Orbis Research.
5. Levy, Becca R., Phil H. Chung, Talya Bedford, Kristina Navrazhina: »Facebook as a Site for Negative Age Stereotypes«, in: The Gerontologist Nr. 54, 2,1 (2014), S. 172–176.
6. Marshal, Lena: »Thinking Differently About Ageing«, in: The Gerontologist, Nr. 55, 4 (2015), S. 519–525. Robertson, Deirdre A., George M. Savvy, Bellinda L. King-Kallimanis, Rose Anne Kenny: »Negative Perceptions of Ageing and Decline in Walking Speed: A Self-Fulfilling Prophecy«, in: PLOS One, Nr. 10, 4 (2015). Chiviacowskya, Suzete, Priscila Lopes Cardozoa, Aïna Chalabaev: »Age stereotypes' effects on motor learning in older adults«, in: Psychology of Sport and Exercise, Nr. 36 (2018) S. 209–212.
7. »London Marathon: middle-aged runners faster than their younger counterparts«, in: Daily Telegraph, 20.4.2015.
8. Mayer, Catherine: »Amortality«, in: TIME, 12.3.2009.

1. KAPITEL

1. Gawande, Atul: Being Mortal, London, Profile Books 2015, S. 73 (dt. Sterblich sein. Was am Ende wirklich zählt, Frankfurt, S. Fischer 2015).
2. Hershfield, Hal: »You Make Better Decisions If You ›See‹ Your Senior Self«, in: Harvard Business Review, Juni 2013.
3. Minois, George: History of Old Age, Cambridge, Polity Press 1989 und Karpf, Anne: How to Age, London, McMillan 2014.
4. Herodot: The Histories, Buch III, CXXXIV, S. 230.
5. Harari, Yuval Noah: Sapiens. A Brief History of Mankind, London, Vintage S. 294 (dt. Eine kurze Geschichte der Menschheit, München, Pantheon 2015).
6. Pilling, David: »How Japan Stood up to Old Age«, in: Financial Times, 17.1.2014.

2. KAPITEL

1. Butler, Robert N.: Why Survive. Being Old in America, Baltimore, The John Hopkins University Press 2002, S. 18.
2. Friend, Tad: »Silicon Valley's Quest to Live Forever«, in: The New Yorker, 27.3.2017.
3. Pollock, Ross D.: »Properties of the Vastus Lateralis Muscle in Relation to Age and Physiological Function in Master Cyclists Aged 55–79 Years«, in: Aging Cell, Nr. 17, 2 (2018).
4. Prestgaard, Erik: »Impact of Exercise Blood Pressure on Stroke in Physically Fit and Unfit Men. Results From 35 Years Follow-Up of Healthy Middle-Aged Men«, in: Journal for Hypertension, Vol. 36, Juni 2018.
5. »Getting to Grips with Longevity«, in: The Economist, 6.7.2017.
6. Institute for Health Metrics and Evaluation (IHME): GBD Com-

pare, University of Washington, Seattle WA 2017, http://vizhub. healthdata.org/gbd-compare.

7. Crimsons, E.M., Y. Zhang, Y. Saito: »Trends Over Four Decades in Disability-Free Life Expectancy in the United States«, in: American Journal of Public Health, Nr. 106, 7 (2016) S. 1287–1293.

8. Kluger, Jeffrey und Alexandra Sifferlin: »The Surprising Secrets to Living Longer – And Better«, in: Time, 15.2.2018.

3. KAPITEL

1. Strauch, Barbara: The Secret Life of the Grown-Up Brain. The Surprising Talents of the Middle-Aged Mind, London, Viking Books 2010 S. 92–98 (dt. Da geht noch was. Die überraschenden Fähigkeiten des erwachsenen Gehirns, Berlin, Berlin Verlag 2011).

2. Healey, M. Karl: »Cognitive Aging and Increased Distractibility: Costs and Potential Benefits, in Progress«, in: Brain Research«, Nr. 169 (2008), S. 362.

3. Eaton, A.: »Social Power and Attitude over the Life Course«, in: Personality and Social Psychology Bulletin Nr. 35, 12 (2009), S. 1646–1660.

4. Studie der Information Technology and Innovation Foundation, 2016.

5. Walsh, John P.: »Who Invents? Evidence from the Japan-U.S. Inventor Survey« (2009).

6. Grant, Adam: Originals. How Non-Conformists Move the World, New York, Penguin Random House USA 2016, S. 109–112 (dt. Nonkonformisten. Warum Originalität die Welt bewegt, München, Droemer 2016).

7. Woollett, Katherine: »Acquiring ›the Knowledge‹ of London's Layout Drives Structural Brain Changes«, in: Current Biology Nr. 21, 24-2 (2011), S. 2109–2114.

8. Park, Denise C.: »The Impact of Sustained Engagement on Cognitive Function in Older Adults: The Synapse Project«, in: Psychological Science Nr. 25, 1 (2013), S. 103–112.
9. Cappelli, Peter: Managing the Older Worker. How to Prepare for the New Organisational Order, Brighton, Harvard Business Review 2010, S. 82.
10. Ding, Kan: »Cardiorespiratory Fitness and White Matter Neuronal Fiber Integrity in Mild Cognitive Impairment«, in: Journal of Alzheimer's Disease Nr. 61, 2 (2018), S. 729–739.
11. Statistiken über Demenz aus Alzheimer's Disease International: https://www.alz.co.uk/research/statistics.

4. KAPITEL

1. Thane, Pat (Hrsg.): The Long History of Old Age, London, Thames and Hudson 2005, S. 229 (dt. Das Alter. Eine Kulturgeschichte, Darmstadt, Primus Verlag 2005).
2. Cappelli 2010, S. 48, und: »The Older American Worker, Age Discrimination in Employment, Bericht des Arbeitsministers an den Kongress«, Washington DC 1965.
3. Neumark, David: »Age Discrimination and Hiring of Older Workers«, in: Federal Reserve Bank of San Francisco Economic Letters, 27.2.2017.
4. Cappelli 2010, S. 91.
5. Angwin, Julia: »Dozens of Companies Are Using Facebook to Exclude Older Workers From Job Ads«, in: ProPublica Report, 20.12.2017.
6. Eurofound: »Working Conditions of an Ageing Workforce«, EurWORK, 21.9.2008.
7. Verwarn, Brigit: »Does Age Have an Impact on Having Ideas? An Analysis of the Quantity and Quality of Ideas Submitted to a

Suggestion System«, in: Creativity and Innovation Management Nr. 18 (2009), S. 326–334.

8. Hartshorne, Joshua K.: »When Does Cognitive Functioning Peak?«, in: Psychological Science Nr. 26, 4 (2015), S. 433–443.

9. Applewhite, Ashton: This Chair Rocks. A Manifesto Against Ageism, o. O., Networked Books, 2016, S. 79.

10. Strauch 2010, S. 89.

11. Grossman, Igor: »Reasoning about Social Conflicts Improves Old Age«, Proceedings of the National Academy of Sciences of the United States of America, Nr. 107, 16 (2010), S. 7246–7250.

12. Stanley, Jennifer: »Age-related Differences in Judgements of Inappropriate Behavior are Related to Humor Style Preferences«, in: Psychology and Aging Nr. 29, 3 (2014), S. 528–541.

13. Applewhite 2016, S. 79.

14. Butcher, Louise: »Older Drivers«, Briefing Paper, United Kingdom House of Commons, SN409 (2017), S. 5.

15. »Retirement is out, new portfolio careers are in«, in: The Economist, 6.7.2017.

16. McNaught, William: »Are Older Workers ›Good Buys‹? A Case Study of Days Inns of America«, in: Management Review Nr. 33, 3 (1992), S. 53–63.

17. Deming, David J.: »The Growing Importance of Social Skills in the Labor Market«, National Bureau of Economic Research Working Paper Nr. 21473 (August 2015).

18. Feinsod, Roselyn u. a.: »The Business Case for Workers Age 50+: Planning for Tomorrow's Talent Needs in Today's Competitive Environment«, Bericht für AARP von Towers Perrin (Dezember 2005), S. 22.

19. Cappelli 2010, S. 82.

20. Beard, John R.: »Global Population Ageing: Peril or Promise«, Weltwirtschaftsforum, Genf (2011), S. 40.

21. Cappelli 2010, S. 31.

22. Börsch-Supan, Alex: »Productivity and Age: Evidence from Work Teams at the Assembly Line«, in: Mannheim Research In-

stitute for the Economics of Ageing Discussion Paper Nr. 148 (2007), S. 1–30.

23. Salthouse, Timothy A.: »Effects of Age and Skill in Typing«, in: Journal of Experimental Psychology: General Nr. 113, 3 (1984), S. 345–371.

24. Judith Kerr: »My Writing Day«, in: The Guardian, 25.11.2017.

25. Charness, Gary: »Cooperation and Competition in Intergenerational Experiments in the Field and the Laboratory«, in: The American Economic Review Nr. 99, 3 (2009), S. 956–978.

26. Schott, Thomas: »Special Topic Report 2016–2017: Senior Entrepreneurship«, in: Global Entrepreneurship Monitor, Abb. 2.2, S. 21.

27. »Willingness to Take Risks – a Personality Trait«, Universität Basel, 30.10.2017.

28. Schott 2017.

29. Jones, Benjamin F.: »Age and High-Growth Entrepreneurship«, National Bureau of Economic Research Working Paper No. 24489 (2018).

30. Maritz, Alex: »Senior Entrepreneurship in Australia: Active Ageing and Extending Working Lives«, Swinburne University of Technology (215), S. 3.

31. Jacobs, Emma: »Working Older«, in: Financial Times Magazine, 3.7.2015.

32. Altmann, Ros: »A New Vision for Older Workers: Retain, Retrain«, Recruit, Bericht an die Regierung von Großbritannien (März 2015), S. 31.

33. PWC: »The Sharing Economy«, in: Consumer Intelligence Series (2015), S. 10.

34. Loch, Christoph: »The Globe: How BMW is Defusing the Demographic Time Bomb«, in: Harvard Business Review (März 2010).

35. McKinsey Global Institute: »Jobs Lost, Jobs Gained: Workforce Transitions in a Time of Automation« (Dezember 2017).

36. Leith, Lawrence H.: »What happens when older workers experience unemployment?«, in: Monthly Labor Review (Oktober 2014).

37. Carstensen, Laura: »A Long Bright Future. Happiness, Health and Financial Security in an Age of Increased Longevity«, New York, PublicAffairs 2011, S. 275.

5. KAPITEL

1. Dovey, Ceridwen: »What Old Age Is Really Like«, in: The New Yorker, 1.10.2015.
2. Touron, Dana R.: »Memory Avoidance by Older Adults. When ›Old Dogs‹ Won't Perform Their ›New Tricks‹«, Current Directions in Psychological Science Nr. 24, 3 (2015), S. 170–176.
3. Draganich, Christina: »Placebo Sleep Affects Cognitive Functioning«, in: Journal of Experimental Psychology: Learning, Memory, and Cognition Nr. 40, 3 (2014), S. 857–864.
4. Levy, Becca R.: »Longevity Increased by Positive Self-Perceptions of Aging«, in: Journal of Personality and Social Psychology Nr. 83, 2 (2002), S. 261.
5. Levy, Becca R.: »Positive Age Beliefs Protect Against Dementia even Among Elders with High-risk Gene«, in: PLOS One Nr. 13, 2 (2018).
6. Basiert auf Forschungen für SunLife's »Welcome to Life After 50«-Kampagne (2017).
7. »The Global Later Lifers Market: How the Over 60s are Coming into their Own«, in: Euromonitor (Mai 2014).
8. »The Grey Market: Older Consumer will Reshape the Business Landscape«, in: The Economist, 7.4.2016.
9. »A Silver Opportunity? Rising Longevity and its Implications for Business«, in: The Economist (2011), S. 3.
10. ebd.
11. Fackler, Martin: »With a Poison Tongue, Putting a Smile on a Nation's Aging Faces«, in: The New York Times, 23.3.2012.
12. Mayo Clinic staff: »Stress Management«, https://www.mayoc-

linic.org/healthy-lifestyle/stress-management/in-depth/art-20044456.

13. Yoder, Mark A.: »Sense of Humor and Longevity: Older Adults' Self-Ratings Compared with Ratings for Deceased Siblings«, in: Psychological Reports Nr. 76, 3 (1995), S. 945–946.

6. KAPITEL

1. Smart Insight: »Global Social Media Research – Summary 2018«, https://wearesocial.com/uk/blog/2018/01/global-digital-report-2018.

2. »Age Does Not Define Us«, in: The Age of No Retirement (2017), S. 3.

3. Baesman, Rob: »What it Takes to be Happy and Creative at Work«, in: Dropbox Business, 8.6.2016.

4. Morrison, Patrick: »Is Programming Knowledge Related to Age? An Exploration of Stack Overflow«, https://people.engr.ncsu.edu/ermurph3/papers/msr13.pdf.

5. Pralong, Jean: »L'Image du Travail Selon la Génération Y: Une Comparaison Intergénérationelle Conduite sur 400 Sujets Grâce à la Technique des Cartes Cognitives«, in: Revue Internationale de Psychosociologie Nr. 16, 39 (2010), S. 109–134.

7. KAPITEL

1. Segal, Lynne: Out of Time. The Pleasures and the Perils of Ageing, London, Verso Books 2013.

2. David, Patty: »Happiness Grows With Age«, AARP Research (August 2017).

3. Beard, John R.: »Global Population Ageing: Peril or Promise«, Weltwirtschaftsforum, Genf (2011), S. 40.

4. Kluger, Jeffrey: »Why Are Old People Less Scared of Dying?«, in: Time 11.2.2016.

5. Goranson, Amelia: »Dying is Unexpectedly Positive«, in: Psychological Science Nr. 28, 7 (2017), S. 988–999.

6. O'Neill, Brooke E.: »Happiness on the horizon«, University of Chicago Magazine, November–Dezember 2009.

7. Basierend auf Forschungen des IK Office for National Statistics.

8. Oswald, J. Andrew: »Do Humans Suffer a Psychological Low in Midlife? Two Approaches (With and Without Controls) in Seven Data Sets«, in: The National Bureau of Economic Research Working Paper Nr. w23724, 21.8.2017.

9. Johann Wolfgang Goethe: Dichtung und Wahrheit, Motto zum 6. Buch.

10. Gawande 2015, S. 178.

11. Carstensen, Laura L.: »Socioemotional Selectivity Theory and the Regulation of Emotion in the Second Half of Life«, in: Motivation and Emotion Nr. 27, 2 (2003), S. 103–123.

12. Basierend auf Zahlen von Age UK und der Campaign to End Loneliness: https://www.campaigntoendloneliness.org/loneliness-research/.

13. Adams, Tim: »Interview with [neuroscientist] John Cacioppo«, in: The Guardian, 28.2.2016.

14. AARP-Umfrage: https://www.aarp.org/research/topics/life/info-2014/loneliness_2010.html.

15. Basierend auf Forschungsprojekten des globalen Krankenversicherungs- und Finanzdienstunternehmens Cigna: https://www.multivu.com/players/English/8294451-cigna-us-loneliness-survey/.

16. Carstensen, Laura L.: »Ageing and Emotional Memory: The Forgettable Nature of Negative Images for Older Adults«, in: Journal of Experimental Psychology: General Nr. 132, 2 (2003) S. 310–324.

17. Adams, Vincanne: »Ageing Disaster: Mortality, Vulnerability,

and Long-Term Recovery Among Katrina Survivors«, in: Medical Anthropology Nr. 30, 3 (2011), S. 247–270.
18. Hicklin, Aaron: »David Bowie: An Obituary«, in: Out, 11.1.2016.

8. KAPITEL

1. Minois, George: History of Old Age, Cambridge, Polity Press 1989, S. 10.
2. Thane 2005, S. 134.
3. ebd. S. 21.
4. Forbes, R. J.: Studies in Ancient Technology, Volume III, Leiden: E. J. Brill 1965.
5. Siehe Health Ageing Webpage der Mayo-Klinik: https://www.mayoclinic.org/healthy-lifestyle/healthy-aging/in-depth/growth-hormone/art-20045735.
6. zitiert in: Minois, George: History of Old Age, Cambridge: Polity Press 1989, S. 303.
7. Mitro, Susanna: »The Smell of Age: Perception and Discrimination of Body Odors of Different Ages«, in: PLOS One Nr. 7, 5 (2012).
8. Basierend auf Zahlen von Fashion Spot.
9. Hsu, Laura M.: »The Influence of Age-Related Cues on Health and Longevity«, in: Perspectives on Psychological Science Nr. 5, 6 (2010), S. 635.

9. KAPITEL

1. zitiert in: Thane 2005, S. 134.
2. Houellebecq, Michel: Die Möglichkeit einer Insel, Köln, DuMont 2005.

3. »Pensioners are an Undererrated and Underserved Market«, in: The Economist, 8.7.2017.
4. ebd.
5. Segal 2013, S. 89.
6. Lee, David: »Sexual Health and Wellbeing Among Older Men and Women in England: Findings from the English Longitudinal Study of Ageing«, in: Archives of Sexual Behavior Nr. 45, 1 (2016), Tabelle 5.
7. Basierend auf Forschungen von OKCupid, http://www.busi nessinsider.com/10-surprising-charts-about-sex-2012-3?IR=T.
8. Boston University School of Medicine, http://www.bumc. bu.edu/sexualmedicine/physicianinformation/epidemiology-of-ed/.
9. Lee, David: »How Long Will I Love You? Sex and Intimacy in Later Life« (2017), https://www.researchgate.net/publi cation/315165295-_How_long_will_I_love_you_Sex_and_inti macy_in_later_life.
10. Metz, Michael E.: Enduring Desire, Abingdon, Routledge 2010.

10. KAPITEL

1. »Purpose in the Encore Years: Shaping Lives of Meaning and Contribution«, in: Encore.org (2018), S. 10.
2. Lynch, Merrill: »Giving in Retirement: America's Longevity Bonus« (2015), S. 14.
3. Yörük, Baris K.: »Does Living to Charity Lead to Better Health?: Evidence from Tax Subsidies for Charitable Giving«, in: Journal of Economic Psychology Nr. 45 (2014), S. 71–83.
4. Santi, Jenny: »The Secret to Happiness is Helping Others«, in: Time, 4.8.2017.
5. Bjälkebring, Pär: »Greater Emotional Gain from Giving in Older Adults: Age-Related Positivity Bias in Charitable Giving«, in: Frontiers in Psychology Nr. 7 (2016), S. 846.

6. Lynch, Merrill: »Giving in Retirement: America's Longevity Bonus« (2015), S. 3.
7. Kessler, Eva-Marie: »Intergenerational Potential: Effects of Social Interaction Between Older Adults and Adolescents«, in: Psychology and Aging Nr. 22, 4 (2007), S. 698.

11. KAPITEL

1. Kessler, Eva-Marie: »Intergenerational Potential: Effects of Social Interaction Between Older Adults and Adolescents«, in: Psychology and Aging Nr. 22, 4 (2007), S. 691.
2. Karpf, Anne: How to Age, London, McMillan 2014, S. 92.
3. »The Benevolent Society«, in: The Drivers of Ageism (2017), S. 92.
4. Übersetzt von Ursula Bischoff nach dem englischen Original, die sich nach der App gerichtet hat.
5. Lancaster University: »Research Shows McDonald's Customers Prefer Older Workers«, 9.1.2009.
6. Charness, Gary: »Cooperation and Competition in Intergenerational Experiments in the Field and the Laboratory«, in: The American Economic Review Nr. 99, 3 (2009), S. 956–978.
7. »Elders not Better: In Germany Mature Workers are Answering to Young Supervisors«, in: The Economist, 15.12.2016.

FAZIT

1. Weitere Informationen zu dieser Studie sind zu finden bei: Grierson, Bruce: »What if Age is Nothing but a Mind-Set?«, in: The New York Times Magazine, 22.10.2014.

© Madeleine
Alibis

CARL HONORÉ

Jahrgang 1967, ist internationaler Bestsellerautor und Wissenschaftsjournalist. Seine Beiträge u.a. in Time, Observer und Economist haben die weltweite Slow-Bewegung mit in Gang gesetzt, den TED-Talk zu *In Praise of Slow* sahen über drei Millionen Menschen. Seine Bücher wurden in über 30 Sprachen übersetzt. Er lebt mit seiner Familie im Südwesten von London.
http://www.carlhonore.com und @carlhonore auf Facebook, Twitter und Instagram

Nachts, wenn das Gehirn eigentlich schlafen sollte...

Der Neurologe Dr. Guy Leschziner leitet eines der größten Schlaflabore Europas, in dem er seit vielen Jahren die ungewöhnlichsten Schlafstörungen erforscht. Er erzählt von Menschen, die keine Nacht mehr durchschlafen, die im Schlaf exzessiv essen oder ihren Partner mit unkontrollierbaren Fußtritten terrorisieren. Die in extremen Fällen jede Nacht unter furchteinflößenden Halluzinationen, Atemstillständen oder bewusst erlebter Schlaflähmung leiden.

Die verblüffenden Fallgeschichten zeigen, welche Rolle das nachtaktive Gehirn bei der Entstehung von Schlafstörungen spielt, was man dagegen tun kann und welche Bedingungen gegeben sein müssen, damit wir ruhig und erholsam schlafen können.

Guy Leschziner
Nachtaktiv
Albträume, das Gehirn und die
verborgene Welt des Schlafs
Aus dem Englischen
von Wolfgang Seidel
gebunden im Schutzumschlag,
327 Seiten
ISBN 978-3-407-86556-4

www.beltz.de **BELTZ**

Ein langes, gesundes Leben beginnt im Darm

Dr. med. Steven R. Gundry

DAS PARADOX DES LANGEN LEBENS

Mit lektinfreiem Ernährungsprogramm

Mit der richtigen Ernährung
bis ins hohe Alter
jung und gesund bleiben

BELTZ

Es ist paradox: Wir wollen immer länger leben, werden aber im Alter kränker und schwächer. Das muss nicht sein. Gesundheit im Alter ist nicht genetisch bedingt. Sie hängt maßgeblich ab von unserem Essverhalten und Lebensstil. Was unsere Darmbakterien zu essen bekommen, entscheidet darüber, wie langsam und gesund wir altern.

Mit seinem lektinfreien Ernährungskonzept stellt der Kardiologe Gundry herkömmliche Glaubenssätze auf den Kopf: Anders als oft angenommen, schaden Vollkornernährung, eisenreiches Essen sowie Obst- und Gemüsesorten, die giftige Lektine enthalten, unserem Mikrobiom. Wer darauf verzichtet, kann typische Alterskrankheiten wie Diabetes, Krebs, Arthritis oder Alzheimer aufhalten.

Dieses Buch liefert erhellendes Hintergrundwissen zu einem darmfreundlichen Gesundheitskonzept. Zahlreiche Rezepte und viele Tipps helfen dabei, es im Alltag erfolgreich umzusetzen.

Steven R. Gundry
Das Paradox des langen Lebens
Mit der richtigen Ernährung bis ins
hohe Alter jung und gesund bleiben
Aus dem Amerikanischen
von Wolfgang Seidel
gebunden im Schutzumschlag,
416 Seiten
ISBN 978-3-407-86603-5

www.beltz.de **BELTZ**